张媛媛 丁兴烁 / 编著

《应用统计学》
习题与参考答案

立信会计出版社
LIXIN ACCOUNTING PUBLISHING HOUSE

图书在版编目(CIP)数据

《应用统计学》习题与参考答案 / 张媛媛编著. —
上海：立信会计出版社，2020.7(2025.1 重印)
ISBN 978 - 7 - 5429 - 6339 - 0

Ⅰ. ①应… Ⅱ. ①张… Ⅲ. ①应用统计学-高等学校
-题解 Ⅳ. ①C8-44

中国版本图书馆 CIP 数据核字(2020)第 126793 号

策划编辑 陈 旻
责任编辑 陈 旻
封面设计 南房间

《应用统计学》习题与参考答案

YINGYONG TONGJIXUE XITI YU CANKAO DA'AN

出版发行	立信会计出版社	
地　　址	上海市中山西路 2230 号	邮政编码　200235
电　　话	(021)64411389	传　　真　(021)64411325
网　　址	www.lixinaph.com	电子邮箱　lixinaph2019@126.com
网上书店	http://lixin.jd.com	http://lxkjcbs.tmall.com
经　　销	各地新华书店	

印　　刷	苏州市古得堡数码印刷有限公司
开　　本	787 毫米×1092 毫米　　1/16
印　　张	13
字　　数	309 千字
版　　次	2020 年 7 月第 1 版
印　　次	2025 年 1 月第 5 次
书　　号	ISBN 978 - 7 - 5429 - 6339 - 0/C
定　　价	38.00 元

前　言

应用统计学是经济与管理类以及其他相关专业必修的一门专业基础课程。在经济社会领域中,随着定量分析方法的广泛应用,统计方法已经成为正确认识、分析社会经济现象必不可少的工具。要学好这门具有较强操作性和应用性的课程,必须通过大量练习,才能理解其基本原理和分析方法。为了帮助学生更好地学习应用统计学这门课程,提高学生定量分析能力,我们编写了《〈应用统计学〉习题与参考答案》。本书按照统计工作的实际应用要求编写,主要注重学习者统计能力的培养和塑造,帮助学习者深入地理解统计知识和运用统计方法。

本书是在《〈应用统计学〉习题与参考答案》(2015 年由机械工业出版社出版)基础上修订而成的。在广泛听取读者意见的基础上,对第一版中的部分内容及不当之处进行了修订,提高了准确性。本书每一章都归纳总结了学习要求、主要学习内容以及学习的重点与难点,便于学生从整体上把握相应的知识脉络。本书难度适中,知识点涵盖广,按照统计工作的实际应用要求编写,可作为经管类专业学生学习统计学的辅导用书。本书强调基础,注重提升,书后附有十份模拟试题及参考答案,并且模拟试题按照难易程度分为基础篇和提升篇,供不同层次学生学习后进行自测。

各章具体分工为:张媛媛负责各章练习题及其参考答案的审核和修订,以及十份模拟试题的编写;丁兴烁负责各章学习目的要求、主要学习内容以及学习重点与难点的审核和修订工作。

编　者

2020 年 7 月

目　录

第一章 绪 论

一、学习与要求

学生通过本章的学习,了解统计最基本的理论问题;掌握统计的产生和发展,统计的含义、研究对象与特点,总体与总体单位、标志与指标、变异与变量等内容,为学习统计学打下重要基础。

二、主要学习内容

1. 统计的产生和发展

1)统计活动的产生与发展

统计活动距今已有四五千年的历史,是适应国家管理需要而产生的,是为统治阶级服务的。其中,产生比较早的是关于人口和土地的统计。伴随着社会生产力的缓慢发展,统计实践活动缓慢地得到发展,统计实践活动范围由人口、土地和财产等扩大到社会经济生活的各个方面,如工业、贸易、运输业、保险业等,逐渐成为管理国民经济、组织和指挥生产的重要手段。

2)统计学的产生与发展

人类的统计实践上升到理论并予以总结和概括成为一门系统的科学——统计学,距今仅有300多年的历史。从统计学的产生和发展过程来看,大致可以划分为三个时期:

(1)统计学的萌芽期。统计学初创于17世纪中叶至18世纪,主要有政治算术学派和国势学派。政治算术学派起源于17世纪的英国,主要代表人物是威廉·配第,代表作是《政治算术》,"有实无名"。国势学派产生于17世纪的德国,代表人物是康令,"有名无实"。

(2)统计学的近代期。统计学的近代期是18世纪末至19世纪末,这时期的统计学主要有数理统计学派和社会统计学派。作为数理统计学派的奠基人,凯特勒在统计学的发展中的主要功绩是将概率论引入社会现象的研究之中,开辟了统计学的领域,使统计学在定量研究方面走上了新的发展阶段。

(3)统计学的现代期。统计学的现代期是自20世纪初到现在。

2. 统计学的研究对象和特点

1)统计学的研究对象

社会经济统计的认识活动过程,即认识社会经济总体数量特征和数量关系的一种调查研究活动过程。

2）统计学研究对象的特点

（1）数量性——从定性认识开始，达到定量认识的目的，认识总体数量特征。

（2）总体性——对个体的实际表现的认识过渡到对总体的数量表现的认识。从个体开始，对总体进行分析研究，更好地分析研究现象总体的数量规律性。

（3）具体性——统计学研究的数量是客观存在的、具体实在内容的数量表现。

（4）社会性——统计资料来源于社会，服务于社会。

3）统计学研究方法

统计学研究方法包括大量观察法、综合指标法和模型推断法。

3. 统计学中的几个基本概念

1）统计的含义

统计一词可以具有不同的含义，它可以指统计工作、统计资料或统计学，三者存在密切关系。

2）统计总体和总体单位

（1）统计总体，即按某一统计研究目的的要求，客观存在的、在同一性质基础上结合起来的许多个别单位的整体。总体和总体范围的确定取决于统计研究的目的要求。形成统计总体的必要条件有同质性、大量性和差异性。

（2）总体单位，即构成总体的这些个别单位，是各项统计资料最原始的承担者。

总体与总体单位具有相对性，随着研究任务的改变而改变。

3）标志和指标

（1）统计标志，即统计总体各单位属性或特征的名称。标志具体表现为文字和数字两种形式。标志按变异情况不同，可分为不变标志和变异标志。标志按其性质不同，可以分为品质标志和数量标志。

（2）统计指标。反映总体现象数量特征的概念和数值。统计指标包括两个基本构成要素：指标名称和指标数值。统计指标的特点有数量性、综合性和具体性。统计指标按其说明总体内容的不同分为数量指标和质量指标。统计指标按其作用和表现形式的不同分为总量指标、相对指标和平均指标。

统计标志与指标的主要区别表现为：①说明不同。标志是说明总体单位特征的，指标是说明总体特征的。②表现不同。标志有用文字表示的品质标志和用数值表示的数量标志，指标则都是用数值表示的。

统计标志与指标的主要联系表现为：①综合汇总关系。统计指标是由调查单位的统计标志综合汇总而来的。②变换关系。标志与指标之间存在着变换关系。随着统计研究目的的变化，数量标志与统计指标发生转化。③名称对应关系。统计指标的名称与标志是一样的，内容具有一致性。

4）变异与变量

（1）变异，即统计中可变的标志和指标。变异就是有差别的意思，包括质的差别和量的差别。变异是统计存在的前提条件。

（2）变量,即可变数量标志的名称或指标的名称,变量的具体数值表现则称为变量值。按照变量值的连续性不同,变量可分为连续型变量和离散型变量,变量按其性质不同可分为确定性变量与随机变量。

三、重点与难点

本章的学习重点与难点包括统计研究对象与特点,统计学中的几个基本概念。

四、练习题

(一) 单项选择题

1. 政治算术学派产生于( )世纪的英国。
　　A. 16　　　　　　　　B. 17　　　　　　　　C. 18　　　　　　　　D. 19

2. 《政治算术》是( )的代表作。
　　A. 阿道夫·凯特勒　　　　　　　　B. 克尼斯
　　C. 威廉·配第　　　　　　　　　　D. 约翰·格朗特

3. 马克思称( )是"政治经济学之父,在某种程度上说是统计学的创始人"。
　　A. 阿道夫·凯特勒　　　　　　　　B. 克尼斯
　　C. 威廉·配第　　　　　　　　　　D. 约翰·格朗特

4. 统计实践的产生已有( )年历史。
　　A. 2 000～3 000　　　B. 3 000～4 000　　　C. 4 000～5 000　　　D. 5 000～6 000

5. 统计学产生距今有( )多年的历史。
　　A. 200　　　　　　　B. 300　　　　　　　C. 400　　　　　　　D. 500

6. 在统计学的形成和发展过程中,首先将古典概率论引入社会经济现象研究的学者是
　　( )。
　　A. 阿道夫·凯特勒　　　　　　　　B. 威廉·配第
　　C. 约翰·格朗特　　　　　　　　　D. 康令

7. 数理统计学派的主要代表人物是( )。
　　A. 康令　　　　　B. 克尼斯　　　　　C. 威廉·配第　　　　D. 阿道夫·凯特勒

8. 比较统计工作和统计学产生时间,( )。
　　A. 统计工作产生比较早　　　　　　B. 统计学产生比较早
　　C. 统计工作和统计学产生时间相差不大　D. 哪一个产生早目前没有定论

9. 国势学派的主要代表人物是( )。
　　A. 康令　　　　　　　　　　　　　B. 克尼斯
　　C. 威廉·配第　　　　　　　　　　D. A 阿道夫·凯特勒

10. 社会经济统计是( )的有力工具。
　　A. 解决问题　　　B. 克服困难　　　C. 进行交流　　　D. 认识社会

11. 在社会经济统计学的形成过程中,首先使用"统计学"这一术语的是(　　)学派。

　　A. 政治算术　　　　B. 国势　　　　　C. 数理统计　　　　D. 社会经济统计

12. 社会经济统计学是一门(　　)科学。

　　A. 自然　　　　　　B. 新兴　　　　　C. 方法论　　　　　D. 实质性

13. 统计研究中不变标志具有(　　)。

　　A. 普遍性　　　　　B. 特别性　　　　C. 一般性　　　　　D. 差异性

14. 社会经济统计学的研究范围是(　　)的数量方面。

　　A. 社会现象　　　　　　　　　　　　B. 人类生活现象

　　C. 自然科学研究　　　　　　　　　　D. 社会经济现象

15. 统计是从社会经济现象的(　　)。

　　A. 量的方面去研究其质的方面　　　　B. 质的方面去研究其量的方面

　　C. 质与量的辩证统一中研究其量的方面　　D. 质与量的辩证统一中研究其质的方面

16. 统计研究的最终目的是对总体的定量认识,认识总体(　　)认识开始的。

　　A. 从定性　　　　　B. 从定量　　　　C. 一般从定性　　　D. 一般从定量

17. 统计研究的最终目的(　　)。

　　A. 是对总体单位的定量认识　　　　　B. 是对总体的定量认识

　　C. 一般是对总体的定量认识　　　　　D. 一般是对总体单位的定量认识

18. 在统计指标和指标体系中,(　　)。

　　A. 统计指标与指标体系是毫无关系的

　　B. 统计指标体系是相互联系的指标所构成的整体

　　C. 若干个统计指标组成了统计指标体系

　　D. 统计指标体系可以决定统计指标的大小

19. 社会经济统计现象形成统计总体的必要条件是总体单位间存在(　　)。

　　A. 差异性　　　　　B. 同质性　　　　C. 社会性　　　　　D. 综合性

20. 统计有三种含义,其中(　　)是基础。

　　A. 统计学　　　　　B. 统计工作　　　C. 统计方法　　　　D. 统计资料

21. 统计学产生的根本目的是(　　)。

　　A. 总结统计工作　　　　　　　　　　B. 形成统计科学

　　C. 指导统计工作　　　　　　　　　　D. 总结、发展统计工作

22. 统计标志是指(　　)。

　　A. 总体单位的特征和属性的名称　　　B. 总体单位数量特征

　　C. 标志名称之后所表现的属性或数值　　D. 总体单位所具有的特征

23. 一个统计总体(　　)。

　　A. 只能有一个标志　　　　　　　　　B. 只能有一个指标

　　C. 可以有多个标志　　　　　　　　　D. 可以有多个指标

24. 统计指标按其反映总体现象内容的特征不同,可分为(　　)。

A. 客观指标和主观指标   B. 数量指标和质量指标

C. 时期指标和时点指标   D. 实体指标和行为指标

25. 设某地区有 800 家独立核算的工业企业,要研究这些企业的产品生产情况,总体单位是( )。

     A. 每个工业企业   B. 统计阶段的连续性

     C. 每一件产品   D. 全部工业产品

26. 对某市高等学校科研所进行调查,统计总体是( )。

     A. 某市所有的高等学校   B. 某一高等学校科研所

     C. 某一高等学校   D. 某市所有高等学校科研所

27. 要了解某市国有工业企业设备情况,统计总体是( )。

     A. 该市全部国有工业企业   B. 该市每一个国有工业企业

     C. 该市国有工业企业的全部设备   D. 该市国有工业企业的每一台设备

28. 统计总体质量指标存在的形式是( )。

     A. 文字   B. 数字   C. 文字(多数)   D. 数字(多数)

29. 统计研究中数量指标存在的形式是( )。

     A. 文字   B. 数字   C. 文字和数字   D. 文字或数字

30. 在统计总体中,( )标志数量个数是比较有限的。

     A. 可变   B. 不变   C. 品质   D. 数量

31. 在统计研究中,统计资料的存在形式是( )。

     A. 文字   B. 数字   C. 文字和数字   D. 数字(多数情况)

32. 某企业为总体研究职工收入状况,职工人数为 1 200 人,这里的"职工人数 1 200 人"是( )。

     A. 标志   B. 指标

     C. 指标名称与数值   D. 标志值

33. 某班为总体的 4 名学生统计学考试成绩分别为 70 分、80 分、86 分和 95 分,这 4 个数字是( )。

     A. 标志   B. 变量值   C. 指标   D. 变量

34. 某工业企业为总体的职工人数、职工工资( )。

     A. 是连续型变量

     B. 是离散型变量

     C. 前者是连续型变量,后者是离散型变量

     D. 前者是离散型变量,后者是连续型变量

35. 某班为总体的 4 名学生统计学考试成绩分别为 70 分、80 分、86 分和 95 分,考试成绩是( )。

     A. 标志   B. 指标   C. 变量   D. 变量值

36. 以整数表示的变量值是( )变量。

A. 离散型   B. 连续型

C. 离散型和连续型   D. 离散型或连续型

37. 在某一统计研究总体中,统计标志和统计指标在(　　)上是对应的。

A. 文字或数字   B. 表现形式   C. 名称   D. BC

38. 统计指标包括(　　)个构成要素。

A. 2   B. 4   C. 5   D. 6

39. 某学校学生人数(　　)。

A. 是指标   B. 是标志   C. 是指标或标志   D. 不能确定

40. 统计研究中的数据(　　)。

A. 一般有具体内容   B. 一定有具体内容

C. 存在假设   D. 有些有具体内容,有些存在假设

41. 品质标志和质量指标的表现形式(　　)。

A. 是一致的   B. 一般是一致的   C. 是不一致的   D. 一般是不一致的

42. 统计标志(　　)计量单位。

A. 均有   B. 没有

C. 有的有,有的没有   D. 一般有

43. 统计总体中总体单位的差异性的存在是(　　)。

A. 必然的   B. 偶然的

C. 必然还是偶然的需针对具体情况   D. 偶然性占多数

44. 统计指标(　　)计量单位。

A. 均存在   B. 不存在

C. 有的有,有的没有   D. 多数情况存在

45. 统计总体中总体单位间可变标志的存在是(　　)。

A. 必然的   B. 偶然的

C. 必然还是偶然的需针对具体情况   D. 必然性占多数

46. 统计工作存在的前提是总体单位间存在(　　)。

A. 一般性   B. 差异性   C. 综合性   D. 联系性

47. 统计总体中总体单位可变标志是标志的(　　)存在差异。

A. 名称   B. 内容   C. 表现   D. 计量单位

48. 统计研究中的数量标志(　　)计量单位。

A. 均存在   B. 不存在

C. 有的有,有的没有   D. 多数情况存在

49. 统计研究中的质量指标(　　)计量单位。

A. 均存在   B. 不存在

C. 有的有,有的没有   D. 多数情况存在

50. 统计研究中的品质标志(　　)计量单位。

A. 均存在 　　　　　　　　　　 B. 不存在

C. 有的有,有的没有 　　　　　　 D. 多数情况存在

(二) 多项选择题

1. 统计的含义包括(　　)。

　　A. 统计资料　　　　 B. 统计设计　　　　 C. 统计工作　　　　 D. 统计表

　　E. 统计学

2. 统计学产生过程中,(　　)。

　　A. 统计学产生有 300 多年历史　　　　 B. 政治算术学派是"有名无实"学派

　　C. 国势学派产生于德国　　　　　　　　 D. 阿道夫·凯特勒是数理统计创始人

　　E. 政治算术学派产生于 17 世纪的英国

3. 统计学研究对象的特点包括(　　)。

　　A. 总体性　　　　　 B. 大量性　　　　　 C. 数量性　　　　　 D. 具体性

　　E. 社会性

4. 统计的基本方法包括(　　)。

　　A. 大量观察法　　　 B. 综合指标法　　　 C. 统计分组法　　　 D. 模型推断法

　　E. 指标体系法

5. 完整的统计工作过程包括(　　)等阶段。

　　A. 统计分组　　　　 B. 统计调查　　　　 C. 统计整理　　　　 D. 统计分析

　　E. 统计资料提供与开发

6. 下列说法中,正确的是(　　)。

　　A. 政治算术学派是"有实无名"学派

　　B. 政治算术学派的主要创始人是威廉·配第

　　C. 政治算术学派另一个重要人物是阿道夫·凯特勒

　　D. 威廉·配第的代表作是政治算术

　　E. 政治算术学派产生于 16 世纪的英国

7. 统计总体(　　)。

　　A. 是统计研究最终需要认识的　　　　　 B. 存在是相对的,没有绝对总体

　　C. 由调查单位组成　　　　　　　　　　 D. 可分为有限总体和无限总体

　　E. 由调查难度确定

8. 总体单位(　　)。

　　A. 组成统计总体　　　　　　　　　　　 B. 在全面调查情况下与调查单位是一致的

　　C. 通过统计标志反映　　　　　　　　　 D. 各单位间存在差别是正常的

　　E. 一般就是填报单位

9. 如果不考虑总体大小,下列指标中可能属于数量指标的有(　　)。

　　A. GDP　　　　　　 B. 人口密度　　　　 C. 全国总人口数　　 D. 投资产出率

E. 成本降低率

10. 统计学（　　　）。

    A. 是对统计实践的总结　　　　　　　　B. 需要经受实践检验

    C. 产生的主要目的是指导实践　　　　　D. 需要在实践中发展

    E. 是方法论科学

11. 如果不考虑总体范围，下列标志中属于离散型变量的有（　　　）。

    A. 成绩　　　　　　　B. 人数　　　　　　C. 家庭成员数　　　　D. 收入

    E. 年龄

12. 某商场为总体 1 000 名职工的相关资料中（　　　）。

    A. 职工工资总额是统计指标　　　　　　B. 1 000 名职工是总体单位

    C. 每个标志有 1 000 个标志值　　　　　D. 职工工资水平是统计标志

    E. 该商场工资总额等于 1 000 人乘以其平均工资

13. 在全国人口普查中（　　　）。

    A. 每个人是总体单位　　　　　　　　　B. 男性是品质标志

    C. 年龄是数量标志　　　　　　　　　　D. 每个人是调查单位

    E. 全国人口数是数量标志

14. 某城市为总体，下列属于连续型变量的数值有（　　　）。

    A. 人口年龄　　　　　B. 上课人数　　　　C. GDP　　　　　　　D. 人均收入

    E. 个人收入

15. 某城市为总体中，下列属于离散型变量的数值有（　　　）。

    A. 人口年龄　　　　　B. 各家庭人口数　　C. GDP　　　　　　　D. 人均收入

    E. 各家庭汽车拥有数

16. 研究某班级为总体的学生生活消费情况中（　　　）。

    A. 班级人数是指标　　　　　　　　　　B. 学生消费是变量

    C. 学生消费具体金额是变量值　　　　　D. 学生是填报单位

    E. 考试平均成绩是平均指标

17. 在统计标志与指标中，（　　　）。

    A. 统计标志是说明总体单位的　　　　　B. 统计指标是说明总体的

    C. 统计标志综合加工形成统计指标　　　D. 统计指标表现形式是唯一的

    E. 统计标志表现形式是不唯一的

18. 总体统计标志（　　　）。

    A. 表现形式为文字和数字　　　　　　　B. 说明总体的特征

    C. 存在不变与可变标志　　　　　　　　D. 存在品质标志与数量标志

    E. 变量是属于数量标志的内容

19. 统计总体的基本特征表现在（　　　）。

    A. 客观性　　　　　　B. 数量性　　　　　C. 大量性　　　　　　D. 同质性

E. 差异性

20. 统计指标（　　）。

    A. 的表现形式是数字

    B. 说明总体单位数量特征

    C. 有指标名称、指标数值两个基本构成要素

    D. 的质量指标表现形式是唯一的

    E. 有时没有计量单位

（三）判断题

1. 统计实践产生有四五千年的历史。　　　　　　　　　　　　　　　　（　　）

2. 《政治算术》是阿道夫·凯特勒的代表作。　　　　　　　　　　　　（　　）

3. 统计学产生有 300 多年的历史。　　　　　　　　　　　　　　　　（　　）

4. 政治算术学派是"有名无实"学派。　　　　　　　　　　　　　　　（　　）

5. 统计实践产生不久就产生了统计学。　　　　　　　　　　　　　　　（　　）

6. 国势学派是"有名无实"学派。　　　　　　　　　　　　　　　　　（　　）

7. 总体单位的同质性是统计工作的前提条件，同质性是普遍存在的。　（　　）

8. 变量与变量值的主要区别是变量不能相加平均，而变量值是可以综合的。（　　）

9. 统计研究的最终目的是认识调查单位。　　　　　　　　　　　　　　（　　）

10. 统计学产生的主要目的是指导统计实践工作。　　　　　　　　　　（　　）

11. 数量指标是由数量标志汇总来的；质量指标是由品质标志汇总来的。（　　）

12. 品质标志和质量指标一般都不能用数值表示。　　　　　　　　　　（　　）

13. 男性是品质标志的表现。　　　　　　　　　　　　　　　　　　　（　　）

14. 标志是不能用数值表示的，指标可以用数值表示的。　　　　　　　（　　）

15. 数量标志值是由许多统计指标的数值汇总而来的。　　　　　　　　（　　）

16. 统计指标不同于统计标志，但与统计标志有密切联系。　　　　　　（　　）

17. 在统计研究目的确定的条件下，统计总体是唯一的。　　　　　　　（　　）

18. 统计总体和总体单位的存在具有相对性。　　　　　　　　　　　　（　　）

19. 统计标志与统计指标一样均具有计量单位。　　　　　　　　　　　（　　）

20. 统计标志均有计量单位。　　　　　　　　　　　　　　　　　　　（　　）

21. 品质标志和质量指标的表现形式是不一致的。　　　　　　　　　　（　　）

22. 凡是以整数表示的应该是离散性变量。　　　　　　　　　　　　　（　　）

23. 统计指标均有计量单位。　　　　　　　　　　　　　　　　　　　（　　）

24. 统计总体单位间存在差异性是普遍存在的，是统计工作存在的前提。（　　）

25. 连续型变量的变量值均带有小数点。　　　　　　　　　　　　　　（　　）

26. 统计标志经过综合加工就形成统计指标。　　　　　　　　　　　　（　　）

27. 统计指标的基本构成包括指标数值和计量单位。　　　　　　　　　（　　）

28. 统计总体单位间存在不变标志具有一定的偶然性。 （　　）

29. 统计总体单位间存在可变标志具有一定的偶然性。 （　　）

30. 当统计研究目的发生变化,统计标志就可以转化为统计指标。 （　　）

31. 统计标志和统计指标在名称上存在对应关系。 （　　）

32. 统计研究是从定性认识开始的,最终目的是认识统计总体单位。 （　　）

33. 统计总体单位存在不变标志是统计总体存在的条件。 （　　）

34. 统计研究中的可变标志,具体表现在统计总体单位间应该是完全不同的。 （　　）

35. 统计研究中的可变标志,具体表现在统计总体单位间有时是相同的。 （　　）

36. 质量指标具有计量单位。 （　　）

37. 质量指标和品质标志一样,有时是没有计量单位的。 （　　）

38. 当统计研究目的发生变化时,统计指标一定能转化为统计标志。 （　　）

39. 当统计研究目的发生变化时,统计总体和总体单位发生转化。 （　　）

40. 统计研究目的决定统计标志和统计指标的存在。 （　　）

(四) 填空题

1. 统计实践产生距今有_____年的历史。

2. 政治算术学派产生于 17 世纪的_____国。

3. 阿道夫·凯特勒是_____学派的主要创始人。

4. 统计学研究对象的特点有_____性、_____性和具体性和社会性。

5. 统计的含义包括统计实践、统计资料和_____。

6. 形成总体的必要条件有同质性、大量性和_____。

7. 统计标志按变异的不同,可分为_____标志和_____标志。

8. 统计标志的表现为_____和_____两种。

9. 统计标志按其性质不同,可分为_____标志和_____标志。

10. 统计指标的表现形式是_____。

11. 统计指标基本构成包括指标_____和指标_____。

12. 统计指标一般包括_____个具体的构成因素。

13. 统计指标的特点有数量性、综合性和_____。

14. 统计指标按其说明内容不同,可分为_____指标和_____指标。

15. 统计指标按其表现形式不同,可分为总量指标、相对指标和_____指标。

16. 变量的具体表现称为_____。

17. 变量按是否连续,分为_____变量和_____变量。

18. 变量按其性质不同,可分为确定性变量和_____性变量。

19. 统计学产生距今有_____年的历史。

20. 统计学产生的根本目的是_____统计实践。

（五）简答题

1. 简述统计的产生。

2. 简述统计学的研究对象及特点。

3. 简述"统计"一词的含义及相互之间的关系。

4. 简述形成统计总体的必要条件。

5. 简述统计指标的特点。

6. 简述标志与指标的联系与区别。

（六）名词解释

1. 统计。

2. 统计总体。

3. 统计总体单位。

4. 统计标志。

5. 统计指标。

6. 变量。

五、参考答案

（一）单项选择题

1. B　2. C　3. C　4. C　5. B　6. A　7. D　8. A　9. A　10. D　11. B　12. C　13. B
14. D　15. C　16. A　17. B　18. B　19. B　20. B　21. C　22. A　23. D　24. B　25. C
26. D　27. C　28. B　29. B　30. B　31. C　32. C　33. B　34. D　35. C　36. D　37. C
38. D　39. D　40. B　41. C　42. C　43. A　44. A　45. A　46. B　47. C　48. A　49. A
50. B

（二）多项选择题

1. ACE　2. ACDE　3. ACDE　4. ABCD　5. BCD　6. ABD　7. ABD　8. ABCD
9. AC　10. ABCDE　11. BC　12. ABCE　13. ACD　14. ACE　15. BE　16. ABCD
17. ABCDE　18. ACD　19. CDE　20. ACD

（三）判断题

1. 对　2. 错　3. 对　4. 错　5. 错　6. 对　7. 错　8. 错　9. 错　10. 对　11. 错
12. 错　13. 对　14. 错　15. 错　16. 对　17. 对　18. 对　19. 错　20. 错　21. 对　22. 错
23. 对　24. 对　25. 错　26. 对　27. 错　28. 错　29. 错　30. 错　31. 对　32. 错　33. 对
34. 错　35. 对　36. 对　37. 错　38. 对　39. 对　40. 对

（四）填空题

1. 四五千　2. 英　3. 数理　4. 总体　数量　5. 统计学　6. 差异性　7. 不变　可变　8. 文字　数字　9. 品质　数量　10. 数字　11. 名称　数值　12. 6　13. 具体性　14. 数量　质量　15. 平均　16. 变量值　17. 连续　离散　18. 随机（或不确定）　19. 300 多　20. 指导

（五）简答题

1. 简述统计的产生。

统计实践产生已有四五千年的历史，是伴随国家管理的职能产生而产生的。统计实践经历从无到有、从简单到复杂的过程。

统计学是人类的统计实践上升到理论，并予以总结和概括成为一门系统的科学，距今仅有 300 多年的历史。从统计学的产生和发展过程来看，大致可以划分为三个时期：统计学的萌芽期、统计学的近代期和统计学的现代期。统计学产生的目的在于指导、推动统计实践的发展。

2. 简述统计学的研究对象及特点。

统计学的研究对象，是社会经济统计的认识活动过程，即认识社会经济总体数量方面的一种调查研究活动过程。认识总体数量特征和数量关系。

统计学研究对象的特点包括：

（1）数量性。数量性是统计学研究对象的基本特点。事物的数量是我们认识客观现实的重要方面，通过分析研究统计数据资料，研究和掌握统计规律性，就可以达到我们统计分析研究的目的。

（2）总体性。对总体普遍存在着的事实进行大量观察和综合分析，得出反映现象总体的数量特征和资料规律性，是从对个体的实际表现的认识过渡到对总体的数量表现的认识的。

（3）具体性。统计研究对象是社会经济领域中具体现象的数量方面，具有明确的现实含义。统计学研究的数量是客观存在的，具体实在的数量表现。

（4）社会性。社会经济统计的认识对象是社会经济现象的数量方面，涉及人与人的关系、人与社会的关系。

3. 简述"统计"一词的含义及相互之间的关系。

统计的含义。在不同场合，统计一词可以具有不同的含义。它可以是指统计数据的搜集活动，即统计工作；也可以是指统计活动的结果，即统计数据资料；还可以是指分析统计数据的方法和技术，即统计学。

统计的关系。统计工作与统计资料是过程与结果的关系。

统计工作和统计学。产生——统计学是在统计工作发展到一定阶段的产物；检验——统计学需要经受统计工作的检验，实践是检验真理的标准；指导——统计学是指导统计工作的方法论科学，实践需要理论指导；发展——统计学只有在实践中不断发展才能始终对统计工作具有指导作用。

4. 简述形成统计总体的必要条件。

形成统计总体的必要条件包括同质性、大量性和差异性。

同质性,是总体的根本特征,只有个体单位是同质的,统计才能通过对个体特征的观察研究,归纳和揭示出总体的综合特征和规律性。

大量性,是指总体中包括的总体单位有足够多的数量。总体的大量性,可使个别单位某些偶然因素的影响——表现在数量上的偏高、偏低的差异——相互抵消,从而显示出总体的本质和规律性。

差异性,总体各单位之间存在差异性的特点,是由于各种因素错综复杂作用的结果,所以必须采取统计方法加以研究,才能表明总体的数量特征。

5. 简述统计指标的特点。

(1) 数量性,是统计指标最基本的特点,即所有的统计指标都是可以用数值来表现的。统计指标所反映的就是客观现象的数量特征,这种数量特征,是统计指标存在的形式,没有数量特征的统计指标是不存在的。

(2) 综合性,是指统计指标既是同质总体大量个别单位的总计,又是大量个别单位标志差异的综合,是许多个体现象数量综合的结果。统计指标的形成都必须经过从个体到总体的过程,它是通过个别单位数量差异的抽象化来体现总体综合数量的特点的。

(3) 具体性,统计指标不是抽象的概念和数字,而是一定的具体的社会经济现象的量的反映,是在质的基础上的量的集合。

6. 简述标志与指标的联系与区别。

标志与指标的主要区别表现在:

(1) 说明不同。标志是说明总体单位特征的,指标是说明总体特征的。

(2) 表现不同。标志有用文字表示的品质标志和用数值表示的数量标志;指标则都是用数值表示的,没有不能用数值表示的指标。

标志与指标的主要联系表现在:

(1) 综合汇总关系。统计指标的数值多是由总体单位的数量标志值综合汇总而来的。指标与标志存在综合汇总关系。

(2) 变换关系。标志与指标之间存在着变换关系。如果由于统计研究目的的变化,原来的统计总体变成总体单位了,则相对应的统计指标也就变成了数量标志。反过来,如果原来的总体单位变成总体了,则相对应的数量标志也就变成了统计指标。

(3) 名称对应关系。统计指标的名称与标志是一样的。

(六) 名词解释

1. 统计。

它可以是指统计数据的搜集活动,即统计工作;也可以是指统计活动的结果,即统计数据资料;还可以是指分析统计数据的方法和技术,即统计学。

2. 统计总体。

统计总体简称总体,是指按某一统计研究目的要求,客观存在的、在同一性质基础上结合起来的许多个别单位的整体。总体可以分为有限总体和无限总体。总体和总体范围的确定取决于统计研究的目的要求。形成统计总体的必要条件为同质性、大量性和差异性。

3. 统计总体单位。

构成总体的这些个别单位称为总体单位。原始资料最初是从各总体单位取得的,所以总体单位是各项统计资料最原始的承担者。总体与总体单位具有相对性,随着研究任务的改变而改变。

4. 统计标志。

统计标志简称标志,是指统计总体各单位属性或特征的名称。从不同角度考察,每个总体单位可以有许多特征。标志表现是标志特征在各单位的具体体现。标志按变异情况,可分为不变标志和变异标志。标志按其性质,可以分为品质标志和数量标志。

5. 统计指标。

统计指标是指反映总体现象数量特征的概念和数值。统计指标包括两个基本构成要素,即指标名称和指标数值。它一般包括六个具体的构成因素,即指标名称、指标数值、时间限制、空间限制、计量单位和核算方法。指标按其说明总体内容不同,分为数量指标和质量指标。统计指标按其作用和表现形式不同,可分为总量指标、相对指标和平均指标。

6. 变量。

变量是指在对某一总体及其所包含的总体单位进行研究时,可以取不同的数量标志和指标。变量就是数量标志的名称或指标的名称,变量的具体数值表现则称为变量值。根据变量值的连续性,变量可分为连续型变量和离散型变量。变量按其性质,可分为确定性变量与随机变量两种。

第二章 统计数据的搜集

一、学习与要求

学生通过本章的学习,明确统计调查的要求与种类、统计调查方案的内容;了解专门统计调查方法;培养学生实际统计调查能力。

二、学习主要内容

1.统计调查的一般问题

1）统计调查的概念

统计调查是指按照统计研究的目的要求,采取科学的调查方法,有组织、有计划地调查对象,搜集需要资料的统计工作过程。调查取得的资料包括原始资料和次级资料。

2）统计调查的要求

（1）准确性,最基本的要求,就是要求搜集的资料必须真实可靠,客观反映实际,调查误差较小。

（2）全面性,即取得全部调查单位需要的全部资料。取得全部调查单位的资料,每个调查单位取得规定内容的资料。

（3）及时性,即在规定时间取得规定时间资料。

（4）经济性,即在保证调查资料符合一定要求的条件下,力求以最小成本取得需要的统计资料。

3）统计调查常见分类

统计调查按照调查范围不同,分为全面调查和非全面调查。统计调查按照调查时间不同,分为连续调查和不连续调查。

2.统计调查方案

统计调查方案包括以下内容：

（1）调查目的,即调查的首要问题,中心问题,决定调查的一切。

（2）调查对象和调查单位。调查对象是指需要进行调查的某个社会经济现象的总体,即调查总体。调查单位是指构成调查总体的个体,是调查过程中需要登记其标志的具体单位。

（3）调查项目和调查表。确定调查项目的一般原则是少而精。调查表有两种形式,为单一表和一览表。

（4）调查时间。调查时间具体涉及调查资料所属时间和调查工作期限。调查资料所属时间有两种，即时期资料和时点资料。

（5）调查工作的组织实施计划。

3. 统计调查的组织方式

（1）普查。普查是指为了某种特定的目的而专门组织的一次性的全面调查。普查搜集到的是时点数据。

（2）统计报表。统计报表是指以全面调查为主的调查方式，它是由政府主管部门根据统计法规，以统计表格形式和行政手段自上而下布置，企事业单位自下而上层层汇总上报逐级提供基本统计数据的一种调查方式。

（3）抽样调查。抽样调查是指从调查对象的总体中随机抽取一部分单位作为样本进行调查，并根据样本调查结果来推断总体数量特征的一种非全面调查方法。

（4）重点调查。重点调查是指专门组织的一种非全面调查。重点调查可以是一次性的，也可以是经常性的。

（5）典型调查。典型调查是指选择典型单位专门组织的一种一次性的非全面调查。

三、学习重点与难点

本章的学习重点与难点包括统计调查方案内容与设计。

四、练习题

（一）单项选择题

1. 统计调查最基本的要求是（　　）。

　　A. 准确性　　　　　　B. 全面性　　　　　　C. 具体性　　　　　　D. 经济性

2. 统计调查中，第一手资料和第二手资料，首先考虑取得（　　）资料。

　　A. 第一手　　　　　　　　　　　　　B. 第二手

　　C. 第一手和第二手　　　　　　　　　D. 第一手或第二手

3. 统计调查项目确定原则是"少而精"，其中"精"是指项目的（　　）。

　　A. 价值性　　　　　B. 关键性　　　　　C. 准确性　　　　　D. 准确性和关键性

4. 在全面调查中，调查单位和（　　）单位是一致的。

　　A. 总体　　　　　　B. 登记　　　　　　C. 填报　　　　　　D. 总体和填报

5. 一张登记多个调查单位信息的统计调查表称为（　　）表。

　　A. 复合　　　　　　B. 汇总　　　　　　C. 一览　　　　　　D. 整理

6. 统计调查按调查对象包括的范围不同，可分为（　　）。

　　A. 定期调查和不定期调查　　　　　　B. 经常性调查和一次性调查

　　C. 统计报表和专门调查　　　　　　　D. 全面调查和非全面调查

7. 经常性调查与一次性调查，是以（　　）来划分的。

A. 调查组织　　　　　　　　　　　　　B. 最后取得的资料是否全面

C. 调查对象所包括的单位是否完全　　　D. 调查登记的时间是否连续

8. 在非全面调查的条件下,调查需要认识的是(　　)。

A. 总体单位　　　　　　　　　　　　　B. 总体单位和填报单位

C. 调查单位　　　　　　　　　　　　　D. 调查单位和填报单位

9. 统计调查方案的首要问题是(　　)的确定。

A. 调查组织工作　　　　　　　　　　　B. 调查任务和目的

C. 调查时间和地点　　　　　　　　　　D. 调查经费

10. 在统计调查中,调查标志的承担者是(　　)。

A. 总体单位　　　　　　　　　　　　　B. 调查单位

C. 填报单位　　　　　　　　　　　　　D. 调查单位和填报单位

11. 在统计调查中,填报单位是(　　)。

A. 调查单位的承担者　　　　　　　　　B. 构成调查单位的每一个单位

C. 负责报告调查项目的单位　　　　　　D. 构成统计总体的每一个单位

12. 在统计调查中,调查单位和填报单位(　　)。

A. 是一致的　　　　　　　　　　　　　B. 是毫无关系的两个概念

C. 有时一致,有时不一致　　　　　　　D. 后者属于前者

13. 对国有工业企业设备进行普查时,每个国有工业企业(　　)。

A. 是调查单位　　　　　　　　　　　　B. 是填报单位

C. 既是调查单位又是填报单位　　　　　D. 既不是调查单位又不是填报单位

14. 确定调查项目的原则是(　　)。

A. 同质性　　　　B. 可比性　　　　C. 少而精　　　　D. 差异性

15. 在统计工作中,登记初级资料使用的表格是(　　)。

A. 调查表　　　　B. 整理表　　　　C. 汇总表　　　　D. 分析表

16. 重点调查的重点单位是指(　　)。

A. 标志值很大的单位

B. 单位总量占总体全部单位总量的绝大比重的单位

C. 标志总量占总体标志总量的绝大比重的单位

D. 经济发展战略中的重点部门

17. 对工业企业生产设备进行普查,调查单位是(　　)。

A. 所有工业企业　　　　　　　　　　　B. 工业企业的所有生产设备

C. 每个工业企业　　　　　　　　　　　D. 工业企业的每台生产设备

18. 为了了解全国钢铁企业生产的基本情况,可对首钢、宝钢、武钢、鞍钢等几个大型钢铁企业进行调查,这种调查方式是(　　)。

A. 非全面调查　　　B. 典型调查　　　C. 重点调查　　　D. 抽样调查

19. 在非全面调查中,总体单位和调查单位(　　)。

  A. 是一致的   B. 一般是一致的 C. 是不一致的 D. 一般是不一致的

20. 在全面调查中,总体单位和调查单位( )。

  A. 是一致的   B. 一般是一致的 C. 是不一致的 D. 一般是不一致的

21. 某商业企业为了推广先进的经营管理经验,决定进行一次典型调查,所选择的调查单位是( )。

  A. 先进的典型   B. 中等的典型

  C. 落后的典型   D. 先进与落后的典型

22. 某工业企业系统内欲进行工业企业生产设备状况普查,要求在 1 月 1 日至 20 日全部调查完毕,这一时间规定是( )。

  A. 调查期限   B. 调查时间   C. 登记时间   D. 标准时间

23. 我国现有的统计资料主要来源于( )。

  A. 普查   B. 抽样调查   C. 统计报表   D. 重点调查

24. 对某地区食品零售物价进行一次全面调查,其总体单位是( )。

  A. 该地区所有经营食品的商店   B. 一个经营食品的商店

  C. 全部零售食品厂   D. 每一种零售食品

25. 为了了解某商业企业的期末库存量,调查人员亲自盘点库存,这种方法是( )。

  A. 大量观察法 B. 采访法   C. 直接观察法 D. 报告法

26. 我国人口普查规定每( )年进行一次。

  A. 3   B. 5   C. 8   D. 10

27. 下列调查中,可以使用统计报表完成的是( )调查。

  A. 抽样   B. 典型   C. 普查   D. 重点

28. 调查单位可能比较少的是( )调查。

  A. 抽样   B. 典型   C. 普查   D. 重点

29. 有时可以连续调查,有时可以一次性调查的是( )调查。

  A. 抽样   B. 典型   C. 普查   D. 重点

30. 一次性调查取得的是( )资料。

  A. 时期   B. 时点   C. 时期或时点 D. 总体

31. 全国人口普查取得的( )。

  A. 是时期资料 B. 主要是时期资料 C. 是时点资料 D. 主要是时点资料

32. 重点调查的结果( )推算总体数据资料。

  A. 可以   B. 一般可以   C. 不可以   D. 一般不可以

33. 时点资料可以通过( )调查取得。

  A. 全面   B. 非全面   C. 全面和非全面 D. 全面(多数情况)

34. 连续性调查取得的是( )资料。

  A. 时期   B. 时点

  C. 时期(多数情况)   D. 时点(多数情况)

35. 需要掌握某建筑物的质量,可以通过(　　　)调查取得相关数据。

　　A. 全面

　　B. 非全面

　　C. 全面(多数情况)

　　D. 非全面(多数情况)

36. 在统计调查中,总体单位和调查单位(　　　)。

　　A. 是一致的

　　B. 是不一致的

　　C. 可能一致,可能不一致

　　D. 研究目的决定是否一致

37. 统计调查中认识的是(　　　)。

　　A. 总体　　　　　B. 总体单位　　　　　C. 调查单位　　　　D. 填报单位

38. 如果调查单位项目较多,调查表一般选择(　　　)。

　　A. 单一表　　　　B. 一览表　　　　　C. 汇总表　　　　　D. 复合表

39. 如果调查单位项目较少,调查表一般选择(　　　)。

　　A. 单一表　　　　B. 一览表　　　　　C. 简单表　　　　　D. 简单汇总表

40. 快速普查的"快"是因为(　　　)。

　　A. 调查项目少　　B. 时间短　　　　　C. 中间环节少　　　D. ABC

(二) 多项选择题

1. 统计调查(　　　)。

　　A. 取得的有原始资料和次级资料

　　B. 调查中首先考虑的是取得第一手资料

　　C. 调查的主要要求是经济性

　　D. 可分为全面调查与非全面调查

　　E. 直接观察法是一个重要的调查方法,存在一定的局限性

2. 统计调查单位(　　　)。

　　A. 是统计调查认识的个体

　　B. 是总体单位

　　C. 在全面调查中就是填报单位

　　D. 与填报单位有时一致有时不一致

　　E. 在非全面调查中是总体单位一部分

3. 统计调查方案中,(　　　)。

　　A. 确定调查目的是关键

　　B. 调查目的具体化就是调查内容

　　C. 确定调查项目的原则是差异性原则

　　D. 调查表主要是一览表

　　E. 单一表是在各个调查单位项目比较多时采用的

4. 统计调查要求的全面性是指(　　　)。

　　A. 全部应调查的单位

　　B. 全部填报单位

　　C. 全部需要的统计资料

　　D. 全部总体单位

　　E. 全部参与人员工作质量

5. 统计调查的要求是(　　　)。

　　A. 准确性　　　　B. 全面性　　　　　C. 具体性　　　　　D. 及时性

　　E. 经济性

6. 统计调查时间是(　　　)。

A. 统计资料所属时间   B. 调查人员每天工作时间长度

C. 调查人员每天登记时间长度   D. 统计调查期限

E. 统计资料整理时间

7. 统计调查中可以用于连续性调查的有(　　　)。

     A. 全面统计报表   B. 非全面统计报表

     C. 普查   D. 重点调查

     E. 典型调查

8. 完全属于一次性调查的有(　　　)。

     A. 全面统计报表   B. 抽样调查   C. 普查   D. 重点调查

     E. 典型调查

9. 普查属于(　　　)。

     A. 全面调查   B. 一次性调查   C. 经常性调查   D. 专门调查

     E. 非全面调查

10. 存在登记性误差的有(　　　)。

     A. 全面统计报表   B. 抽样调查   C. 普查   D. 重点调查

     E. 典型调查

11. 下列关于典型调查的说法中,正确的有(　　　)。

     A. 关键是存在典型单位   B. 有时调查单位数比较少

     C. 是一次性调查   D. 结果有时可以推算总体数据

     E. 是非全面调查

12. 下列关于普查的说法中,正确的有(　　　)。

     A. 全面调查   B. 一次性调查

     C. 取得的是时点资料   D. 存在快速普查

     E. 范围限全国

13. 下列关于重点调查的说法中,正确的有(　　　)。

     A. 可用于经常性调查   B. 不能用于经常性调查

     C. 可用于一次性调查   D. 不能用于一次性调查

     E. 结果不推算总体数据

14. 下列关于全国人口普查的说法中,正确的有(　　　)。

     A. 女性是品质标志   B. 取得的一般是时点资料

     C. 人口年龄是连续变量   D. 成本比较高

     E. 规定每 10 年进行一次

15. 典型调查属于(　　　)。

     A. 全面调查   B. 非全面调查   C. 经常性调查   D. 一次性调查

     E. 专门调查

16. 全国工业企业普查中,(　　　)。

A. 全国所有工业企业是统计总体 B. 全国每一个工业企业是调查单位

C. 全国每一个工业企业是填报单位 D. 工业企业的总产值是变量

E. 全部工业企业数是统计指标

17. 填报单位( )。

A. 就是调查单位 B. 就是总体单位

C. 负责提供调查单位资料的单位 D. 同调查单位有时一致

E. 是调查单位，也是总体单位

18. 统计报表调查可采用( )。

A. 全面统计报表 B. 非全面统计报表

C. 普查 D. 重点调查

E. 典型调查

19. 小麦预计产量调查属于( )。

A. 全面调查 B. 抽样调查 C. 经常性调查 D. 一次性调查

E. 专门调查

20. 存在代表性误差的调查有( )。

A. 全面统计报表 B. 抽样调查 C. 普查 D. 重点调查

E. 典型调查

（三）判断题

1. 统计调查的任务是搜集总体单位的原始资料。 ( )

2. 统计调查方案的首要问题是确定调查任务与目的，其核心是调查表。 ( )

3. 在统计调查中，调查单位和填报单位基本是一致的。 ( )

4. 调查单位是调查项目的承担者。 ( )

5. 统计调查的基本任务是认识调查单位。 ( )

6. 确定调查对象和调查单位，是为了回答向谁调查，由谁来具体提供统计资料的问题。

( )

7. 调查单位是指负责调查的具体单位。 ( )

8. 重点调查有时是可以通过统计报表形式来完成的。 ( )

9. 人口普查是我国取得人口数据的唯一调查形式。 ( )

10. 普查是专门组织的一次性全面调查，调查结果不可能存在代表性误差。 ( )

11. 重点调查的结果，不仅可以反映总体的基本情况，而且还能用于说明总体的全貌。

( )

12. 登记性误差，在全面调查和非全面调查中都会存在。 ( )

13. 如果不考虑成本问题，直接观察法是比较理想的调查方法。 ( )

14. 统计调查方案的首要问题是确定调查任务与目的。 ( )

15. 统计调查中确定调查项目的原则是差异性原则。 ( )

16. 直接观察法在实际应用中存在一定的局限性。　　　　　　　　　　（　　）

17. 统计调查中按"少而精"确定调查项目,其中"精"是指项目具有精神性。　（　　）

18. 统计调查中统计资料的时间一般是指具体的时期。　　　　　　　　（　　）

19. 重点调查的结果,可以反映总体的基本情况,但不能用于说明总体的全貌。（　　）

20. 在三种非全面调查中,抽样调查最重要,典型调查最好,重点调查次之。（　　）

21. 重点调查是一种一次性的非全面调查。　　　　　　　　　　　　　（　　）

22. 重点调查中的重点单位是指总体中规模比较大的总体单位。　　　　（　　）

23. 重点调查有时可以进行连续性调查。　　　　　　　　　　　　　　（　　）

24. 在统计调查中,调查单位和总体单位基本是一致的。　　　　　　　（　　）

25. 多张单一表的组合就是一览表。　　　　　　　　　　　　　　　　（　　）

26. 在统计调查中,使用单一表取得的资料比一览表多。　　　　　　　（　　）

27. 单一表与一览表的选择主要取决于调查单位的多少。　　　　　　　（　　）

28. 统计报表取得的主要是时期资料。　　　　　　　　　　　　　　　（　　）

29. 在全面统计调查中,调查单位和总体单位基本是一致的。　　　　　（　　）

30. 时点资料一般不能通过统计报表取得。　　　　　　　　　　　　　（　　）

31. 单一表主要在统计调查中调查单位比较少的情况下使用。　　　　　（　　）

32. 单一表和一览表的选择主要取决于调查单位调查项目的多少。　　　（　　）

33. 典型调查有时调查单位比较少,调查比较深入。　　　　　　　　　（　　）

34. 带有破坏性产品质量检查是不能进行全面调查的。　　　　　　　　（　　）

35. 一览表主要是在统计调查中,调查单位比较多的情况下使用。　　　（　　）

36. 人口普查一般是不存在调查误差的。　　　　　　　　　　　　　　（　　）

37. 在非统计调查中,调查单位和总体单位基本是一致的。　　　　　　（　　）

38. 全面统计报表一般没有代表性误差存在的可能。　　　　　　　　　（　　）

39. 非全面调查中唯一存在的是代表性误差。　　　　　　　　　　　　（　　）

40. 在统计调查中,代表性误差始终是存在的。　　　　　　　　　　　（　　）

(四) 填空题

1. 统计调查取得的资料包括_____资料和_____资料。

2. 统计调查的最基本要求是_____性。

3. 负责提供统计调查单位资料的单位称为_____单位。

4. 在全面调查的情况下,调查单位和_____单位是一致的。

5. 统计调查项目确定的原则是_____原则。

6. 统计调查表有两种形式,即_____表和_____表。

7. 调查时间具体涉及调查资料所属时间和调查_____。

8. 统计报表按填报单位不同,可分为基层统计报表和_____统计报表。

9. 统计报表按调查范围不同,可分为_____统计报表和_____统计报表。

10. 为了某种特别目的而专门组织的一次性的全面调查称为_____。

11. 项目少、中间环节少,且时间短的称为_____普查。

12. 可以用于一次性调查,也可以是经常性的调查称为_____调查。

13. 重点调查的关键问题是确定_____。

14. 典型调查是专门组织的一次性的_____调查。

15. 在非全面调查中,调查单位是_____单位的一部分。

16. 统计调查的目的是认识_____单位。

17. "解剖麻雀"式调查是属于_____调查。

18. 统计调查搜集第二手资料常用的方法是_____调查法。

19. _____调查是按随机原则抽取单位进行的一种非全面调查。

20. 由专门调查人员直接到现场进行调查的方法称为_____法。

(五) 简答题

1. 简述统计调查的要求。

2. 简述统计调查方案的内容。

3. 简述统计调查的程序。

4. 简述重点调查。

5. 简述统计报表。

(六) 名词解释

1. 统计调查。

2. 调查单位。

3. 典型调查。

4. 普查。

五、参考答案

(一) 单项选择题

1. A 2. B 3. B 4. A 5. C 6. D 7. A 8. C 9. B 10. B 11. C 12. C
13. B 14. C 15. A 16. C 17. D 18. C 19. C 20. A 21. A 22. A 23. C
24. D 25. C 26. D 27. D 28. B 29. D 30. C 31. C 32. C 33. C 34. A
35. B 36. C 37. C 38. A 39. B 40. D

(二) 多项选择题

1. ADE 2. ADE 3. ABE 4. AC 5. ABDE 6. AD 7. ABD 8. BCE
9. ABD 10. ABCDE 11. ABCDE 12. ABCD 13. ACE 14. CDE 15. BDE
16. ABCDE 17. CD 18. ABD 19. BDE 20. BDE

(三) 判断题

1. 错　2. 错　3. 错　4. 对　5. 对　6. 错　7. 错　8. 对　9. 错　10. 对　11. 错
12. 对　13. 错　14. 对　15. 错　16. 对　17. 错　18. 错　19. 对　20. 错　21. 错　22. 错
23. 对　24. 错　25. 错　26. 错　27. 错　28. 错　29. 错　30. 错　31. 错　32. 对　33. 对
34. 对　35. 错　36. 错　37. 错　38. 对　39. 错　40. 错

(四) 填空题

1. 原始　次级　2. 准确　3. 填报　4. 总体　5. 少而精　6. 单一　一览　7. 期限　8. 综合　9. 全面　非全面　10. 普查　11. 快速　12. 重点　13. 重点单位　14. 非全面　15. 总体　16. 调查　17. 典型　18. 文案　19. 抽样　20. 直接观察

(五) 简答题

1. 简述统计调查的要求。

统计调查的要求包括准确性、及时性、全面性和经济性。

准确性是最基本的要求,就是要求搜集的资料必须真实可靠,客观反映实际,调查误差较小。

及时性是指在规定时间取得规定时间资料。统计调查资料具有较强的时效性,及时提供需要的统计资料,能够提高资料的使用价值。

全面性是指取得全部调查单位需要的全部资料。首先,应该取得按要求规定的项数资料;其次,应该调查全部调查单位,调查单位数不能随意增加或减少。

经济性是指在保证调查资料符合一定要求的条件下,力求以最小成本取得需要的统计资料。统计调查中,必然涉及人力、物力、财力和时间,即所谓的调查成本。

调查要求是相互结合、相互依存的,需要根据实际情况区分主次、分清轻重缓急,科学地处理好关系。一般而言,应该以准确为基础,力求准中求快,准快结合,以最小的成本取得最理想的实际应用调查统计资料。

2. 简述统计调查方案的内容。

为了使统计调查得以顺利进行,在组织调查之前,必须首先设计一个周密、可行的调查方案。统计调查方案的设计包括以下内容:

(1) 确定调查的目的。有了调查的目的,才能确定调查的范围、调查的方式方法、调查的具体内容和具体的实施计划等。

(2) 确定调查对象和调查单位。调查对象是指需要进行调查的某个社会经济现象的总体,即调查总体。调查单位是指构成调查总体的个体,是调查过程中需要登记其标志的具体单位。负责提供调查单位资料的单位称为填报单位。

(3) 调查项目和调查表。调查项目是统计调查内容的具体化,直接关系到调查资料的数量和质量,关系到调查的时间和成本。确定调查项目必须坚持“少而精”原则。

将调查项目用表格形式表现出来就形成调查表。调查表有两种形式:单一表和一览表。

（4）确定调查时间。调查时间具体涉及调查资料所属时间和调查工作期限。

（5）制定调查的组织实施计划。组织实施计划包括调查工作的组织领导和调查人员的组织、调查方式方法的确定、调查的宣传工作、调查人员的培训、调查文件的准备、调查经费的预算、调查资料的报送办法等。必要时，还需要进行试点调查。

3．简述统计调查的程序。

第一阶段是非正式调查，主要任务是对所要进行的统计调查主题有一个粗线条的、概要性的了解。在本阶段需要明确统计调查的目的任务，明确调查对象、大致范围、调查的难易程度等，必要时进行实验性调查（即非正式调查）。

第二阶段是统计调查方案设计，是统计调查的一项前期工作，即根据统计调查的目的要求，对整个统计调查工作所做的规划，形成具体的实施计划和方案。

第三阶段是统计调查资料搜集阶段，是统计调查的核心阶段和主体部分，是指按照统计调查方案，采用各种直接或间接的手段和方法，获取需要资料的过程。

4．简述重点调查。

重点调查是专门组织的一种非全面调查，它是在总体中选择个别的或部分重点单位进行调查，以了解总体的基本情况。

重点调查可以是一次性的，即所谓的专门调查，也可以是经常性的，如重点统计报表就是经常性的重点调查。

由于重点单位与一般单位的差别较大，通常不能由重点调查的结果来推算整个调查对象的总体指标。

5．简述统计报表。

统计报表是一种以全面调查为主的调查方式，它是由政府主管部门根据统计法规，以统计表格的形式和行政手段自上而下布置，企事业单位自下而上层层汇总上报逐级提供基本统计数据的一种调查方式。它的任务是经常地、定期地搜集反映国民经济和社会发展基本情况的资料，为各级政府和有关部门制定国民经济和社会发展计划，以及检查计划执行情况服务。

统计报表按报表内容和实施范围不同，可分为国家统计报表、部门统计报表和地方统计报表；按报送周期长短不同，可分为日报、旬报、季报、半年报和年报；按填报单位不同，可分为基层统计报表和综合统计报表；按调查范围不同，可分为全面统计报表和非全面统计报表。

（六）名词解释

1．**统计调查。**

统计调查是指按照统计研究的目的要求，采取科学的调查方法，有组织、有计划地调查对象搜集需要资料的统计工作过程。调查取得的资料包括原始资料和次级资料。统计调查要求包括准确性、及时性、全面性和经济性。

2．**调查单位。**

调查单位是进行调查登记的标志的承担者，是统计研究需要认识的单位。调查单位在全面调查下与总体单位是一致的,在非全面调查下是总体单位的一部分。调查单位和填报单位有时是一致的,有时是不一致的。

3. **典型调查**。

典型调查是专门组织的一种一次性的非全面调查,是根据调查研究的目的和要求,在对总体进行全面分析的基础上,有意识地选择其中有代表性的典型单位进行深入细致的调查,借以认识事物的本质特征、因果关系和发展变化的趋势。所谓有代表性的典型单位,是指那些最充分、最集中地体现总体某方面共性的单位。

4. **普查**。

普查是指为了某种特定的目的而专门组织的一次性的全面调查。通过普查可以搜集到重要国情国力和资源状况的全面资料,为政府制定规划、方针政策提供依据。普查的组织方式一般有两种:一种是建立专门的普查机构,配备大量的普查人员,对调查单位进行直接的登记,如人口普查等;另一种是利用调查单位的原始记录和核算资料,颁发调查表,由登记单位填报,如物资库存普查等。

第三章 统计数据的整理

一、学习与要求

学生通过本章的学习,掌握统计整理的程序、统计分组方法,次数分布和统计表,培养学生数据资料处理能力。

二、学习主要内容

1. 统计整理的一般问题

统计整理的概念和统计整理的程序。

2. 统计分组

1)统计分组的概念

统计分组是指按照统计研究目的的要求,选择一定的分组标志,将统计总体划分为若干个组成部分的一种统计方法。统计分组的目的是把性质相同的单位合在一起,保持各组内统计资料的一致性和组之间资料的差异性,即组内同质性,组间差异性。

2)统计分组的作用

统计分组可以区分社会经济现象的类型、可以研究现象的内部结构,以及研究现象的依存关系。

3)确定统计分组标志的原则

统计分组的核心问题是正确选择分组标志;分组标志分为按品质标志分组和按数量标志分组两大类,形成品质数列和变量数列。

统计分组标志的原则包括:目的性原则(统计研究目的决定分组标志的选择)、关键性原则(选择能够说明总体本质的关键的、重要标志作为分组标志,才能得出触及问题实质的重要分组)和结合性原则(结合研究总体所处的具体历史条件或社会经济发展的条件进行选择)。

4)简单分组、复合分组和分组体系

简单分组是指按一个标志进行的分组,可以形成平行分组体系。

复合分组是指对同一总体选择两个或两个以上标志进行层叠分组,可以形成复合分组体系。

3. 分配数列

1)分配数列的概念

在统计分组的基础上,将总体中所有单位按组归类整理,并按一定顺序排列形成总体中

各个单位在各组间的分布,称为分配数列或次数分布。分配数列包括总体按某标志所分的组和各组所分布的单位数两个基本要素。分配数列根据分组标志选择的不同,可分为品质数列和变量数列。

2)变量数列

单项数列,在变量表现为整数且变动范围小的条件下编制。其特点表现为能够比较真实反映总体的分布特征。

组距数列,在不适合编制单项数列条件下编制。根据各组组距是否相等,其可分为等距数列和异距数列。

3)分配数列的表示方法

(1)分配数列的表示方法包括列表法与图示法(为了便于分析问题和计算各种指标,用列表法表示变量数列时,需要列入累计次数和累计频率)。

(2)次数分布的类型包括钟形分布、J形分布和U形分布。

4.统计表

1)统计表的概念和构成

把搜集到的数字资料经过汇总整理后,得出一些系统化的统计资料,将其按一定顺序填列在一定的表格内,这个表格就是统计表。统计表一般由四个主要部分组成,即表名、行标题、列标题和数字资料。

2)统计表的种类

统计表包括简单表、分组表和复合表。

三、学习重点与难点

本章的学习重点与难点包括统计分组和次数分布。

四、练习题

(一)单项选择题

1.统计整理阶段最关键的问题是(　　　)。

　　A.统计分组　　　　　B.统计汇总　　　　　C.次数分布　　　　　D.AC

2.统计分组的关键在于确定(　　　)。

　　A.分组标志　　　　　B.组数　　　　　　　C.组距　　　　　　　D.分组界限

3.将统计总体按某一标志分组的结果表现为(　　　)。

　　A.组内同质性和组间差异性　　　　　　B.组内差异性和组间差异性

　　C.组内差异性和组间同质性　　　　　　D.组内同质性和组间同质性

4.确定统计分组标志最重要的原则是(　　　)性原则。

　　A.目的　　　　　　　B.关键　　　　　　　C.动态　　　　　　　D.变化

5.按多个标志分组形成(　　　)分组体系。

A. 平行　　　　　　B. 复合　　　　　　C. 平行和复合　　　　D. 平行或复合

6. 在进行统计分组后,各组总体单位数之和(　　)全部总体单位数。

A. 小于　　　　　　B. 等于　　　　　　C. 大于　　　　　　D. ABC

7. 划分连续型变量的组限时,相邻两组的上下限必须(　　)。

A. 不等　　　　　　B. 重叠　　　　　　C. 间断　　　　　　D. 没有严格要求

8. 划分离散型变量的组限时,相邻两组的上下限(　　)。

A. 不等　　　　　　B. 重叠　　　　　　C. 间断　　　　　　D. 相等或不等

9. 对组距数列的下限采取的原则是(　　)原则。

A. 在内　　　　　　B. 一般在内　　　　C. 不在内　　　　　D. 一般不在内

10. 变量数列是按(　　)标志分组形成的。

A. 品质　　　　　　B. 数量　　　　　　C. 品质和数量　　　　D. 整理

11. 单项数列分组前后计算的两个平均数(　　)。

A. 是一致的　　　　　　　　　　　　B. 一般是一致的

C. 是不一致的　　　　　　　　　　　D. 一般是不一致的

12. 在次数分布中分布的具体表现形式(　　)。

A. 是文字　　　　　　B. 是数字　　　　C. 一般是文字　　　D. 一般是数字

13. 在统计分组后,各组间的所有表现(　　)存在相同。

A. 允许　　　　　　B. 不允许　　　　　C. 一般允许　　　　D. 一般不允许

14. 等距数列中,组距的大小与组数的多少(　　)关系。

A. 成正比　　　　　B. 成等比　　　　　C. 成反比　　　　　D. 不成比例

15. 组距数列中的上限采取的原则是上限(　　)原则。

A. 在内　　　　　　　　　　　　　　B. 不在内

C. 在内和不在内　　　　　　　　　　D. 在内或不在内

16. 下列变量分配数列的分组标志中,不属于离散型变量的是(　　)。

A. 班级人数　　　　B. 学生年龄　　　　C. 专业数　　　　　D. 以上全错

17. 连续型变量分组组距数列中的上限采取的是上限(　　)原则。

A. 在内　　　　　　B. 不在内　　　　　C. 在内或不在内　　　D. 以上全错

18. 如某一次学生考试成绩高分和低分比较多,中间分数比较少,则呈现(　　)分布。

A. 钟型　　　　　　B. 正 J 型　　　　　C. U 型　　　　　　D. 反 J 型

19. 在工业产品生产中,随着产品产量水平不断提升,单位产品成本呈现(　　)。

A. 钟型分布　　　　B. U 型分布　　　　C. 正 J 型分布　　　D. 反 J 型分布

20. 在组距数列中,向上累计表示总体单位中(　　)分布状况。

A. 下限以上　　　　B. 下限以下　　　　C. 上限以上　　　　D. 上限以下

21. 次数分配数列是按(　　)分组标志分组形成的。

A. 品质　　　　　　B. 数量　　　　　　C. 品质或数量　　　D. 多个

22. 组距数列分组前后计算的两个平均数存在差异的原因是计算(　　)存在不同。

A. 方法　　　　　　　B. 资料　　　　　　　C. 过程　　　　　　　D. 数据代表性

23. 在次数分布中,分布的具体表现形式(　　　)。

　　A. 是绝对数　　　　　　　　　　　　B. 是相对数

　　C. 是绝对数或相对数　　　　　　　　D. 一般是绝对数

24. 离散型变量分组组距数列中的上限采取的是上限(　　　)原则。

　　A. 在内　　　　　　B. 不在内　　　　　　C. 在内或不在内　　　　D. 以上全错

25. 单项数列分组前后计算的两个平均数一致(　　　)。

　　A. 是正常的　　　　B. 一般是正常的　　　C. 不正常的　　　　　D. 一般是不正常的

26. 在组距数列中,向下累计到某组的次数是100,这表示变量值中(　　　)。

　　A. 大于该组下限的累计次数是100　　　B. 小于该组下限的累计次数是100

　　C. 大于该组上限的累计次数是100　　　D. 小于该组上限的累计次数是100

27. 在组距数列中,向上累计到某组的次数是100,这表示变量值中(　　　)。

　　A. 大于该组下限的累计次数是100　　　B. 小于该组下限的累计次数是100

　　C. 大于该组上限的累计次数是100　　　D. 小于该组上限的累计次数是100

28. 在单项数列和组距数列中,能够还原为原始数据的是(　　　)。

　　A. 单项　　　　　　B. 组距　　　　　　　C. 单项和组距　　　　D. 没有的

29. 统计整理后反映统计总体的资料表现形式(　　　)。

　　A. 是文字　　　　　B. 是数字　　　　　　C. 一般是文字　　　　D. 一般是数字

30. 按连续型变量分组结果(　　　)数列。

　　A. 只能是组距　　　　　　　　　　　B. 只能是单项

　　C. 是单项或组距　　　　　　　　　　D. 由研究目的决定是单项或组距

31. 统计整理后的资料是反映统计(　　　)。

　　A. 总体单位　　　　　　　　　　　　B. 总体

　　C. 总体和总体单位　　　　　　　　　D. 总体或总体单位

32. 按多个标志分组形成分组体系中可以反映分组标志间关系的是(　　　)分组体系。

　　A. 复合　　　　　　B. 平行　　　　　　　C. 平行和复合　　　　D. 以上全错

33. 按统计标志分组形成(　　　)数列。

　　A. 品质　　　　　　B. 变量　　　　　　　C. 品质和变量　　　　D. 品质或变量

34. 单项数列属于(　　　)数列。

　　A. 品质　　　　　　B. 变量　　　　　　　C. 品质和变量　　　　D. 时间

35. 复合分组中分组标志的先后顺序(　　　)。

　　A. 是有要求的　　　　　　　　　　　B. 是有要求的(多数)

　　C. 没有要求　　　　　　　　　　　　D. 没有要求(多数)

36. 在组距数列中,如果次数由中间组向两端组移动,则变化后的平均数(　　　)。

　　A. 变小　　　　　　B. 变大　　　　　　　C. 不变　　　　　　　D. ABC

37. 在组距数列中,如果次数由两端组向中间组移动,则变化后的平均数(　　　)。

A. 变小   B. 变大   C. 不变   D. ABC

38. 在平行分组体系中,分组标志的先后顺序(   )。

    A. 是有要求的   B. 是有要求的(多数)

    C. 没有要求   D. 没有要求(多数)

39. 在组距数列中,如果变量值小的组次数增大时,则平均数(   )。

    A. 增大   B. 减少   C. 不变   D. ABC 都可能

40. 组距数列属于(   )数列。

    A. 品质   B. 变量   C. 品质和变量   D. 时间

(二) 多项选择题

1. 统计整理(   )。

    A. 需要有统计整理方案   B. 需要进行调查资料审核

    C. 关键是统计分组   D. 次数分布是统计分组的结果

    E. 结果反映统计总体

2. 统计分组(   )。

    A. 关键是确定分组标志   B. 是统计整理的重要内容

    C. 按分组标志分组形成变量数列   D. 只有可变标志才可能作为分组标志

    E. 有时也可以按不变标志分组

3. 单项数列(   )。

    A. 变量值表现为具体值   B. 可以还原为分组前资料

    C. 编制前后计算的平均数是一致的   D. 属于变量数列

    E. 是按品质标志分组的结果

4. 统计分组同时具备(   )两个方面的含义。

    A. 对个体来讲,是"分"   B. 对总体来讲,是"合"

    C. 对个体来讲,是"合"   D. 对总体来讲,是"分"

    E. 无法确定"分"和"合"

5. 统计分组后就分组标志而言,(   )。

    A. 各组之间一定存在差异性   B. 各组间一般不存在同质性

    C. 各组内部存在同质性   D. 各组内部一般存在同质性

    E. 有时是不可分的

6. 组距数列(   )。

    A. 存在组距   B. 存在组中值

    C. 是变量数列   D. 分组前后的平均数一般没有差别

    E. 组距组数存在反比关系

7. 多个简单分组体系中(   )。

    A. 分组标志的顺序没有要求   B. 可以形成平行分组体系

C. 有时可形成复合分组体系　　　　　　D. 主要是按品质标志分组

E. 平行分组体系可以反映分组标志间的关系

8. 变量数列的两个基本要素包括(　　)。

　　A. 变量值　　　　　　B. 次数　　　　　　C. 组数　　　　　　D. 组距

　　E. 指标数值

9. 复合分组(　　)。

　　A. 形成复合分组体系　　　　　　　　B. 分组标志先后顺序是有要求的

　　C. 分组标志间存在关系的　　　　　　D. 分组标志间一般是存在关系的

　　E. 分组标志个数最少 2 个

10. 下列关于简单分组与复合分组的说法中,正确的有(　　)。

　　A. 简单分组形成平行分组体系　　　　B. 复合分组形成复合分组体系

　　C. 复合分组主要是按数量标志分组　　D. 复合分组也不能反映分组标志的关系

　　E. 多个简单分组也不能反映分组标志的关系

11. 现将某班 100 名学生的统计学成绩分别列入 60 分以下,60～70,70～80,80～90,90 分以上 5 个组中,这种分组属于(　　)。

　　A. 形成变量数列　　B. 形成组距数列　　C. 形成品质数列　　D. 按质量标志分组

　　E. 按数量标志分组

12. 按统计分组标志分组可能形成(　　)数列。

　　A. 单项　　　　　　B. 组距　　　　　　C. 品质　　　　　　D. 变量

　　E. 时间

13. 次数分布的主要类型包括(　　)。

　　A. 钟形分布　　　　B. U 形分布　　　　C. J 形分布　　　　D. S 形分布

　　E. 十形分布

14. 次数累计中向上累计(　　)。

　　A. 由变量值小的向变量值大的方向累计　　B. 由变量值大的向变量值小的方向累计

　　C. 说明上限以下分布情况　　　　　　　　D. 说明上限以上分布情况

　　E. 说明组中值的代表性

15. 变量数列(　　)。

　　A. 是按分组标志分组形成的　　　　　　B. 包括单项数列和组距数列

　　C. 是数量标志分组的结果　　　　　　　D. 一般是品质标志分组的结果

　　E. 有时可形成时间数列

16. 次数累计中向下累计(　　)。

　　A. 由变量值小的向变量值大的方向累计　　B. 由变量值大的向变量值小的方向累计

　　C. 说明下限以下分布情况　　　　　　　　D. 说明下限以上分布情况

　　E. 说明组中值的代表性

17. 组距数列中的组限(　　)。

A. 下限均采取在内原则　　　　　　　　B. 上限可能在内,也可能不在内

C. 上限减下限等于组数　　　　　　　　D. 组距与组数成反比关系

E. 有时采用开放形式

18. 下列关于单项数列和组距数列的说法中,正确的包括(　　　)。

A. 离散型变量适合编制单项数列　　　　B. 连续型变量适合编制组距数列

C. 连续型变量有时可以编制单项数列　　D. 离散型变量有时可以编制组距数列

E. 都是数量标志分组形成的

19. 组距数列的组中值(　　　)。

A. 是一个代表值　　　　　　　　　　　B. 存在假设性

C. 等于(上限减下限)/2　　　　　　　　D. 同组距存在正比关系

E. 有时不能计算

20. 异距数列(　　　)。

A. 是品质标志分组的结果　　　　　　　B. 是数量标志分组的结果

C. 存在组中值　　　　　　　　　　　　D. 各组组距一般不相等

E. 是变量分布存在明显集中条件下编制的

(三) 判断题

1. 统计整理的关键是统计分组。　　　　　　　　　　　　　　　　　　　(　　　)

2. 按统计标志分组的结果形成变量数列。　　　　　　　　　　　　　　　(　　　)

3. 统计分组的关键是确定分组标志。　　　　　　　　　　　　　　　　　(　　　)

4. 统计分组后在各组间是不可能存在同质性的。　　　　　　　　　　　　(　　　)

5. 按数量标志分组所形成的变量数列就是次数分布数列。　　　　　　　　(　　　)

6. 统计分组标志的重要性会随着时间的发展发生变化。　　　　　　　　　(　　　)

7. 确定分组标志的关键是分组标志的重要程度。　　　　　　　　　　　　(　　　)

8. 组距实际上是各组变量值的变动范围,计算组距的通用公式是"组距＝本组上限－前组上限"。　　　　　　　　　　　　　　　　　　　　　　　　　　　　　　(　　　)

9. 统计分组标志的选择主要取决于统计研究的目的。　　　　　　　　　　(　　　)

10. 从形式上看,统计汇总方案主要表现为一系列空白的汇总表,分析用的填表说明和分类目录。　　　　　　　　　　　　　　　　　　　　　　　　　　　　　　(　　　)

11. 统计分组后在各组内部是不可能存在差异性的。　　　　　　　　　　　(　　　)

12. 统计分组后各组总体单位之和小于等于总体单位数。　　　　　　　　　(　　　)

13. 次数分布数列是由数量标志分组形成的。　　　　　　　　　　　　　　(　　　)

14. 品质标志分组形成单项数列。　　　　　　　　　　　　　　　　　　　(　　　)

15. 数量标志分组形成变量数列。　　　　　　　　　　　　　　　　　　　(　　　)

16. 按统计标志分组就形成了分布数列。　　　　　　　　　　　　　　　　(　　　)

17. 在组距数列中,组数和组距成反比关系。　　　　　　　　　　　　　　(　　　)

18. 单项数列分组前后所计算的两个平均数是没有差别的。 （　　）

19. 组距数列分组前后所计算的两个平均数是没有差别的。 （　　）

20. 连续型变量是不能编制单项数列的。 （　　）

21. 离散型变量一般编制单项数列。 （　　）

22. 异距数列主要是根据离散型变量编制的。 （　　）

23. 等距数列主要是根据连续型变量编制的。 （　　）

24. 组距数列向上累计是由变量值小的向变量值大的方向累计的。 （　　）

25. 连续型变量只能编制组距数列。 （　　）

26. 组距数列向上累计是由变量值大的向变量值小的方向累计的。 （　　）

27. 组距数列向下累计是由变量值小的向变量值大的方向累计的。 （　　）

28. 组距数列向下累计是由变量值大的向变量值小的方向累计的。 （　　）

29. 单项数列分组前后所计算的两个平均数存在微小差别是允许的。 （　　）

30. 离散型变量编制的组距数列上限只能采取"上限在内原则"。 （　　）

31. 组中值的假定性是指假定各单位变量在本范围内均匀分布。 （　　）

32. 连续型变量编制的组距数列下限只能采取"上限不在内原则"。 （　　）

33. 离散型变量可以进行单项式或组距式分组,而连续型变量只能进行组距式分组,组距表示方法只能是重叠的。 （　　）

34. 按分组标志在性质上的差别,统计分组可分为简单分组与复合分组。 （　　）

35. 在异距分组中,为消除组距不等对次数实际分布的影响,一般需计算次数密度。 （　　）

36. 统计汇总前审核是保证统计汇总的关键,统计汇总后审核是对工作质量进行检查。 （　　）

37. 在复合分组中,分组标志分组的先后顺序是存在要求的。 （　　）

38. 所谓"上限不在内原则",是对连续变量分组采用重叠组限时,习惯上规定一般只包括本组下限变量值的单位,而当单位的变量值恰恰为组的上限时,不包括在本组。 （　　）

39. 钟形分布的许多种类中,最重要的是 J 形分布。 （　　）

40. 组距数列分组前后所计算的两个平均数一般存在差别是正常的。 （　　）

(四) 填空题

1. _____是对统计调查阶段取得的资料进行加工汇总,得出反映统计总体资料的工作过程。

2. _____是按统计研究目的要求,选择一定的分组标志,将统计总体划分为若干部分的一种统计方法。

3. 按_____标志分组形成品质数列。

4. 按数量标志分组形成_____数列。

5. 统计分组的关键是确定_____。

6. 确定分组标志最重要的原则是_____性原则。

7. 多个简单分组形成的体系称为_____体系。

8. _____分组是对同一总体选择两个或以上个标志进行层叠分组。

9. 根据分组标志选择不同,分配数列可分为_____数列和_____数列。

10. 在变量数列中,如果变量值表现为具体数值,称为_____数列。

11. 在变量数列中,如果变量值表现为区间,称为_____数列。

12. 组距数列中,上限－下限等于_____。

13. 介于上限下限中点值称为_____值。

14. 组距数列中,如果各组区间长度不一称为_____数列。

15. _____累计是说明上限以下分布状况。

16. 次数的分布类型有_____形分布、_____形分布和_____形分布。

17. 连续型变量编制组距数列,相邻两组上下限是_____,习惯采用原则是"上限_____"。

18. 变量数列的分布表现形式包括绝对数和_____数。

19. 统计表上方的大标题称为表_____。

20. 从统计表的内容上看,可分为_____和_____两个部分。

(五) 简答题

1. 简述统计整理的一般程序。

2. 简述统计分组的作用。

3. 简述统计分组标志确定的原则。

4. 简述统计分组技术要求。

(六) 名词解释

1. 统计整理。

2. 统计分组。

3. 次数分布。

4. 统计表。

五、参考答案

(一) 单项选择题

1. D 2. A 3. A 4. A 5. D 6. B 7. B 8. D 9. A 10. B 11. A 12. B
13. A 14. C 15. D 16. B 17. B 18. C 19. D 20. D 21. C 22. D 23. C
24. C 25. A 26. A 27. D 28. A 29. B 30. C 31. B 32. A 33. D 34. B
35. A 36. D 37. D 38. C 39. B 40. B

(二) 多项选择题

1. ABCDE 2. ABD 3. ABCD 4. CD 5. AC 6. ABCE 7. AB 8. AB

9. ABCE　10. ABE　11. ABE　12. ABCD　13. ABC　14. AC　15. ABC　16. BD
17. ABDE　18. CDE　19. AB　20. BCDE

(三) 判断题

　1. 对　2. 错　3. 对　4. 错　5. 对　6. 对　7. 错　8. 错　9. 对　10. 错　11. 错
12. 错　13. 错　14. 错　15. 对　16. 对　17. 对　18. 对　19. 错　20. 错　21. 错　22. 错
23. 错　24. 对　25. 错　26. 错　27. 错　28. 对　29. 错　30. 错　31. 对　32. 错　33. 错
34. 错　35. 对　36. 对　37. 对　38. 错　39. 错　40. 对

(四) 填空题

　1. 统计整理　2. 统计分组　3. 品质　4. 变量　5. 分组标志　6. 目的　7. 平行　8. 复
合　9. 品质　变量　10. 单项　11. 组距　12. 组距　13. 组中　14. 异距　15. 向上　16. 钟
U　J　17. 重叠　不在内　18. 相对　19. 头　20. 主词　宾词

(五) 简答题

1. 简述统计整理的一般程序。

整理过程一般包括:

(1) 统计资料的审核。在对统计数据进行整理时,首先要进行审核,以保证数据的质量,为进一步整理与分析打下基础。从不同渠道取得的统计数据,其审核内容和方法有所不同,不同类型的统计数据在审核内容和方法上也有所差异。

对于通过直接调查取得的原始数据,应主要从完整性和准确性两个方面去审核。对于通过其他渠道取得的第二手数据,除了对其完整性和准确性进行审核外,还应着重审核数据的适用性和时效性。

(2) 统计资料的编码。编码就是将调查数据中的品质标志转化为数字符号的过程。数据的编码与数据的分类(分组)紧密结合,编码首先要进行数据的分类,然后给每个类别指派一个数字代码。

编码既是一项繁重的工作,又是一项重要的工作。编码的质量如何,不仅影响数据的录入速度,也将影响数据处理的最终结果。

(3) 统计分组。统计分组是整理中的一项十分重要的工作。统计分组是按照统计研究目的,选择一定分组标准对调查资料进行分类整理,为统计分析做准备。

(4) 统计资料的汇总、编制统计表。选择适当的汇总组织形式和具体方法,按分组要求对原始统计资料分组汇总,计算各组单位数和合计数,计算各组指标数值和综合指标数值。统计汇总是统计整理的中心内容。

2. 简述统计分组的作用。

(1) 区分社会经济现象的类型又称类型分组。社会经济现象存在复杂多样的类型,各种类型存在不同的特点和不同的发展规律,由于受其内在的规律所支配,决定了各类型现象在规模、水平、速度、结构和比例关系等方面的数量表现有所不同或具有差异性。

（2）研究现象的内部结构又称结构分组。现象内部的结构，表示现象内部的组成状况和比率关系。

（3）研究现象的依存关系又称分析分组。社会经济现象不是孤立的，而是相互依存、相互制约的。通过现象的依存关系分析，可以说明现象间的依存关系程度和方向。

3. 简述统计分组标志确定的原则。

选择分组标志应该遵循以下原则：

（1）目的性原则。按照统计研究的目的与任务选择分组标志。统计分组标志的选择具有相对性。

（2）关键性原则。选择能够说明总体本质的关键的、重要标志作为分组标志，才能得出触及问题实质的重要分组。

（3）结合性原则。分组标志应该结合研究总体所处的具体历史条件或社会经济发展的条件进行选择。分组标志的选择不能一成不变，应该考虑总体所处的一定时间、地点、条件，才能选择具有现实意义的分组标志。

4. 简述统计分组技术要求。

统计分组技术要求包括：

（1）唯一性，要求每一次分组时只能以一个分组标志作为分组的依据，不能同时按两个或两个以上标志作为分组的依据。

（2）周延性，要求分组后，各组单位数之和应等于总体单位数。

（3）互斥性，要求组与组之间相互排斥，存在差异性。

（六）名词解释

1. 统计整理。

统计整理是根据分析研究的目的和要求，对调查数据进行加工整理，使之系统化、条理化，以符合统计分析需要的一个过程。统计整理是人们对社会经济现象从感性认识上升到理性认识的过渡阶段，是统计工作中的一个重要环节，既是统计调查阶段的继续和深入，又是统计分析的基础和前提。其主要内容包括统计分组与次数分布。

2. 统计分组。

统计分组是按照统计研究目的要求，选择一定的分组标志，将统计总体划分为若干个组成部分的一种统计方法。统计分组对总体是一个"分"的过程，对总体单位则是一个"合"的过程。统计分组的目的是把性质相同的单位合在一起，保持各组内统计资料的一致性和组之间资料的差异性，即组内同质性，组间差异性。

3. 次数分布。

在统计分组的基础上，将总体中所有单位按组归类整理，并按一定顺序排列形成总体中各个单位在各组间的分布，称为分配数列或次数分布。分配数列包括两个基本要素：总体按某标志所分的组和各组所分布的单位数。分配数列可分为品质数列和变量数列。

4. 统计表。

统计表是统计用数字说话的一种最常用的形式。把搜集到的数字资料,经过汇总整理后,得出一些系统化的统计资料,将其按一定顺序填列在一定的表格内,这个表格就是统计表。广义的统计表包括统计工作各个阶段中所用的一切表格,如调查表、整理表、计算表等,它们都是用来提供统计资料的重要工具。

第四章 统计数据分析载体——综合指标

一、学习与要求

学生通过本章的学习,掌握总量指标、相对指标、平均指标和标志变异指标的计算与运用;培养学生运用综合指标认识、分析统计总体的能力。

二、学习主要内容

1. 总量指标

1) 总量指标的概念

总量指标是反映社会经济现象在一定条件下的总规模、总水平或工作总量的统计指标。总量指标用绝对数表示。总量指标只能根据有限总体计算,其指标数值大小与研究总体的范围变动在一般情况下存在正比关系。

2) 总量指标的主要作用

总量指标的主要作用表现在:一是认识总体的起点;二是计算相对指标和平均指标的基础。总量指标的计算是否科学合理,直接影响到其他形式指标的准确性。

3) 总量指标的分类

总量指标按反映的总体内容不同,分为总体标志总量与总体单位总量,按反映的时间状况不同,分为时期指标与时点指标(从反映、可加性、取得方法以及与时间关系四个方面来区分时期指标与时点指标)。

4) 总量指标的计量单位

总量指标的计量形式都是有名数,都有计量单位。计量单位有实物单位、价值单位和劳动量单位。

2. 相对指标

1) 相对指标的概念

相对指标是指通过两个有联系的指标进行对比的比值来反映社会经济现象数量特征和数量关系的综合指标。相对指标也称相对数,其数值有两种表现形式,即无名数和有名数。

2) 相对指标的种类与计算

相对指标包括计划完成程度相对指标、结构相对指标、比例相对指标、比较相对指标、强度相对指标和动态相对指标。

3) 计算和应用相对指标应遵守的原则

(1) 可比性原则。

（2）定性分析与定量分析相结合的原则。

（3）相对指标和总量指标结合运用的原则。

（4）各种相对指标综合应用的原则。

3. 平均指标

1）平均指标的概念和特点

平均指标是表明同类社会经济现象在一定时间、地点条件下达到的一般水平的综合指标。平均指标的特点是抽象性和同质性。

2）数值平均数

数值平均数包括算术平均数、调和平均数和几何平均数。

（1）算术平均数。算术平均数是集中趋势测度中最重要的一种，它是所有平均数中应用最广泛的平均数。

基本公式：

$$算术平均数 = \frac{总体标志总量}{总体单位总量}$$

简单算术平均数计算公式：

$$\bar{x} = \frac{\sum x}{n} （未分组）$$

加权算术平均数计算公式：

$$\bar{x} = \frac{\sum xf}{\sum f} = \sum \left(x \times \frac{f}{\sum f} \right) （分组）$$

（2）调和平均数。

简单调和平均数计算公式：

$$\overline{x_H} = \frac{n}{\sum \frac{1}{x}} （未分组）$$

加权调和平均数计算公式：

$$\overline{x_H} = \frac{\sum m}{\sum \frac{m}{x}} （分组）$$

（3）几何平均数。

简单几何平均数计算公式：

$$\overline{x_G} = \sqrt[n]{x_1 \cdot x_2 \cdot x_3 \cdot \cdots \cdot x_n} = \sqrt[n]{\prod x} （未分组）$$

加权几何平均数计算公式：

$$\bar{x}_G = \sqrt[\sum f]{x_1^{f_1} \cdot x_2^{f_2} \cdot x_3^{f_3} \cdot \cdots \cdot x_n^{f_n}} = \sqrt[\sum f]{\prod x^f} \text{（分组）}$$

3）位置平均数

位置平均数，包括众数和中位数。

（1）众数是在一组数据中出现次数最多的变量值。

组距式数列，众数的近似公式为：

$$\text{下限公式：} M_0 = L + \frac{\Delta_1}{\Delta_1 + \Delta_2} \times d$$

$$\text{上限公式：} M_0 = U - \frac{\Delta_2}{\Delta_1 + \Delta_2} \times d$$

（2）中位数是指将数据按大小顺序排列起来，形成一个数列，居于数列中间位置的变量值。

组距数列确定中位数公式：

$$\text{下限公式：} M_e = L + \frac{\left(\sum f/2\right) - S_{m-1}}{f_m} \times d$$

$$\text{上限公式：} M_e = U - \frac{\left(\sum f/2\right) - S_{m+1}}{f_m} \times d$$

4. 标志变异指标

1）标志变异指标的作用

（1）标志变异指标可以衡量平均指标代表性。一般来讲，数据分布越分散，变异指标越大，平均指标的代表性越小；数据分布越集中，变异指标越小，平均指标的代表性越大。

（2）标志变异指标可以反映经济过程的均匀性、节奏性或稳定性。

（3）标志变异指标可以揭示总体变量分布的离中趋势，是研究总体分布的重要特征值。标志变异指标是揭示以平均数为中心，各标志值偏离中心的程度。一般来说，标志变异指标越小，说明总体各标志值平均来说离中心值越近，即偏离程度越小；反之，则反。

2）常用的标志变异指标

（1）全距（R）。全距又称极差，是指总体各单位的两个极端标志值之差，即：

$$R = \text{最大标志值} - \text{最小标志值}$$

（2）平均差。平均差是总体各单位标志对其算术平均数的离差绝对值的算术平均数。它综合反映了总体各单位标志值的变动程度。平均差越大，则表示标志变动度越大；反之，则表示标志变动度越小。

在资料未分组的情况下，平均差的计算公式为（简单式）：

$$A.D = \frac{\sum |x - \bar{x}|}{n}$$

在资料已分组的情况下,要用加权平均差公式(加权式):

$$A.D = \frac{\sum |x - \bar{x}| f}{\sum f}$$

平均差系数公式:

$$V_{AD} = \frac{A.D}{\bar{X}} \times 100\%$$

(3)标准差。标准差是测度数据变异程度的最重要、最常用的指标。标准差又称均方差,一般用 σ 表示。

在未分组的条件下标准差计算公式为(简单式):

$$\sigma = \sqrt{\frac{\sum (x - \bar{x})^2}{n}}$$

或

$$\sigma = \sqrt{\frac{\sum x^2}{n} - \left(\frac{\sum x}{n}\right)^2} = \sqrt{\overline{x^2} - (\bar{x})^2}$$

在分组的条件下标准差计算公式(加权式):

$$\sigma = \sqrt{\frac{\sum (x - \bar{x})^2 \times f}{\sum f}}$$

或

$$\sigma = \sqrt{\frac{\sum x^2 f}{\sum f} - \left(\frac{\sum xf}{\sum f}\right)^2} = \sqrt{\overline{x^2} - (\bar{x})^2}$$

离散系数:

$$V_\sigma = \frac{\sigma}{\bar{X}} \times 100\%$$

三、学习重点与难点

本章学习重点与难点是平均指标与标志变异指标。

四、练习题

(一) 单项选择题

1. 总体范围大小与总量指标大小的关系是(　　)关系。

   A. 正比　　　　　　　B. 反比　　　　　　　C. 一般正比　　　　　D. 一般反比

2. 具有广泛综合能力的是(　　)指标。

   A. 实物　　　　　　　B. 标准实物　　　　　C. 价值　　　　　　　D. BC

3. 在某统计总体中,具有唯一性的是总体(　　)指标。

   A. 标志总量　　　　　B. 单位总量　　　　　C. 标志个数　　　　　D. AB

4. 统计整理首先取得的是(　　)指标。

   A. 总量　　　　　　　B. 相对　　　　　　　C. 平均　　　　　　　D. ABC

5. 内容相同具有可加性的(　　)。

   A. 是时期指标

   B. 是时点指标

   C. 是时期和时点指标

   D. 由统计研究目的决定是时期还是时点指标

6. 时点指标与时点间隔(　　)。

   A. 成正比关系　　　　　　　　　　　B. 成反比关系

   C. 成正比或反比关系　　　　　　　　D. 没有固定关系

7. 有名数计量的是(　　)相对指标。

   A. 比较　　　　　　　B. 比例　　　　　　　C. 强度　　　　　　　D. 动态

8. 有时用有名数、有时用无名数计量的是(　　)相对指标。

   A. 强度　　　　　　　B. 比例　　　　　　　C. 比较　　　　　　　D. 动态

9. 分子、分母完全可以对换的是(　　)相对指标。

   A. 比较和强度　　　　　　　　　　　B. 比例和强度

   C. 比较和比例　　　　　　　　　　　D. 比较、比例和强度

10. 分子、分母内容不同的是(　　)相对指标。

   A. 比较　　　　　　　B. 比例　　　　　　　C. 强度　　　　　　　D. 动态

11. 分子、分母时间不同的是(　　)相对指标。

   A. 比较　　　　　　　B. 比例　　　　　　　C. 强度　　　　　　　D. 动态

12. 下列某城市指标中,属于平均指标的是(　　)。

   A. 人均粮食产量　　　B. 人均收入　　　　　C. 人均消费　　　　　D. 没有的

13. 同结构相对指标存在换算关系的是(　　)。

   A. 比较　　　　　　　B. 比例　　　　　　　C. 强度　　　　　　　D. 动态

14. 分子属于分母一部分的是(　　)相对指标。

   A. 比较　　　　　　　B. 比例　　　　　　　C. 强度　　　　　　　D. 结构

15. 分子、分母属于不同总体的是( )相对指标。

    A. 比较   B. 比例   C. 强度   D. 动态

16. 分子、分母存在不完全对应关系的是( )相对指标。

    A. 比较   B. 计划完成   C. 强度   D. 动态

17. 计划完成程度相对指标是( )指标。

    A. 正   B. 反

    C. 正或反   D. 由研究目的决定是正或反

18. 算术平均数计算中已知的是( )。

    A. 分子   B. 分母   C. 分子或分母   D. 不存在的

19. 标志变异指标中最易受极端值影响的是( )。

    A. 全距   B. 标准差   C. 平均差   D. 离散系数

20. 用标准差比较分析两个同类总体平均指标的代表性,其基本的前提条件是( )。

    A. 两个总体的标准差应相等   B. 两个总体的平均数应相等

    C. 两个总体的单位数应相等   D. 两个总体的离差之和应相等

21. 标志变异指标中最常用的有( )。

    A. 全距   B. 标准差   C. 平均差   D. BC

22. 为了比较两个不同总体标志的变异程度(平均数不等),必须利用( )。

    A. 全距   B. 标准差   C. 平均差   D. 标准差系数

23. 两个总体的平均数不等,但标准差相等,则( )。

    A. 平均数小,代表性大   B. 平均数大,代表性大

    C. 两个平均数的代表性相同   D. 无法判断

24. 在甲、乙两个变量数列中,若 $\sigma_甲 < \sigma_乙$,则两个变量数列平均水平的代表性程度相比较( )。

    A. 两个数列平均数的代表性相同   B. 甲数列平均数的代表性大于乙数列

    C. 甲数列平均数的代表性小于乙数列   D. 不能确定哪个数列平均数的代表性好

25. 在一个次数分布中,$\bar{x}=90$,$\sigma=10$,如果在总体中再加上 70,70,60 这三个标志值,则重新计算的标准差会( )。

    A. 变小   B. 变大   C. 不变   D. 无法判断

26. 若把全部产品分为合格品和不合格品,则所采用的标志属于( )。

    A. 不变标志   B. 是非标志   C. 品质标志   D. 数量标志

27. 当所有变量值扩大 10%,所有次数缩小 10%,则平均数( )。

    A. 增大   B. 减少

    C. 不变   D. 无法确定变化方向

28. 平均指标反映( )。

    A. 总体分布的集中趋势   B. 总体分布的离散趋势

    C. 总体分布的大概趋势   D. 总体分布的一般趋势

29. 当所有变量值不变,所有次数缩小 10％,则平均数(　　)。

    A. 增大　　　　　　　　　　　　B. 减少

    C. 不变　　　　　　　　　　　　D. 无法确定变化方向

30. 计算平均指标最常用的方法和最基本的形式是(　　)。

    A. 中位数　　　　B. 众数　　　　C. 调和平均数　　　　D. 算术平均数

31. 加权算术平均数的大小(　　)。

    A. 主要受各组标志值大小的影响,而与各组次数的多少无关

    B. 主要受各组次数大小的影响,而与各组标志值的多少无关

    C. 既受各组标志值大小的影响,又受各组次数多少的影响

    D. 既与各组标志值的大小无关,也与各组次数的多少无关

32. 在变量数列中,若标志值较大的组权数较小时,计算出来的平均数(　　)。

    A. 接近于标志值小的一方　　　　B. 接近于标志值大的一方

    C. 接近于平均水平的标志值　　　　D. 不受权数的影响

33. 假如各个标志值都增加 5 个单位,次数不变,那么算术平均数会(　　)。

    A. 增加到 5 倍　　　　　　　　B. 增加 5 个单位

    C. 不变　　　　　　　　　　　　D. 不能预期平均数的变化

34. 由组距数列确定中位数时,如果中位数组的相邻两组的次数相等,则(　　)。

    A. 中位数在中位数组内靠近上限　　　　B. 中位数在中位数组内靠近下限

    C. 中位数组的组中值就是中位数　　　　D. 中位数无法确定

35. 各标志值与平均数离差之和(　　)。

    A. 大于零　　　　B. 小于零　　　　C. 等于零　　　　D. ABC 都有可能

36. 由组距数列确定众数时,如果众数组的相邻两组的次数相等,则(　　)。

    A. 众数在众数组内靠近上限　　　　B. 众数在众数组内靠近下限

    C. 众数组的组中值就是众数　　　　D. 众数为零

37. 地区 8 月份一等鸭梨每千克 5.5 元,二等鸭梨每千克 3.9 元,10 月份鸭梨销售价格没变,但一等鸭梨销售量增加 8％,二等鸭梨销售量增加 10％,10 月份鸭梨的平均销售价格是(　　)。

    A. 不变　　　　B. 提高　　　　C. 下降　　　　D. 无法确定

38. 当 $\bar{x}=M_e=M_0$ 时,其总体分布的状况为(　　)分布。

    A. 钟型　　　　B. 对称的钟型　　　　C. 对称的 U 形　　　　D. U 形

39. 平均差与标准差的主要区别是(　　)。

    A. 说明意义不同　　　　　　　　B. 计算条件不同

    C. 计算结果不同　　　　　　　　D. 数学处理方法不同

40. 地区 8 月份一等鸭梨每千克 5.5 元,二等鸭梨每千克 3.9 元,10 月份鸭梨销售价格没变,但一等鸭梨销售量增加 18％,二等鸭梨销售量增加 15％,10 月份鸭梨的平均销售价格是(　　)。

A. 不变   B. 提高   C. 下降   D. 无法确定

（二）多项选择题

1. 总量指标（   ）。

     A. 是认识总体的起点   B. 是计算相对指标和平均指标的基础

     C. 大小与总体范围一般成正比关系   D. 是说明总体单位的

     E. 计量单位中价值指标具有广泛的综合能力

2. 总体单位总量与总体标志总量（   ）。

     A. 都是说明总体的   B. 总体单位总量是唯一的

     C. 总体标志总量存在不唯一性   D. 两者都不存在唯一性

     E. 两者存在具有相对性

3. 下列关于总量指标计量单位表述正确的是（   ）。

     A. 主要指价值单位   B. 价值单位具有综合能力

     C. 标准实物单位也具有综合能力   D. 包括劳动量单位

     E. 是总量指标不可缺少的计量单位

4. 下列关于相对指标表述正确的是（   ）。

     A. 其是两个指标对比形成的   B. 其主要计量单位是无名数

     C. 有名数也是其一种计量单位   D. 其是根据总量指标计算的

     E. 其是总量指标的一种表现形式

5. 相对指标中分子、分母可以对换的有（   ）相对指标。

     A. 动态   B. 强度   C. 比较   D. 比例

     E. 计划完成

6. 相对指标中完全是无名数计量的有（   ）相对指标。

     A. 动态   B. 强度   C. 比较   D. 比例

     E. 计划完成

7. 某城市下列指标中，属于强度相对指标的有（   ）相对指标。

     A. 人均 GDP   B. 人均收入   C. 人均消费   D. 人均住房面积

     E. 人均绿化面积

8. 算术平均数的基本公式中（   ）。

     A. 分子、分母同属于一个总体   B. 分子、分母的计量单位相同

     C. 分母是分子的承担者   D. 分母附属于分子

     E. 分子、分母均是数量指标

9. 假定市场上某种商品最多的成交价格为每千克 4.60 元，则每千克 4.60 元（   ）。

     A. 可用来代表这种商品的一般价格水平   B. 是平均指标值

     C. 是中位数   D. 是众数

     E. 是调和平均数

10. 加权算术平均数的大小不仅受各标志值大小的影响,也受各组次数多少的影响,因此( )。

    A. 当较大的标志值出现次数较多时,平均数接近标志值大的一方

    B. 当较小的标志值出现次数较少时,平均数接近标志值小的一方

    C. 当较大的标志值出现次数较少时,平均数接近标志值大的一方

    D. 当较小的标志值出现次数较多时,平均数接近标志值小的一方

    E. 当不同标志值出现的次数相同时,对平均值的大小没有影响

11. 当( )时,加权算术平均数等于简单算术平均数。

    A. 各组标志值不相等   B. 各组次数均相等

    C. 各组次数不相等   D. 各组次数均为1

    E. 各组频率相同

12. 计算加权算术平均数,在选定权数时,应具备的条件包括( )。

    A. 权数与标志值相乘能够构成标志总量   B. 权数是总体单位数

    C. 权数必须表现为标志值的直接承担者   D. 权数是单位数比重

    E. 权数与标志值相乘具有经济意义

13. 不受极端值影响的平均指标有( )。

    A. 算术平均数   B. 调和平均数

    C. 几何平均数   D. 众数

    E. 中位数

14. 如果在分配数列中,有一个标志值为零,则不能计算( )。

    A. 加权算术平均数   B. 加权调和平均数

    C. 简单调和平均数   D. 简单几何平均数

    E. 加权几何平均数

15. 平均指标( )。

    A. 是质量指标   B. 是数量指标

    C. 能反映总体分布的集中趋势   D. 能反映总体单位的一般水平

    E. 是一个综合性指标

16. 众数( )。

    A. 是居于按顺序排列的分组数列中间位置的变量值

    B. 是出现次数最多的变量值

    C. 是根据各个变量值计算的

    D. 不受极端变量值的影响

    E. 在组距数列中不受开口组的影响

17. 中位数( )。

    A. 是居于数列中间位置的那个数   B. 是根据各个变量值计算的

    C. 不受极端变量值的影响   D. 是出现次数最多的变量值

E. 在组距数列中不受开口组的影响

18. 下列关于标志变异指标表述正确的是（　　）。

　　A. 说明平均数离中趋势　　　　　　　B. 常用指标是标准差

　　C. 全距受极端值影响　　　　　　　　D. 说明平均数集中趋势

　　E. 平均差和标准差计算结果从理论上讲应该没有差别

19. 下列标志变异指标中,用无名数表示的有(　　)。

　　A. 全距　　　　　　B. 平均差　　　　　　C. 标准差　　　　　　D. 平均差系数

　　E. 标准差系数

20. 与平均数的计量单位一致的标志变异指标有(　　)。

　　A. 全距　　　　　　B. 平均差　　　　　　C. 标准差　　　　　　D. 平均差系数

　　E. 标准差系数

（三）判断题

1. 统计总体规模与总量指标大小成正比关系。　　　　　　　　　　　　　　　　　（　　）

2. 总量指标是认识统计总体单位的起点,是计算相对指标和平均指标的基础。　　（　　）

3. 在统计总体中,总体单位总量是唯一的。　　　　　　　　　　　　　　　　　　（　　）

4. 经常性调查取得时期资料,一次性调查取得时点资料。　　　　　　　　　　　　（　　）

5. 时期指标的取得是不能提前的。　　　　　　　　　　　　　　　　　　　　　　（　　）

6. 价值指标与标准实物指标均具有广泛的综合能力。　　　　　　　　　　　　　　（　　）

7. 相对指标中分子、分母内容不同的是强度相对指标。　　　　　　　　　　　　　（　　）

8. 比例相对指标分子、分母不属于同一总体。　　　　　　　　　　　　　　　　　（　　）

9. 分子、分母完全可以对换的是比较、比例和强度相对指标。　　　　　　　　　　（　　）

10. 动态相对指标是正指标。　　　　　　　　　　　　　　　　　　　　　　　　（　　）

11. 某城市人均居民收入水平是一个强度相对指标。　　　　　　　　　　　　　　（　　）

12. 结构、比较相对指标存在换算关系。　　　　　　　　　　　　　　　　　　　（　　）

13. 强度相对指标分子、分母有时是不能对换的。　　　　　　　　　　　　　　　（　　）

14. 强度相对指标有时计量单位是无名数。　　　　　　　　　　　　　　　　　　（　　）

15. 计划完成相对指标是一个正指标。　　　　　　　　　　　　　　　　　　　　（　　）

16. 甲、乙两组工人生产同一种产品,甲组工人平均日产量为 60 件,标准差为 7.2 件,乙组工
　　人平均日产量为 55 件,标准差为 6.6 件,故工人平均日产量的代表性乙组比甲组大。

　　　　　　　　　　　　　　　　　　　　　　　　　　　　　　　　　　　　　（　　）

17. 算术平均数与调和平均数的基本原理是一致的,只是掌握资料存在差异。　　　（　　）

18. 数值平均数中的平均数的基本原理是比较相近的。　　　　　　　　　　　　　（　　）

19. 几何平均数要求变量值间存在一定的关系。　　　　　　　　　　　　　　　　（　　）

20. 在某一变量数列中,中位数是唯一的。　　　　　　　　　　　　　　　　　　（　　）

21. 在某一变量数列中,众数一般是唯一的。　　　　　　　　　　　　　　　　　（　　）

22. 在某一变量数列中,众数前后两组次数相等,则该组的组中值就是众数。 （   ）

23. 权数对算术平均数的影响作用大小取决于权数本身绝对值的大小。 （   ）

24. 在单项数列中,如果各组变量值扩大 10%,各组次数缩小 10%,则变化前后的平均数没有变化。 （   ）

25. 在变量数列中,如果各组变量值扩大 10%,则平均数增加 10%。 （   ）

26. 变量数列中各组的单位数相等时,权数的作用就没用了。 （   ）

27. 利用组中值计算算术平均数是假定各组内的标志值是均匀分布的,计算结果是准确的。 （   ）

28. 几何平均数是计算平均比率和平均速度最适用的一种方法。 （   ）

29. 当中位数组相邻两组的次数相等时,中位数就是中位数组的组中值。 （   ）

30. 对于同一数列,同时计算平均差和标准差,两者一般相等。 （   ）

31. 标准差和方差是没有关系的,不能进行换算。 （   ）

32. 对任何两个性质相同的变量数列,比较其平均数的代表性,都可以采用标准差指标。 （   ）

33. 变量值越大,标准差越大;反之,变量值越小,标准差越小。 （   ）

34. 如果两个数列的标准差系数相同,则说明两个平均数对各自数列的代表性相同。 （   ）

35. 在变量数列中,如果各组次数扩大 10%,则平均数增加 10%。 （   ）

36. 对于同一数列,同时计算平均差和标准差,两者不相等是不正常的。 （   ）

37. 组距数列编制前后计算的平均数不一致是不正常的。 （   ）

38. 单项数列编制前后计算的平均数不一致是不正常的。 （   ）

39. 各变量值与平均数离差和应该是大于、等于或小于零。 （   ）

40. 各变量值与平均数离差平方和应该是大于、等于零。 （   ）

（四）填空题

1. 总量指标是认识总体的_____,也是计算相对指标和平均指标的_____。

2. 总量指标按其说明总体的内容不同,可分为总体_____总量和总体_____总量。

3. 总量指标按其反映总体的时间状况不同,可分为_____指标和_____指标。

4. 总量指标的计量单位有实物单位、价值单位和_____单位。

5. _____指标是两个有联系的指标对比形成的。

6. 常见相对指标有_____种。

7. 反映总体部分与总体的关系称为_____相对指标。

8. 相对指标计量单位有_____数和_____数。

9. 反映两个总体之间差距的是_____相对指标。

10. 有名数是_____相对指标有时采用的计量单位。

11. 说明两个时期变化的称为_____相对指标。

12. 数值平均数包括算术平均数、调和平均数和_____平均数。

13. 众数和中位数统称为_____平均数。

14. 算术平均数基本计算公式是总体标志总量/总体_____。

15. 算术平均数和_____平均数原则是一致的,只是掌握资料存在差异。

16. 几何平均数要求变量值间存在_____关系。

17. 计算简单、通俗易懂的标志变异指标称为_____。

18. 标志变异指标中比较常用的是_____。

19. 方差等于变量值平方的平均数减去_____。

20. 标准差/平均数等于_____。

(五) 简答题

1. 简述总量指标的基本作用和主要分类。

2. 简述应用相对指标应该注意的问题。

3. 简述平均数的作用。

4. 简述标志变异指标的作用。

(六) 名词解释

1. 总量指标。

2. 相对指标。

3. 平均指标。

4. 标志变异指标。

(七) 计算题

1. 甲班级学生考试成绩,如表 4-1 所示。

表 4-1　甲班学生考试成绩情况表

成绩(分)	60 以下	60~70	70~80	80~90	90 以上
人数(人)	5	10	10	15	10

要求:比较甲、乙两个班平均数的代表性好坏(乙班标准差为 13.50 分,标准差系数为 15.30%)。

2. 某班级学生考试成绩,如表 4-2 所示。

表 4-2　学生考试成绩情况表

成绩(分)	60 以下	60~70	70~80	80~90	90 以上
人数比重	5%	15%	40%	30%	10%

要求:计算学生考试成绩的标准差系数。

3. 某企业相关资料,如表4-3所示。

表4-3　某企业生产资料表

合格率	75%以下	75%~85%	85%~95%	95%以上
产品总数(只)	20	30	30	20

要求:计算平均合格品率标准差系数。

4. 某企业产值2011年为1 000万元,计划到2019年每年以8%的速度增长,实际以10%的速度增长。

要求:

(1) 企业2019年产值计划完成程度。

(2) 如果企业计划到2026年产值翻三番,则从2020年起,计算每年需要的平均增长速度。

5. 某地区企业产值利润相关资料,如表4-4所示。

表4-4　某企业产值利润表

产值利润率	第一季度产值(万元)	第二季度利润(万元)
5%以下	5 000	150
5%~10%	9 500	750
10%~15%	2 000	312.5
合计		

要求:计算第一季度、第二季度和上半年产值利润率。

6. 某人将一定数量人民币存入银行,10年后取得150万元,利率情况,如表4-5所示。

表4-5　利率情况表

年数	2	3	3	2
利率	2.5%	4%	5%	8%

要求:

(1) 分别计算单利、复利条件下的平均利率。

(2) 分别计算单利、复利条件下最初存入银行的人民币数量。

7. 某公司相关资料,如表4-6所示。

表4-6　某公司工资情况表

各组月工资水平(元)	2 800以下	2 800~3 000	3 000~3 400	3 400~3 600	3 600以上
各组工资总额(元)	27 000	72 500	96 000	87 500	37 000

要求:计算平均工资水平及标准差系数。

8. 某企业情况，如表 4-7 所示。

表 4-7 某企业产值和成本情况表

产品	产值（万元）			总成本（万元）		
	上期	本期计划	本期实际	上期	本期计划	本期实际
A	2 500	+8%	+12%	800	−10%	−8%
B	3 200	+10%	+15%	1 000	−6%	−5%

要求：计算产值和总成本计划完成程度，并作分析。

五、参考答案

（一）单项选择题

1. C　2. C　3. B　4. A　5. A　6. D　7. C　8. A　9. C　10. C　11. D　12. C
13. B　14. D　15. A　16. C　17. C　18. B　19. A　20. B　21. B　22. D　23. B
24. D　25. B　26. B　27. A　28. A　29. C　30. D　31. C　32. A　33. B　34. D
35. C　36. C　37. C　38. B　39. D　40. B

（二）多项选择题

1. ABCE　2. ABCE　3. BDE　4. ABCD　5. CD　6. ACDE　7. ABDE　8. ACE
9. ABD　10. AD　11. BDE　12. ABCDE　13. DE　14. BCDE　15. ACDE　16. BDE
17. ACE　18. ABC　19. DE　20. ABC

（三）判断题

1. 错　2. 错　3. 对　4. 错　5. 对　6. 错　7. 对　8. 错　9. 错　10. 错　11. 对
12. 错　13. 对　14. 对　15. 错　16. 错　17. 对　18. 错　19. 对　20. 对　21. 对　22. 对
23. 错　24. 错　25. 对　26. 对　27. 对　28. 对　29. 错　30. 错　31. 错　32. 错　33. 错
34. 对　35. 错　36. 错　37. 错　38. 对　39. 错　40. 错

（四）填空题

1. 起点　基础　2. 单位　标志　3. 时期　时点　4. 劳动量　5. 相对　6. 6　7. 结构
8. 有名　无名　9. 比较　10. 强度　11. 动态　12. 几何　13. 位置　14. 单位总量　15. 调
和　16. 积　17. 全距（极差）　18. 标准差　19. 平均数平方　20. 标准差系数

（五）简答题

1. 简述总量指标的基本作用和主要分类。

总量指标的基本作用表现为总量指标是认识社会经济现象总体的起点，也是计算相对指标与平均指标的基础。总量指标的计算是否科学合理,直接影响到其他形式指标的准确性。

总量指标的主要分类包括:

(1) 按其说明总体的内容不同,分为总体标志总量与总体单位总量。

(2) 按其反映总体的时间状况不同,分为时期指标与时点指标。

2. 简述应用相对指标应该注意的问题。

(1) 可比性原则。相对指标对比结果的正确性,直接取决于两个指标数值的可比性。对比指标的可比性,是指对比指标在含义、内容、范围、时间、空间和计算方法等口径方面是否协调一致,相互适应。

(2) 定性分析与定量分析相结合的原则。正确地计算和运用相对数,要注重定性分析与定量分析相结合的原则。通过定性分析,可以确定两个指标数值的对比是否合理。

(3) 相对指标和总量指标结合运用的原则。绝大多数的相对量指标都是两个有关的总量指标数值之比,用抽象化的比值来表明事物之间对比关系的程度,而不能反映事物在绝对量方面的差别。因此,在一般情况下,相对指标离开了据以形成对比关系的总量指标,就不能深入地说明问题。

(4) 各种相对指标综合应用的原则。把几种相对指标结合起来运用,可以比较、分析现象变动中的相互关系,更好地阐明现象之间的发展变化情况。由此可见,综合运用结构相对数、比较相对数和动态相对数等多种相对指标,有助于我们剖析事物变动中的相互关系及其后果。

3. 简述平均数的作用。

(1) 概括说明总体的数量特征。平均指标是同质总体各单位数量标志的代表值,具有较强的概括性。

(2) 对比同类现象在不同条件下的差异。计算平均指标可以消除总体规模对指标数值的影响,具有直接可比性。例如,两城市居民平均收入水平、平均消费水平,可以比较说明水平的差异性。

(3) 分析现象的依存关系。例如,计算某种农作物平均亩产与施肥量,可以反映农作物单产与施肥量的关系。

(4) 进行估计推算。抽样调查中可以根据抽样平均指标推算总体相关指标。

4. 简述标志变异指标的作用。

(1) 标志变异指标可以衡量平均指标代表性。一般来讲,数据分布越分散,变异指标越大,平均指标的代表性越小;数据分布越集中,变异指标越小,平均指标的代表性越大。

(2) 标志变异指标可以反映经济过程的均匀性、节奏性或稳定性。例如,产品质量检验,标志变异指标越小,说明产品质量比较稳定。

(3) 标志变异指标可以揭示总体变量分布的离中趋势,是研究总体分布的重要特征值。标志变异指标是揭示以平均数为中心,各标志值偏离中心的程度。一般来说,标志变异指标越小,说明总体各标志值平均来说离中心值越近,即偏离程度越小;反之,则反。

（六）名词解释

1. 总量指标。

总量指标是用来反映社会经济现象在一定条件下的总规模、总水平或工作总量的统计指标。总量指标用绝对数表示，反映特定现象在一定时间上的总量状况，是一种最基本的统计指标。

2. 相对指标。

相对指标是用两个有联系的指标进行对比的比值来反映社会经济现象数量特征和数量关系的综合指标。相对指标又称相对数，其数值有两种表现形式：无名数和有名数。相对指标有六种形式。

3. 平均指标。

平均指标是表明同类社会经济现象在一定时间、地点条件下达到的一般水平的综合指标。统计中采用的平均指标有五种，即算术平均数、调和平均数、几何平均数、众数和中位数。前三种平均指标是根据总体全部单位标志值计算的，称为数值平均数；后两种是根据标志值在总体的各个单位中所处的位置计算的，称作位置平均数。

4. 标志变异指标。

标志变异指标是反映总体各单位标志值的差别大小程度的综合指标，又称标志变动度。常用的变异指标有全距、平均差、方差和标准差、变异系数。

（七）计算题

1. 计算过程，如表 4-8 所示。

表 4-8　甲班学生考试成绩计算表

成绩（分）	60 以下	60～70	70～80	80～90	90 以上	—
人数（人）f	5	10	10	15	10	50
组中值 x	55	65	75	85	95	—
xf	275	650	750	1 275	950	3 900
$(x-\bar{x})^2$	529	169	9	49	289	—
$(x-\bar{x})^2 f$	2 645	1 690	90	735	2 890	8 050

甲班学生平均考试成绩：

$$\bar{x} = \frac{\sum xf}{\sum f} = \frac{55 \times 5 + 65 \times 10 + 75 \times 10 + 85 \times 15 + 95 \times 10}{5 + 10 + 10 + 15 + 10} = 3\,900 \div 50 = 78(\text{分})$$

甲班学生平均考试成绩标准差：

$$\sigma = \sqrt{\frac{\sum (x-\bar{x})^2 \times f}{\sum f}} = \sqrt{\frac{8\,050}{50}} = 12.69(\text{分})$$

甲班标准差系数：

$$V_\sigma = \frac{\sigma}{\overline{X}} \times 100\% = 12.69 \div 78 \times 100\% = 16.27\%$$

甲班标准差系数大于乙班，显然乙班平均成绩的代表性好。

2. 计算过程，如表 4-9 所示。

表 4-9 学生考试成绩计算表

成绩(分)	60 以下	60～70	70～80	80～90	90 以上	—
人数比重(人) $f / \sum f$	5	15	40	30	10	100
组中值 x	55	65	75	85	95	—
$x \times f / \sum f$	2.75	9.75	30	25.5	9.5	77.5
$(x-\bar{x})^2$	506.25	156.25	6.25	56.25	306.25	—
$(x-\bar{x})^2 \times f / \sum f$	25.31	23.44	2.50	16.88	30.63	98.75

学生平均考试成绩：

$$\bar{x} = \sum \left(x \times \frac{f}{\sum f} \right) = 55 \times 5\% + 65 \times 15 + 75 \times 40\% + 85 \times 30\% + 95 \times 10\% = 77.5(\text{分})$$

学生平均考试成绩标准差：

$$\sigma = \sqrt{\sum (x-\bar{x})^2 \frac{f}{\sum f}} = 9.94(\text{分})$$

标准差系数：

$$V_\sigma = \frac{\sigma}{\overline{X}} \times 100\% = 9.94 \div 77.5 \times 100\% = 12.83\%$$

3. 计算过程，如表 4-10 所示。

表 4-10 某企业生产资料计算表

合格率	75%以下	75%～85%	85%～95%	95%以上	—
产品总数(只) f	20	30	30	20	100
组中值 x	70	80	90	97.5	—
xf	1 400	2 400	2 700	1 950	8 450
$(x-\bar{x})^2$	210.25	20.25	30.25	169	—
$(x-\bar{x})^2 f$	4 205.00	607.50	907.50	3 380.00	9 100.00

平均合格品率：

$$\bar{x} = \frac{\sum xf}{\sum f} = \frac{70\% \times 20 + 80\% \times 30 + 90\% \times 30 + 97.5\% \times 20}{20 + 30 + 30 + 20} = 8\ 450\% \div 100 = 84.5\%$$

标准差：

$$\sigma = \sqrt{\frac{\sum(x-\bar{x})^2 \times f}{\sum f}} = \sqrt{\frac{9\,100}{100}} = 9.54\%$$

标准差系数：

$$V_\sigma = \frac{\sigma}{\bar{X}} \times 100\% = 9.54\% \div 84.5\% = 11.29\%$$

4.（1）2019 年实际产值＝1 000×2.14＝2140（万元）

2019 年计划产值＝1 000×1.85＝1 850（万元）

2019 年产值计划完成程度＝2 140÷1 850×100％＝115.68％

（2）2020 年起年平均增长速度＝$\sqrt[7]{8/(1+10\%)^8}-100\%=20.73\%$

5. 计算过程，如表 4-11 所示。

表 4-11　某企业产值利润表

产值利润率	组中值	第一季度产值（万元）	第一季度利润（万元）	第二季度利润（万元）	第二季度产值（万元）
5％以下	0.025	5 000	125	150	6 000
5％～10％	0.075	9 500	712.5	750	10 000
10％～15％	0.125	2 000	250	312.5	2 500
合计	—	16 500	1 087.5	1 212.5	18 500

$$\text{第一季度平均产值利润率} = \frac{\sum xf}{\sum f} = \frac{0.025 \times 5\,000 + 0.075 \times 9\,500 + 0.125 \times 2\,000}{5\,000 + 9\,500 + 2\,000}$$

$$= \frac{1\,087.5}{16\,500} \times 100\% = 6.59\%$$

$$\text{第二季度平均产值利润率} = \frac{\sum m}{\sum \dfrac{m}{x}} = \frac{150 + 750 + 312.5}{\dfrac{150}{0.025} + \dfrac{750}{0.075} + \dfrac{312.5}{0.125}}$$

$$= \frac{1\,212.5}{18\,500} \times 100\% = 6.55\%$$

上半年产值利润率＝（1 087.5＋1 212.5）÷（16 500＋18 500）

$$= 2\,300 \div 35\,000 \times 100\% = 6.57\%$$

6.（1）计算利率。

单利条件下的平均利率：

$$\bar{x} = \frac{\sum xf}{\sum f} = \frac{2.5\% \times 2 + 4\% \times 3 + 5\% \times 3 + 8\% \times 2}{2 + 3 + 3 + 2} = 48\% \div 10 = 4.8\%$$

复利条件下的平均本利率 $= \sqrt[10]{1.025^2 \times 1.04^3 \times 1.05^3 \times 1.08^2} = \sqrt[10]{1.05 \times 1.12 \times 1.16 \times 1.17}$

$$= \sqrt[10]{1.6} = 104.81\%$$

复利条件下的平均利率 $= 104.81\% - 100\% = 4.81\%$

（2）计算最初存入人民币数量。

$$单利条件下最初存入数量 = 150 \div (1 + 10 \times 4.8\%) = 101.35（万元）$$

$$复利条件下最初存入数量 = 150 \div (1.0481)^{10} = 93.75（万元）$$

7. 先计算出各组工人数，如表 4-12 所示。

表 4-12　某企业工人人数及工资情况表

各组月工资水平(元)	2 800 以下	2 800～3 000	3 000～3 400	3 400～3 600	3 600 以上
各组工资总额(元)	27 000	72 500	96 000	87 500	37 000
各组工人(人)	10	25	30	25	10

工人平均工资额：

$$\bar{x} = \frac{\sum xf}{\sum f} = \frac{2\,700 \times 10 + 2\,900 \times 25 + 3\,200 \times 30 + 3\,500 \times 25 + 3\,700 \times 10}{10 + 25 + 30 + 25 + 10}$$

$$= 320\,000 \div 100 = 3\,200（元）$$

平均考试成绩标准差：

$$\sigma = \sqrt{\frac{\sum (x - \bar{x})^2 \times f}{\sum f}} = \sqrt{\frac{9\,500\,000}{100}} = 308.22（元）$$

标准差系数：

$$V_\sigma = \frac{\sigma}{\bar{X}} \times 100\% = 308.22 \div 3\,200 \times 100\% = 9.63\%$$

8. 计算计划产值、实际产值、计划总成本和实际总成本，如表 4-13 所示。

表 4-13　某企业产值和成本情况表

产品	产值(万元)			总成本(万元)		
	上期	本期计划	本期实际	上期	本期计划	本期实际
A	2 500	2 700	2 800	800	720	736
B	3 200	3 520	3 680	1 000	940	950
合计	5 700	6 220	6 480	1 800	1 660	1 686

产值计划完成程度 $= 6\,480 \div 6\,220 \times 100\% = 104.18\%$，因此说明该企业产值计划完成情况好。

总成本计划完成程度 $= 1\,686 \div 1\,660 \times 100\% = 101.57\%$，因此说明该企业产值计划完成情况不好。

第五章　统计数据的一般分析

一、学习与要求

学生通过本章的学习,了解统计数据一般分析的基本原理;掌握结构分析、比较分析以及比率分析的计算和应用;培养运用统计数据开展一般分析的能力。

二、学习主要内容

1. 结构分析

1) 结构分析的原理

结构分析的原理是对系统中各组成要素的构成情况及其相互之间的比例关系以及它们所呈现出的变动规律的分析。

2) 结构分析的指标

结构分析的指标是结构相对数。

3) 结构分析的应用

(1) 恩格尔系数。恩格尔系数是食品支出总额占个人消费支出总额的比重。

$$恩格尔系数 = \frac{食物支出金额}{总支出金额}$$

恩格尔系数是国际上通用的衡量居民生活水平高低的一项重要指标,一般随居民家庭收入和生活水平的提高而下降。联合国根据恩格尔系数的大小,对世界各国的生活水平有一个划分标准,即一个国家平均家庭恩格尔系数大于 60% 为贫穷;50%～60% 为温饱;40%～50% 为小康;30%～40% 属于相对富裕;20%～30% 为富足;20% 以下为极其富裕。

(2) 霍夫曼定理。霍夫曼定理又被称作"霍夫曼经验定理",这是在 20 世纪 30 年代初由德国经济学家 W.C.霍夫曼根据工业化早期和中期的经验数据推算出来的。通过设定霍夫曼比例或霍夫曼系数,得到的结论是:各国工业化无论开始于何时,一般具有相同的趋势,即随着一国工业化的进展,消费品部门与资本品部门的净产值之比逐渐趋于下降,霍夫曼比例呈现出不断下降的趋势。计算公式为:

$$霍夫曼比例 = \frac{消费资料工业的净产值(可用 GDP 替代)}{资本资料工业的净产值(可用 GDP 替代)}$$

(3) 产业结构理论。配第-克拉克定理:"随着时间的推移和社会在经济上变得更为先进,从事农业的人数相对于从事制造业的人数趋于下降,进而从事制造业的人数相对于从事服务业的人数趋于下降。"并且随着经济发展,即随着人均国民收入水平的提高,劳动力首先由第一次产业向第二次产业移动,当人均国民收入水平进一步提高时,劳动力便向第三次产业移动。

库兹涅茨理论,是依据国民收入和劳动力在三次产业间的分布得出的结论。

2. 比较分析

1) 比较分析的原理

比较分析是通过实际数与基准数的对比来反映实际数与基准数之间的差异,借以了解经济活动的成绩和问题的一种分析。比较的目的在于发现自己的优势,找出自己存在的差距。

2) 比较分析的指标

比较分析的指标是比较相对数。

3) 比较分析的应用

(1) 一般比较分析。

(2) 标杆比较分析。

3. 比率分析

1) 比率分析的原理

比率分析是将两个相互联系但性质不同的指标数据进行对比,求出比率,用以分析和评价社会经济活动效益的一种分析。

2) 比率分析的指标

比率分析的指标是强度相对数。

3) 比率分析的应用

(1) 杜邦分析法。杜邦分析法是利用几种主要的财务比率之间的关系来综合地分析企业的财务状况的一种分析方法。其基本思想是将企业权益收益率逐级分解为多项财务比率乘积,以深入分析比较企业经营业绩。

(2) 价格弹性分析。价格弹性分析是指某一种产品销量发生变化的百分比与其价格变化百分比之间的比率,是衡量由于价格变动所引起数量变动的敏感度指标。当弹性系数为1的时候,销售量的上升和价格的下降幅度是相抵的。0~1之间的弹性,意味着价格上升也将使得收益上升,而价格下降将使得收益下降,表明这类物品的需求是相对缺乏弹性的,或者说价格不敏感。

三、学习重点与难点

本章学习重点与难点是结构分析、比较分析以及比率分析的应用。

四、练习题

(一) 单项选择题

1. 一个由许多部分组成的总体,各部分所占比重之和必须为 100 或 1,这种一般分析的统计指标为（　　）。

    A. 结构相对指标　　　　　　　　　　　B. 比较相对指标

    C. 强度相对指标　　　　　　　　　　　D. 比率相对指标

2. 下列各项中，属于结构相对数的是（　　）。

    A. 人口出生率　　　　B. 产值利润率　　　　C. 恩格尔系数　　　　D. 工农业产值比

3. 结构分析的前提是（　　）。

    A. 统计调查　　　　　B. 描述分析　　　　　C. 统计分组　　　　　D. 编制统计图表

4. 霍夫曼比例值是（　　）。

    A. 物质生产部门与非物质生产部门净值之比

    B. 消费资料与资本资料工业净产值之比

    C. 工业部门产出与总产出之比

    D. 以上说法均不正确

5. 克拉克定理是对（　　）的分析。

    A. 产业演进　　　　　B. 工业发展　　　　　C. 农业发展　　　　　D. 社会发展

6. 产业结构分析的具体指标是（　　）。

    A. 第一产业占比　　　B. 第二产业占比　　　C. 第三产业占比　　　D. 劳动力分布

7. 比较分析的关键是（　　）。

    A. 计算方法　　　　　B. 对比的基准　　　　C. 调查数据　　　　　D. 实际指标

8. 一般比较的目的是（　　）。

    A. 了解经济对象的特点　　　　　　　　B. 掌握经济现象的发展规律

    C. 发现优势找出差距　　　　　　　　　D. 以上说法均不正确

9. 比率分析是对两个相互联系但性质不同的指标数据进行对比，用以（　　）。

    A. 了解经济对象的特点　　　　　　　　B. 掌握经济现象的发展规律

    C. 发现优势找出差距　　　　　　　　　D. 分析和评价社会活动的经济效益

10. 边际分析是（　　）。

    A. 两个指标增量之比　　　　　　　　　B. 两个总量指标之比

    C. 两个平均指标之比　　　　　　　　　D. 以上均不正确

（二）多项选择题

1. 统计数据的一般分析包括（　　）。

    A. 结构分析　　　　　B. 比较分析　　　　　C. 静态分析　　　　　D. 比率分析

    E. 动态分析

2. 结构分析的目的包括（　　）。

    A. 认识总体构成　　　　　　　　　　　B. 研究总体结构变化

    C. 揭示各组成部分的变动关系　　　　　D. 揭示各组成部分的比例关系

    E. 揭示现象总体由量变逐渐转化为质变的规律

3. 比较分析法适用于（　　）。

    A. 计划水平与实际水平之比　　　　　B. 先进与落后之比

    C. 不同国家间之比　　　　　　　　　D. 不同时间状态之比

    E. 实际水平与标准水平之比

4. 反映国民经济产业结构的相对数包括（　　　）。

    A. 国民生产总值　　　　　　　　　　B. 第一、第二、第三产业产值之比

    C. 各产业增长速度　　　　　　　　　D. 各产业比上年增长量

    E. 各产业占的比重

5. 比较分析的比较标准主要有（　　　）。

    A. 时间标准　　　　　　　　　　　　B. 空间标准

    C. 经验或理论标准　　　　　　　　　D. 计划标准

    E. 实际标准

6. 比率分析的具体表现形式有（　　　）。

    A. 对比分析　　　　B. 强度分析　　　　C. 边际分析　　　　D. 弹性分析

    E. 静态分析

7. 杜邦分析中的主要财务指标有（　　　）。

    A. 权益净利率　　　B. 资产净利率　　　C. 销售净利率　　　D. 总资产周转率

    E. 权益乘数

8. 比较分析中的可比性分析是指（　　　）。

    A. 指标的内涵和外延可比　　　　　　B. 指标的时间范围可比

    C. 总体单位可比　　　　　　　　　　D. 指标的计算方法可比

    E. 总体性质可比

（三）判断题

1. 结构相对数的数值只能小于1。　　　　　　　　　　　　　　　　　　（　　　）

2. 反映总体内部构成特征的指标只能是结构相对数。　　　　　　　　　（　　　）

3. 相对数都是抽象值，可以进行广泛比较。　　　　　　　　　　　　　（　　　）

4. 通过结构分析，可以认识总体各组成部分的比例关系。　　　　　　　（　　　）

5. 恩格尔曲线具有逐年下降的绝对倾向。　　　　　　　　　　　　　　（　　　）

6. 霍夫曼定理是对工业化进程中经济结构变化的研究。　　　　　　　　（　　　）

7. 克拉克的产业结构演进分析，是以机构部门分类法作为前提基础的。　（　　　）

8. 比较分析通过基准数与实际数的对比，来反映基准数与实际数之间的差异。（　　　）

9. 标杆比较中用于比较的基准数是最强有力的竞争对手或者是本行业领袖的公司。

    　　　　　　　　　　　　　　　　　　　　　　　　　　　　　　（　　　）

10. 比率分析的指标是动态相对数。　　　　　　　　　　　　　　　　　（　　　）

（四）填空题

1. 统计数据的基本分析包括结构分析、比较分析、比率分析和_____。

2. 结构分析的前提是_____。

3. 克拉克的产业结构演进分析是以_____作为前提基础的。

4. 比较分析中用于比较的实际数与基准数属于_____。

5. 比率分析的指标是_____强度相对数。

6. 反映密集程度、普遍程度的分析方法是_____。

7. 两个指标增量之比的分析叫作_____。

8. 两个指标增速之比的分析叫作_____。

9. 杜邦分析法是从_____评价企业绩效的一种经典方法。

10. _____是衡量由于价格变动所引起数量变动的敏感度指标。

（五）简答题

1. 简述结构分析的基本原理。

2. 简述结构分析法在霍夫曼定理中的应用。

3. 简述比较分析的基本原理。

4. 简述比较标准的种类。

5. 简述比率分析的主要方法。

（六）名词解释

1. 结构分析。

2. 比较分析。

3. 比率分析。

4. 边际分析。

5. 标杆比较。

（七）计算题

1. 根据表 5-1 资料,计算强度相对数的正指标和逆指标,并根据正指标数值分析该地区医疗卫生设施的变动情况。

表 5-1　某地区医院数量和人口数量

指　　标	2007 年	2013 年
医院数量(个)	40	56
地区人口总数(万人)	84.4	126.5

2. 某公司下属三个企业有关资料,如表 5-2 所示。试根据指标之间的关系计算并填写表 5-2 中所缺数字。

表 5-2　某公司下属三个企业产值情况表

企业名称	1月份实际产值（万元）	2月份				与1月份相比2月份实际产值发展速度
		计划产值（万元）	计划产值比重	实际产值（万元）	计划完成程度	
甲	125	150			110%	
乙	200	250			100%	
丙	100					
合计		500			95%	

3.某企业生产情况，如表 5-3 所示。

表 5-3　某企业产值情况表

分厂名称	2012 年总产值			2013 年总产值		
	计划（万元）	实际（万元）	计划完成程度	计划（万元）	实际（万元）	计划完成程度
一分厂		200	105%	230		110%
二分厂	300		115%	350	315	
三分厂		132	110%	140		120%
企业合计						

要求：

(1)计算并填写表 5-3 中的空格。

(2)对比该企业这两年总产值计划完成程度的好坏。

4.某市某年职工人数和工资情况，如表 5-4 所示。

表 5-4　某市某年职工人数和工资情况表

类别	职工人数		职工工资	
	人	比重	万元	比重
全民职工	7 451		2 345	
集体职工	2 048		500	
合计	9 499		2 845	

要求：计算表 5-4 中资料的结构相对指标。

5.某电子工业公司旗下三个企业的情况资料，如表 5-5 所示。

要求：试根据表 5-5 中已知数据，计算空格中的数字并分别说明(2)(6)(8)(9)栏是何种相对指标。

表 5-5　某电子工业公司旗下三个企业的情况表

企业名称	2013 年职工人数		2012 年工业总产值（万元）	2013 年工业总产值			2013 年全员劳动生产率（元/人）	与 2012 年相比 2013 年工业总产值发展速度	各企业的全员劳动生产率为乙企业的倍数
	人数（人）	比重		计划（万元）	实际（万元）	计划完成程度			
	(1)	(2)	(3)	(4)	(5)	(6)	(7)	(8)	(9)
甲	300		900	1 500	1 800				
乙	3 000			3 000		130%		260%	
丙	450	12%		1 200	1 800			300%	
合计	3 750	100%							

五、参考答案

（一）单项选择题

1. A　2. C　3. C　4. B　5. A　6. D　7. B　8. C　9. D　10. A

（二）多项选择题

1. ABD　2. ABCE　3. ABCDE　4. BE　5. ABCD　6. BCD　7. ABCDE　8. ABDE

（三）判断题

1. 对　2. 错　3. 对　4. 错　5. 错　6. 对　7. 错　8. 错　9. 对　10. 错

（四）填空题

1. 平均数分析　2. 统计分组　3. 三次产业分类法　4. 同一时间不同空间上的同一指标　5. 强度相对数学　6. 强度分析　7. 边际分析　8. 弹性分析　9. 财务角度　10. 价格弹性

（五）简答题

1. 简述结构分析的基本原理。

结构分析是指对系统中各组成要素的构成情况及其相互之间的比例关系以及它们所呈现出的变动规律的分析。结构分析的前提是统计分组。在统计分组的基础上，计算各组成部分所占比重，进而分析某一总体现象的内部结构特征。

2. 简述结构分析法在霍夫曼定理中的应用。

霍夫曼将消费资料的工业净产值与资本资料的工业净产值进行对比，得到的结论是：各国工业化无论开始于何时，一般具有相同的趋势，即随着一国工业化的进展，消费品部门与资本品部门的净产值之比是逐渐趋于下降，由此提出了工业发展的四阶段说。

3．简述比较分析的基本原理。

比较分析是通过实际数与基准数的对比来反映实际数与基准数之间的差异,借以了解经济活动的成绩和问题的一种分析。比较的目的在于发现自己的优势,找出自己存在的差距。比较分析的指标是比较相对数。用于比较的实际数与基准数属于同一时间不同空间上的同一指标。

4．简述比较标准的种类。

比较标准的种类包括:①时间标准。②空间标准。③经验或理论标准。④计划标准。

5．简述比率分析的主要方法。

比率分析的主要方法包括:①强度分析法。②边际分析法。③弹性分析法。

(六) 名词解释

1．结构分析。

结构分析是指对系统中各组成要素的构成情况及其相互之间的比例关系以及它们所呈现出的变动规律的分析。

2．比较分析。

比较分析是指通过实际数与基准数的对比来反映实际数与基准数之间的差异,借以了解经济活动的成绩和问题的一种分析。

3．比率分析。

比率分析是指将两个相互联系,但性质不同的指标数据进行对比,求出比率,用以分析和评价社会经济活动效益的一种分析。

4．边际分析。

边际分析是关于两个指标增量之比的分析,说明一个指标(通常我们称之为自变量)每增加一个单位的投入,这个单位所引起的另一个指标(通常我们称之为因变量)产出增量的变化。

5．标杆比较。

用于比较的基准数如果是自己最强有力的竞争对手或者是成为本行业领袖的公司,即通常所说的标杆对象,则这种比较称为标杆比较。

(七) 计算题

1．2007 年拥有医院数＝40÷84.4＝0.47(个/万人)

　2007 年医院服务人数＝84.4÷40＝2.11(万人/个)

　2013 年拥有医院数＝56÷126.5＝0.44(个/万人)

　2013 年医院服务人数＝126.5÷56＝2.26(万人/个)

2．根据指标之间的关系计算得到三个企业产值情况资料,如表 5-6 所示。

表 5-6　某公司下属三个企业产值计算表

企业名称	1月份实际产值(万元)	2月份				与1月份相比2月份实际产值发展速度
		计划产值(万元)	计划产值比重	实际产值(万元)	计划完成程度	
甲	125	150	30%	165	110%	132%
乙	200	250	50%	250	100%	125%
丙	100	100	20%	60	60%	60%
合计	425	500	100%	475	95%	111.8%

3.

（1）根据指标之间的关系计算得到企业产值情况资料，如表 5-7 所示。

表 5-7　某企业产值情况计算表

分厂名称	2012 年总产值			2013 年总产值		
	计划(万元)	实际(万元)	计划完成程度	计划(万元)	实际(万元)	计划完成程度
一分厂	190.48	200	105%	230	253	110%
二分厂	300	345	115%	350	315	90%
三分厂	120	132	110%	140	168	120%
企业合计	610.48	677	110.90%	720	736	102.22%

（2）该企业 2012 年的计划完成程度相对数为 110.90%，而 2013 年只有 102.22%，所以 2012 年完成任务程度比 2013 年好。

4. 某市职工人数和职工工资情况计算表，如表 5-8 所示。

表 5-8　某市职工人数和职工工资情况计算表

类别	职工人数比重	职工工资比重
全民职工	78.44%	82.43%
集体职工	21.56%	17.57%
全部职工	100%	100%

5. 某电子工业公司旗下三个企业的情况计算表，如表 5-9 所示。

表 5-9 某电子工业公司旗下三个企业的情况计算表

| 企业名称 | 2013 年职工人数 | | 2012 年工业总产值（万元） | 2013 年工业总产值 | | | 2013 年全员劳动生产率（元/人） | 与 2012 年相比 2013 年工业总产值发展速度 | 各企业的全员劳动生产率为乙企业的倍数 |
	人数（人）	比重		计划（万元）	实际（万元）	计划完成程度			
	(1)	(2)	(3)	(4)	(5)	(6)	(7)	(8)	(9)
甲	300	8％	900	1 500	1 800	120％	60 000	200％	4.6
乙	3 000	80％	1 500	3 000	3 900	130％	13 000	260％	1.0
丙	450	12％	600	1 200	1 800	150％	40 000	300％	3.1
合计	3 750	100％	3 000	5 700	7 500	131.6％	20 000	250.0	1.5

表中：(2)栏为结构相对数；(6)栏为计划完成程度相对数；(8)栏为动态相对数；(9)栏为比较相对数。

第六章 统计数据的动态分析

一、学习与要求

学生通过本章的学习,了解时间数列的构成、时间数列水平指标、时间数列速度指标和动态趋势分析;掌握总指数的编制方法(综合指数和平均指数)、平均指标指数和多因素分析;培养动态认识能力和分析的能力。

二、学习主要内容

1. 时间数列分析的一般问题

1)时间数列的概念

时间数列是指同一现象在不同时间上的相继指标值排列而成的数列,又称为时间序列或动态数列。

2)时间数列的种类

时间数列分为总量指标时间数列、相对指标时间数列和平均指标时间数列。

3)时间数列的编制原则

时间数列的基本原则是具有可比性。

2. 动态发展水平与速度

1)平均发展水平(又称为序时平均数或动态平均数)

动态平均数和一般平均数都是反映一般水平的,但两者也存在明显区别。

动态平均数的计算公式:

(1)总量指标时间数列计算动态平均数公式。

时期数列计算动态平均数公式:

$$\bar{a} = \frac{\sum a}{n}$$

时点数列计算动态平均数公式:

连续性时点数列 $\bar{a} = \dfrac{\sum a}{n}$(间隔相等时) $\quad \bar{a} = \dfrac{\sum af}{\sum f}$(间隔不等时)

不连续性(间断)时点数列:

$$\bar{a} = \frac{\frac{a_1}{2} + a_2 + \cdots + a_{n-1} + \frac{a_n}{2}}{n-1}（间隔相等时）$$

$$\bar{a} = \frac{\frac{(a_1 + a_2)}{2}f_1 + \frac{(a_2 + a_3)}{2}f_2 + \cdots + \frac{(a_{n-1} + a_n)}{2}f_{n-1}}{f_1 + f_2 + \cdots + f_{n-1}}（间隔不等时）$$

（2）相对指标时间数列和平均指标时间数列计算动态平均数公式。

基本公式：

$$\bar{c} = \frac{\bar{a}}{\bar{b}}$$

2）增长量

增长量分为逐期增长量和累积增长量。

$$平均增长量 = \frac{\sum\limits_{i=1}^{n}(a_i - a_{i-1})}{n} = \frac{a_n - a_0}{n}$$

3. 时间数列速度

（1）发展速度和平均发展速度。

（2）增长速度和平均增长速度。

4. 统计指数的一般问题

1）统计指数的概念

统计指数有广义和狭义两种理解。

广义指数是指反映社会经济现象总体数量变动的相对数。狭义指数是指反映复杂社会经济现象总体数量变动状况和对比关系的特殊相对数。

2）统计指数的主要种类

（1）统计指数分为个体指数和总指数。

（2）统计指数分为数量指标指数和质量指标指数。

（3）统计指数分为综合指数和平均指数。

3）统计指数的作用

统计指数在相对数方面可以反映变动方向和程度,在绝对数方面可以说明因素变动引起总量指标变动的绝对值。

4）统计指数的性质

统计指数具有相对性、综合性和平均性。

5. 综合指数

数量指标指数计算公式：

$$\overline{K_q} = \frac{\sum p_0 q_1}{\sum p_0 q_0}$$

质量指标指数计算公式：

$$\overline{K_p} = \frac{\sum p_1 q_1}{\sum p_0 q_1}$$

6. 平均指数

加权算术平均指数计算公式：

$$\bar{K}_q = \frac{\sum K_q p_0 q_0}{\sum p_0 q_0}$$

加权调和平均指数计算公式：

$$\overline{K_p} = \frac{\sum p_1 q_1}{\sum \frac{1}{K_p} p_1 q_1}$$

7. 指数体系和因素分析

三、学习重点与难点

本章学习重点与难点是时间数列水平指标计算和总指数的编制方法（包括综合指数和平均指数）。

四、练习题

（一）单项选择题

1. 最基本的时间数列是（　　）。

    A. 平均指标时间数列　　　　　　　　　　B. 总量指标时间数列

    C. 相对指标时间数列　　　　　　　　　　D. ABC

2. 为便于比较分析，要求时点数列指标数值的时点间隔（　　）。

    A. 必须连续　　　　　B. 最好连续　　　　　C. 必须相等　　　　　D. 最好相等

3. 在平均数时间数列中，各指标之间具有（　　）。

    A. 总体性　　　　　B. 完整性　　　　　C. 可加性　　　　　D. 不可加性

4. 时期数列和时点数列中的统计指标是（　　）。

    A. 绝对数　　　　　B. 相对数　　　　　C. 平均数　　　　　D. ABC 都有可能

5. 时间数列中的发展水平是（　　）指标。

    A. 总量　　　　　B. 相对　　　　　C. 平均　　　　　D. ABC 都有可能

6. 时期数列属于(　　　)指标时间数列。

　　A. 总量　　　　　　B. 相对　　　　　　C. 平均　　　　　　D. ABC

7. 序时平均数与一般平均数的共同点是(　　　)。

　　A. 均是反映同质总体同时间的一般水平　　　B. 都是反映现象的一般水平

　　C. 两者均可消除时间波动的影响　　　　　　D. 都反映同质总体在不同时间的一般水平

8. 编制时间数列的基本原则是(　　　)原则。

　　A. 少而精　　　　　B. 差异性　　　　　C. 同质性　　　　　D. 可比性

9. 在时期数列中,要求每个时期长短(　　　)。

　　A. 要相等　　　　　B. 一般要相等　　　　C. 不要相等　　　　D. 一般不要相等

10. 下列发展水平中,具有相对意义的是(　　　)水平。

　　A. 最初　　　　　　B. 最末　　　　　　C. 报告期、基期　　　D. ABC

11. 时间数列中,就某一指标来说,指标的内容在不同的时间(　　　)。

　　A. 是允许不一致的　　　　　　　　　B. 一般是允许不一致的

　　C. 是一致的　　　　　　　　　　　　D. 一般是一致的

12. 时点数(　　　)相加。

　　A. 能够　　　　　　B. 不能够　　　　　C. 能够或不能够　　D. 经过处理可以

13. 时点数相加的结果(　　　)意义。

　　A. 有　　　　　　　　　　　　　　　B. 没有

　　C. 有时有、有时没有　　　　　　　　D. 由研究目的决定是否有

14. 序时平均数是由(　　　)数列计算的。

　　A. 变量　　　　　　B. 时间　　　　　　C. 动态　　　　　　D. BC

15. 没有总量指标时间数列,相对指标时间数列(　　　)编制的。

　　A. 是可以　　　　　B. 一般是可以　　　　C. 是不可以　　　　D. 一般是不可以

16. 静态平均数又称为(　　　)。

　　A. 序时平均数　　　B. 平均发展水平　　　C. 一般平均数　　　D. AB

17. 时点数列中的指标值和时点间隔(　　　)。

　　A. 存在正比关系　　　　　　　　　　B. 存在反比关系

　　C. 存在正比或反比关系　　　　　　　D. 没有固定关系

18. 时期数列中的指标值和时期长短是(　　　)关系。

　　A. 正比　　　　　　B. 一般是正比　　　C. 反比　　　　　　D. 一般是反比

19. 相邻两个时期累积增长量之差等于对应的(　　　)增长量。

　　A. 逐期　　　　　　B. 累积　　　　　　C. 逐期和累积　　　D. 平均

20. 间断间隔相等的时点数列计算序时平均数应采用(　　　)。

　　A. 几何平均法　　　　　　　　　　　B. 加权算术平均法

　　C. 简单算术平均法　　　　　　　　　D. 首末折半法

21. 逐日登记资料的时点数列计算序时平均数应采用(　　　)。

    A. 几何平均法   B. 加权算术平均法

    C. 简单算术平均法   D. 首末折半法

21. 某企业生产某种产品产量年年增加 5 万吨,则该产品产量的环比增长速度( )。

    A. 年年下降   B. 年年增长   C. 年年保持不变   D. 无法做结论

22. 某采购点 12 月 1 日有牛 300 头,12 月 5 日卖出 230 头,12 月 19 日购进 130 头。则该采购点月平均牛头数为( )头。

    A. 153   B. 186   C. 200   D. 250

23. 某企业生产某种产品产量年年增长 5%,则该产品产量累积增长量是( )的。

    A. 年年下降   B. 年年增加   C. 年年保持不变   D. 无法做结论

24. 如果某公司 2010 年产值 2 000 万元,计划到 2020 年产值翻 2 番,则公司计划产值每年平均增长速度为( )。

    A. 16.65%   B. 13.43%   C. 11.61%   D. 14.87%

25. 某企业第一、第二季度和下半年的原材料平均库存额分别为 10 万元、15 万元和 20 万元,则全年的平均库存额为( )万元。

    A. 15   B. 16.25   C. 11.25   D. 13.85

26. 某企业生产某种产品产量年年增长 5%,则该产品产量逐期增长量是( )。

    A. 年年下降   B. 年年增加   C. 年年保持不变   D. 无法做结论

27. 某企业生产某种产品产量年年增加 5 万吨,则该产品产量的定基增长速度( )。

    A. 年年下降   B. 年年增长   C. 年年保持不变   D. 无法做结论

28. 间隔不相等的连续时点数列计算序时平均数,应采用( )。

    A. 简单算术平均法   B. 加数算术平均法

    C. 简单序时平均法   D. 加权序时平均法

29. 如果某公司 2010 年产值 2 000 万元,计划到 2020 年产值翻两番,2011—2012 年产值平均增长 15%,公司计划提前 2 年实现目标,则公司计划产值每年平均增长速度为( )。

    A. 17.12%   B. 20.29%   C. 12.41%   D. 12.32%

30. 用间断时点数列计算序时平均数,其假定条件是研究现象在相邻两个时点之间的变动为( )。

    A. 连续的   B. 间断的   C. 一致的   D. 均匀的

31. 环比增长速度与定基增长速度的关系是( )。

    A. 定基增长速度等于环比增长速度的连乘积

    B. 定基增长速度等于各环比增长速度之和

    C. 各环比增长速度加 1 后的连乘积等于定基增长速度加 1

    D. 各环比增长速度减 1 后的连乘积等于定基增长速度减 1

32. 计算平均速度指标应采用( )。

    A. 简单算术平均数   B. 几何平均数

C. 加权算术平均数　　　　　　　　　　　D. 调和平均数

33. 间断性的间隔不相等的时点数列计算序时平均数时,应采用(　　　)。

    A. 以每次变动持续的时间长度对各时点水平加权平均

    B. 以数列的总速度按几何平均法计算

    C. 用各间隔长度对各间隔的平均水平加权平均

    D. 对各时点水平简单算术平均

34. 已知某地区 2010 年的粮食产量比 2000 年增长了 1 倍,比 2005 年增长了 0.5 倍,那么 2005 年粮食产量比 2000 年增长了(　　　)倍。

    A. 0.33　　　　　　B. 0.50　　　　　　C. 0.75　　　　　　D. 2

35. 1978 年年末,某地区人口为 54 167 万人,2018 年年末,为 111 191 万人,年平均增长速度为(　　　)。

    A. 1.81%　　　　　B. 1.86%　　　　　C. 1.77%　　　　　D. 1.89%

36. 相邻两个时期逐期增长量之比等于对应的(　　　)增长量。

    A. 逐期　　　　　　B. 累积　　　　　　C. 逐期和累积　　　　D. 以上全错

37. 环比发展速度之积等于(　　　)发展速度。

    A. 环比　　　　　　B. 定基　　　　　　C. 环比和定基　　　　D. 一个错误的

38. 时期数列中,平均发展速度反映的时期个数同发展水平个数(　　　)。

    A. 是一致的　　　　B. 一般是一致的　　C. 是不一致的　　　　D. 一般是不一致的

39. 如果某公司 2010 年产值 2 000 万元,计划到 2020 年产值翻 4 番,则公司 2020 年计划产值是(　　　)万元。

    A. 8 000　　　　　　B. 10 000　　　　　C. 160 000　　　　　D. 32 000

40. 时间数列中的派生数列是(　　　)。

    A. 时期数列和时点数列　　　　　　　　　B. 绝对数时间数列和相对数时间数列

    C. 绝对数时间数列和平均数时间数列　　　D. 相对数时间数列和平均数时间数列

41. 在统计实践和理论中,指数一般是指(　　　)概念。

    A. 广义的指数　　　　　　　　　　　　　B. 拉氏和派氏指数

    C. 狭义的指数　　　　　　　　　　　　　D. 广义和狭义的指数两种

42. 编制质量指标综合指数的一般原则是采用(　　　)指标作同度量因素。

    A. 基期数量　　　　B. 报告期数量　　　C. 基期质量　　　　　D. 报告期质量

43. 指数的起源是人们对(　　　)的关注。

    A. 量　　　　　　　B. 价格　　　　　　C. 量和价格　　　　　D. 价值指标

44. 综合指数是(　　　)。

    A. 总指数　　　　　　　　　　　　　　　B. 个体指数

    C. 编制总指数方法　　　　　　　　　　　D. AB

45. 统计指数按其所表明的经济指标性质的不同,可分为(　　　)。

    A. 定基指数和环比指数　　　　　　　　　B. 平均指数和综合指数

C. 数量指标指数和质量指标指数　　　　　D. 个体指数和总指数

46. 综合指数包括(　　)。

    A. 个体指数和总指数　　　　　　　　　B. 质量指标指数和数量指标指数

    C. 平均指数和总指数　　　　　　　　　D. 平均指数和平均指标指数

47. 若销售量增加,销售额持平,则物价指数(　　)。

    A. 降低　　　　　　B. 增长　　　　　　C. 不变　　　　　　D. 无法确定

48. 销售量指数中指数化因素是(　　)。

    A. 销售价格　　　　B. 销售量　　　　　C. 销售额　　　　　D. AB

49. 编制数量指标综合指数的一般原则是采用(　　)指标作同度量因素。

    A. 基期数量　　　　B. 报告期数量　　　C. 基期质量　　　　D. 报告期质量

50. 统计指数划分为个体指数和总指数的依据,是指数(　　)。

    A. 反映的现象范围不同　　　　　　　　B. 同度量因素不同

    C. 计算时是否进行加权　　　　　　　　D. 指数化的指标不相同

51. 由两个平均指标对比形成的指数是(　　)。

    A. 个体指数　　　　B. 平均指数　　　　C. 平均指标指数　　D. 综合指数

52. 总指数编制的两种基本形式是(　　)。

    A. 算术平均指数和调和平均指数

    B. 个体指数和综合指数

    C. 综合指数和平均指数

    D. 可变构成指数、固定构成指数和结构影响指数

53. 按照个体价格指数和报告期销售额计算的质量指标指数是(　　)。

    A. 综合指数　　　　　　　　　　　　　B. 平均指标指数

    C. 加权算术平均指数　　　　　　　　　D. 加权调和平均指数

54. 平均指数是计算总指数的另一形式,计算的基础是(　　)。

    A. 数量指数　　　　B. 质量指数　　　　C. 综合指数　　　　D. 个体指数

55. 综合指数与平均指数的联系是(　　)。

    A. 在一定权数条件下,两者有变形关系

    B. 在一般条件下,两者有变形关系

    C. 在权数固定条件下,两者有变形关系

    D. 在同度量因素固定条件下,两者有变形关系

56. 在分别掌握三个企业报告期和基期的劳动生产率和人数资料的条件下,要计算三个企业劳动生产率总平均水平的变动,应采用(　　)。

    A. 质量指标指数　　B. 可变构成指数　　C. 固定构成指数　　D. 结构影响指数

57. 如果零售价格上涨 8% ,销售量下降 8% ,则销售额(　　)。

    A. 有所增加　　　　B. 有所减少　　　　C. 没有变化　　　　D. 无法判断

58. 某商品本年同上年比较,商品销售额没有变化,而各种商品价格平均上涨了 7% ,则商品

销售量平均增加(或减少)的百分比为( )。

    A. -6.54%   B. +3%   C. +6.00%   D. +14.29%

59. 如果生活总费用指数上涨 20%,则现在 1 元钱( )。

    A. 只值原来的 0.80 元   B. 只值原来的 0.83 元

    C. 与原来的 1 元钱等值   D. 无法与过去比较

60. 在计算销售量总指数时,销售价格可以固定在( )。

    A. 基期   B. 报告期   C. 固定时期   D. ABC

61. 平均指数中的平均是指( )。

    A. 平均数   B. 平均数方法   C. 指数的平均性   D. 平均过程

62. 劳动生产率可变构成指数为 134.2%,职工人数结构影响指数为 96.3%。所以劳动生产率固定组成指数为( )。

    A. 139.36%   B. 129.23%   C. 71.76%   D. 39.36%

63. 已知劳动生产率可变构成指数上升 15%,职工人数结构影响指数下降 15%,则劳动生产率固定构成指数为( )。

    A. 上升   B. 100%   C. 下降   D. 无法计算

64. 通常所说的指数是指( )。

    A. 个体指数   B. 动态相对数

    C. 发展速度   D. 复杂现象总体综合变动的相对数

65. 统计指数是( )指标。

    A. 正   B. 反   C. 正和反   D. 正或反

66. 我国实际工作中计算 CPI 采用的是( )平均数方法。

    A. 简单算术   B. 加权算术   C. 简单调和   D. 加权调和

67. 如果计算的销售价格指数呈上升走势,则销售价格影响销售额( )。

    A. 增加   B. 减少   C. 不变   D. 不能确定

68. 销售额持平,销售量与销售价格呈上升走势,这种情况( )。

    A. 会存在   B. 可能会存在   C. 不会存在   D. 可能不会存在

69. 销售量指数中同度量因素是( )。

    A. 销售价格   B. 销售量   C. 销售额   D. AB

70. 统计指数变动方向与其影响总量指标变化的方向是( )。

    A. 不一致的   B. 一般是不一致的   C. 一致的   D. 一般是一致的

71. 平均指数中,计算产量总指数一般采用的是( )平均数方法。

    A. 简单算术   B. 加权算术   C. 简单调和   D. 加权调和

72. 平均指数中,计算价格总指数一般采用的是( )平均数方法。

    A. 简单算术   B. 加权算术   C. 简单调和   D. 加权调和

73. 编制总指数的基本方法是( )。

    A. 个数指数和总指数   B. 数量指标指数和质量指标指数

C. 综合指数和平均指数　　　　　　　　　D. 平均指数和平均指标指数

74. 组(或类)指数的计算方法同(　　)是一致的。

 A. 个体指数　　　　B. 总指数　　　　C. 数量指标指数　　　D. 质量指标指数

75. 下列指数中,属于可变构成指数的是(　　)。

 A. $\dfrac{\sum x_1 f_1}{\sum f_1} : \dfrac{\sum x_0 f_0}{\sum f_0}$ B. $\dfrac{\sum x_1 f_0}{\sum f_0} : \dfrac{\sum x_0 f_1}{\sum f_1}$

 C. $\dfrac{\sum x_1 f_1}{\sum f_1} : \dfrac{\sum x_0 f_1}{\sum f_1}$ D. $\dfrac{\sum x_0 f_1}{\sum f_1} : \dfrac{\sum x_0 f_0}{\sum f_0}$

76. 设 x 表示各组工资水平,f 表示各组职工人数,则平均工资指数 $\dfrac{\sum x_1 f_1}{\sum f_1} : \dfrac{\sum x_0 f_0}{\sum f_0}$ 反映

的是(　　)。

 A. 工资水平 x 的变动程度

 B. 职工总人数 $\sum f$ 的变动程度

 C. 人数结构 $\dfrac{f}{\sum f}$ 的变动程度

 D. 工资水平 x 及人数结构 $\dfrac{f}{\sum f}$ 的共同变动程度

77. 在物价上涨后,同样多的人民币少购买商品3％,则商品物价指数为(　　)。

 A. 97％　　　　　　B. 103.1％　　　　　　C. 3.1％　　　　　　D. 19.18％

78. 用综合指数计算总指数的主要问题是(　　)。

 A. 选择同度量因素　　　　　　　　　B. 同度量因素时期的固定

 C. 同度量因素选择和时期的固定　　　　D. 个体指数和权数的选择

79. 在销售量综合指数 $\dfrac{\sum q_1 p_0}{\sum q_0 p_0}$ 中,$\sum q_1 p_1 - \sum q_1 p_0$ 表示(　　)。

 A. 商品价格变动引起销售额变动的绝对额

 B. 价格不变的情况下,销售量变动引起销售额变动的绝对额

 C. 价格不变的情况下,销售量变动的绝对额

 D. 销售量和价格变动引起销售额变动的绝对额

80. 价格降低后同样多的人民币可多买10％的商品,则价格指数为(　　)。

 A. 90％　　　　　　B. 90.9％　　　　　　C. 87％　　　　　　D. 111.11％

(二) 多项选择题

1. 时间数列中(　　)。

A. 最基本的是总量指标数列　　　　　　　B. 相对指标、平均指标数列是派生数列

C. 基本构成要素是时间　　　　　　　　　D. 编制的基本原则是可比性原则

E. 在某种程度上也是变量数列

2. 时间数列对时间的要求包括(　　　)。

A. 时期数列时期一定相等　　　　　　　　B. 时期数列时期尽量相等

C. 时点数列时点间隔一定相等　　　　　　D. 时点数列时点间隔尽量相等

E. 时间数列编制尽快完成

3. 时间数列按指标表现形式不同,可分为(　　　)。

A. 绝对数时间数列　　　　　　　　　　　B. 时期数列

C. 相对数时间数列　　　　　　　　　　　D. 时点数列

E. 平均数时间数列

4. 时点数列的特点有(　　　)。

A. 数列中每一个指标数值的大小与其时间长短有直接关系

B. 数列中各个指标数值可以相加

C. 数列中每一个指标数值大小与其时间长短无直接关系

D. 数列中各个指标数值不能相加

E. 数列中每个指标数值,通常是通过一次性登记而取得的

5. 下列各项中,正确的有(　　　)。

A. 总量指标时间数列是最基本数列

B. 没有总量指标时间数列,就不可能有相对指标数列

C. 总量指标时间数列分为时期数列和时点数列

D. 总量指标时间数列中指标具有可加性

E. 总量指标时间数列中指标具有不可加性

6. 编制时间数列的要求包括(　　　)。

A. 时间长短统一　　　　　　　　　　　　B. 总体范围统一

C. 指标计算方法统一　　　　　　　　　　D. 指标经济内容统一

E. 指标计算价格计量单位统一

7. 时期数列计算序时平均数时(　　　)。

A. 采用简单算术平均数方法计算

B. 有时也采用加权算术平均数方法计算

C. 简单算术平均数方法计算的基础是时期数列中的指标值具有可加性

D. 采用简单调和平均数方法计算

E. 采用加权调和平均数方法计算

8. 时点数列计算动态平均数时(　　　)。

A. 有时采用简单算术平均数方法计算　　　B. 有时采用加权算术平均数方法计算

C. 有时采用"首尾折半法"计算　　　　　　D. 有时采用加权调和平均数方法计算

E. 采用简单算术平均数方法计算的基础是时点数列各指标存在可加性

9. 动态平均数（　　　）。

A. 计算依据是时间数列

B. 计算依据有时是变量数列

C. 同一般平均数存在不同

D. 从某种意义上讲就是一般平均数

E. 反映现象在不同时期的一般水平

10. 时期数列的特点有（　　　）。

A. 数列中每一个指标数值的大小与其时间长短一般有直接关系

B. 数列中各个指标数值可以相加

C. 数列中每一个指标数值大小与其时间长短无直接关系

D. 数列中各个指标数值不能相加

E. 数列中每个指标数值，通常是通过连续不断登记而取得的

11. 增长 1% 的绝对值（　　　）。

A. 表示每增加 1 个百分点所增加的绝对量

B. 表示增加 1 个百分点所增加的相对量

C. 等于前期水平除以 100

D. 等于前期水平除以 100%

E. 等于前期水平乘以 1%

12. 定基发展速度和环比发展速度的关系包括（　　　）。

A. 两者都属于速度指标

B. 环比发展速度的连乘积等于定基发展速度

C. 定基发展速度的连乘积等于环比发展速度

D. 相邻两个定基发展速度之商等于相应的环比发展速度

E. 相邻两个环比发展速度之商等于相应的定基发展速度

13. 编制时间数列的可比性原则包括（　　　）。

A. 时间方面可比

B. 总体空间范围可比

C. 计算方法统一

D. 统计指标的名称与含义可比

E. 经济含义统一

14. 平均发展水平一般又可称为（　　　）。

A. 平均增量　　　　B. 动态平均数　　　　C. 平均增减速度　　　　D. 序时平均数

E. 平均发展速度

15. 某企业某种产品原材料月末库存资料，如表 6-1 所示。

表 6-1　某企业某种产品原材料月末库存情况表

月份	1月	2月	3月	4月	5月
原材料库存量（吨）	8	10	13	11	9

则该动态数列( )。

　A. 各项指标数值是连续统计的结果

　B. 各项指标数值反映的是现象在一段时期内发展的总量

　C. 各项指标数值是不连续统计的结果

　D. 各项指标数值反映的是现象在某一时点上的总量

　E. 各项指标数值可以相加得到 5 个月原材料库存总量

16. 在计算序时平均数过程中,( )。

　A. 时期数列中的时期个数同所能反映的时期个数是一样的

　B. 时点数列中的时点个数同所能反映的时期个数一般是一样的

　C. 时期数列中的时期个数同所能反映的时期个数一般是不一样的

　D. 时点数列中的时点个数同所能反映的时期个数一般是不一样的

　E. 在计算某年人均月产值时,时期指标和时点指标个数是一样的

17. 已知一个数列的末期累积增长量,最末期水平对最初期水平的定基发展速度,便可以求得( )。

　A. 实际平均发展水平　　　　　　　　B. 平均发展速度

　C. 实际最初水平　　　　　　　　　　D. 各期实际环比发展速度

　E. 实际期末水平

18. 下列属于序时平均数的有( )。

　A. 一季度平均每月的职工人数　　　　B. 某产品产量某年各月的平均增长量

　C. 某企业职工第四季度人均产值　　　D. 某商场职工某年月平均人均销售额

　E. 某地区近几年出口商品贸易额平均增长速度

19. 已知一个时间数列的项数、平均增长量和平均发展速度,便可以求出( )。

　A. 末期的定基增长量　　　　　　　　B. 实际的各期发展水平

　C. 各期的环比发展速度　　　　　　　D. 实际的最初水平

　E. 实际的最末水平

20. 累积增长量与逐期增长量( )。

　A. 前者基期水平不变,后者基期水平总在变动

　B. 两者存在关系式:逐期增长量之和＝累积增长量

　C. 相邻的两个逐期增长量之差等于相应的累积增长量

　D. 这两个增长量都属于速度分析指标

　E. 根据这两个增长量都可以计算较长时期内的平均每期增长量

21. 指数的作用包括( )。

　A. 综合反映总体现象的变动方向

　B. 综合反映总体现象的变动程度

　C. 分析总体现象总变动中各因素影响的方向和程度

　D. 研究现象在长时期发展变化的趋势和规律

E. 反映事物之间相互关系的密切程度

22. 统计总指数（　　　）。

A. 可以通过个体指数计算　　　　　　B. 可以采用加权算术平均数方法计算

C. 可以采用加权调和平均数方法计算　　D. 可以通过综合指数计算

E. 具有平均性

23. 下列指标中,属于质量指标指数的有（　　　）。

A. 农副产品产量指数　　　　　　　　B. 农副产品收购价格指数

C. 工业产品成本总指数　　　　　　　D. 商品批发价格总指数

E. 某一职工工资的个体指数

24. 编制综合指数的一般原则包括（　　　）。

A. 质量指标指数以报告期数量指标作为同度量因素

B. 数量指标指数以报告期质量指标作为同度量因素

C. 质量指标指数以基期数量指标作为同度量因素

D. 数量指标指数以基期质量指标作为同度量因素

E. 随便确定

25. 用综合指数法编制总指数时,其中的同度量因素（　　　）。

A. 与平均数中的权数是两个不同的概念　B. 既起同度量作用,又有权数作用

C. 必须固定在同一个时期　　　　　　D. 其时期可以不固定

E. 又称权数

26. 下列关于综合指数的表述中,正确的有（　　　）。

A. 综合反映多种现象的平均变动程度

B. 两个总量指标对比的动态相对数

C. 固定一个或一个以上因素,反映另一个因素的变动

D. 分子与分母是两个或两个以上因素乘积之和

E. 分子或分母中有一项假定指标

27. 加权算术平均指数是一种（　　　）。

A. 综合指数　　　　　　　　　　　　B. 总指数

C. 平均指数　　　　　　　　　　　　D. 个体指数的平均数

E. 平均指标指数

28. 综合指数与平均指数的区别与联系表现为（　　　）。

A. 在解决复杂总体不能直接同度量问题的思想不同

B. 在计算时,综合指数先综合后对比,平均指数先对比后综合

C. 在运用资料的条件上不同

D. 在经济分析中的具体作用有所区别

E. 在一定条件下,两类指数有变形关系

29. 某企业基期产值为 100 万元,报告期比基期增长 14%,又知以基期价格计算的报告期假

定产值为 112 万元。经计算可知（　　）。

 A. 产量增加 12%

 B. 价格增加 12%

 C. 由于价格变化使产值增加 2 万元

 D. 由于产量变化使产值增加 12 万元

 E. 由于产量变化使产值增加 20 万元

30. 公式 $\sum p_1 q_1 - \sum p_0 q_1$（其中 p 为销售价格，q 为销售量）的经济意义包括（　　）。

 A. 销售额变动的一部分

 B. 销售量变动影响销售额的增减

 C. 销售价格变动影响销售额的增减

 D. 销售额的总变动额

 E. 平均指数的内容

31. 下列各项中，属于数量指标指数的有（　　）。

 A. 劳动生产率指数

 B. 价格指数

 C. 产品成本指数

 D. 职工人数指数

 E. 商品销售量指数

32. 下列指数中，（　　）是总指数。

 A. 个体指数

 B. 综合指数

 C. 平均指数

 D. 平均指标指数

 E. 数量指标总指数

33. 综合指数计算总指数（　　）。

 A. 同度量因素可以固定在基期

 B. 同度量因素可以固定在报告期

 C. 是基本方法

 D. 可以是数量指标指数

 E. 一般是质量指标指数

34. 报告期数值和基期数值之比可称为（　　）。

 A. 动态相对数　　　B. 发展速度　　　　C. 增长速度　　　　D. 比例相对数

 E. 统计指数

35. 销售额指数上升 10%，则销售价格指数（　　）。

 A. 可能上升　　　B. 一定上升　　　　C. 可能下降　　　　D. 一定下降

 E. 当销售量指数下降时，销售价格指数一定上升

36. 统计中的类（组）指数（　　）。

 A. 是介于个体指数和总指数之间的指数　　B. 计算方法同总指数

 C. 是介于个体指数和综合指数之间的指数　　D. 是个体指数

 E. 是介于综合指数和平均指数之间的指数

37. 在平均指数计算中，（　　）。

 A. 数量指标指数一般采用加权算术平均数方法

 B. 数量指标指数一般采用加权调和平均数方法

 C. 质量指标指数一般采用加权算术平均数方法

 D. 质量指标指数一般采用加权调和平均数方法

E. 先比较后平均

38. 在多因素分析中,( )。

   A. 存在同度量因素固定的问题　　　B. 需要区分质量指标与数量指标

   B. 涉及因素至少 2 个　　　D. 因素间需要存在确定关系

   E. 因素存在排列顺序问题

39. 下列各项中,属于平均指标指数的有( )。

   A. 可变构成指数　　　　　　　B. 固定构成指数

   C. 结构影响指数　　　　　　　D. 算术平均指数

   E. 调和平均指数

40. 在平均指标指数中,( )。

   A. 平均指标是指平均数

   B. 固定构成指数等于可变构成指数乘以结构影响指数

   C. 可变构成指数是说明平均指标相对变动

   D. 同平均指数计算原理基本一致

   E. 同综合指数存在变形关系

(三) 判断题

1. 在相对数时间数列中,各个指标值是不能相加的,而在平均数时间数列中,各个指标值是可以相加的。　　　　　　　　　　　　　　　　　　　　( )

2. 时间数列中的基本数列包括总量指标、相对指标和平均指标时间数列。　( )

3. 时间数列中的指标值一般具有可加性。　　　　　　　　　　　　　( )

4. 时期数列中的指标值与时期长短一般存在正比关系。　　　　　　　( )

5. 时间数列按指标值时间状况的不同一般可分为时期数列和时点数列。　( )

6. 时期数列中指标数值的大小一般受时期长短的影响,而时点数列中的指标数值大小与其时点间隔的长短没有直接的联系。　　　　　　　　　　　　( )

7. 时点数列中的时点间隔要求保持一致。　　　　　　　　　　　　　( )

8. 时期数列中的时期长短一般要求一致。　　　　　　　　　　　　　( )

9. 时间数列中不同时期同一指标的内容一般是存在差异的。　　　　　( )

10. 编制时间数列的最基本原则是"差异性"原则。　　　　　　　　　( )

11. 时间数列中各个时期的累积增长量之积等于逐期增长量。　　　　　( )

12. 累积增长量计算结果一般大于 0。　　　　　　　　　　　　　　　( )

13. 增长速度的计算结果,既可能为正值,又可能为负值。　　　　　　( )

14. 发展速度是一个正指标。　　　　　　　　　　　　　　　　　　　( )

15. 增长速度实际上就是动态相对指标。　　　　　　　　　　　　　　( )

16. 增长速度可能是一个正指标,也可能是一个反指标。　　　　　　　( )

17. 某工厂 1~4 月份职工平均人数分别为 190 人、215 人、220 人、230 人,则该工厂第一季

　　度月平均职工人数为 215 人。　　　　　　　　　　　　　　　（　　）

18. 年均增长量等于累积增长量除以数列水平项数。　　　　　　　（　　）

19. 动态平均数计算中的"首尾折半法"适用于间隔相等的时点数列。（　　）

20. 若某单位产值逐期增长量每年相等,那么其各年环比增减速度年年下降。（　　）

21. 动态平均数计算中的"两两平均法"适用于间隔不相等的时点数列。（　　）

22. 发展水平增长时,增长量指标为正值;发展水平下降时,增长量指标为负值。（　　）

23. 若某单位销售额的环比发展速度每年相等,则其各年逐期增减量是年年增加。（　　）

24. 环比增长速度与定基增长速度间没有直接换算关系。　　　　　（　　）

25. 如果某公司产品产量年年增加 10%,则逐期增长量保持不变。　（　　）

26. 环比发展速度与定基发展速度是可以直接换算关系。　　　　　（　　）

27. 如果某公司产品产量年年增加 10(计量单位相同),则定基增长速度年年提高。（　　）

28. 环比发展速度之积等于定期发展速度。　　　　　　　　　　　（　　）

29. 如果某公司的定基发展速度年年提高,则逐期增长量年年增加。（　　）

30. 时期个数和累积增长量个数一般是一致的。　　　　　　　　　（　　）

31. 如果某公司的环比发展速度年年不变,则逐期增长量年年也不变。（　　）

32. 如果某公司产品产量年年增加 100%(计量单位相同),则环比增长速度年年提高。
　　　　　　　　　　　　　　　　　　　　　　　　　　　　　　（　　）

33. 如果某公司产品产量年年增加 10%,则定期发展速度保持不变。（　　）

34. 平均发展速度和平均增长速度存在换算关系。　　　　　　　　（　　）

35. 平均增长速度是不能直接计算的。　　　　　　　　　　　　　（　　）

36. "首尾折半法"适用于间隔相等时点数列计算平均发展水平。　（　　）

37. 环比增长速度年年保持 10%水平,则定基发展速度应该是保持不变水平。（　　）

38. 如果某公司产品产量年年增加 5%,则定基发展速度年年下降。（　　）

39. 时点个数和反映时期数是存在差别的。　　　　　　　　　　　（　　）

40. 环比增长速度之积等于定基增长速度。　　　　　　　　　　　（　　）

41. 总指数包括综合指数、平均指数和平均指标指数三种形式。　　（　　）

42. 总指数、综合指数均是计算指数的方法。　　　　　　　　　　（　　）

43. 数量指标指数和质量指标指数是总指数。　　　　　　　　　　（　　）

44. 综合指数、平均指数是计算总指数的方法。　　　　　　　　　（　　）

45. 平均指数是利用平均数方法计算总指数。　　　　　　　　　　（　　）

46. 平均指数和平均指标指数均是采用平均数方法计算总指数的。　（　　）

47. 综合指数中数量指标指数编制时一般将度量因素固定在报告期。（　　）

48. 如果物价指数不变,物量指数上升,那么价值指数的增长率一定与物量指数的增长率相同。
　　　　　　　　　　　　　　　　　　　　　　　　　　　　　　（　　）

49. 平均指标指数是综合指数的变形,显然存在从属关系。　　　　（　　）

50. 平均指数和平均指标指数的平均意义相同。　　　　　　　　　（　　）

51. 平均指数中的平均是指指数存在平均性。 （　　）

52. 平均指数中销售量指数编制采用加权调和平均数方法。 （　　）

53. 某企业报告期比基期产品生产量增长 2%，产品成本降低 1%，则单位产品成本降低 2%。

　（　　）

54. 平均指数中销售价格指数编制采用加权调和平均数方法。 （　　）

55. 在编制综合指数时，无论是数量指标指数还是质量指标指数，其同度量因素都应固定在报告期。 （　　）

56. 在价格上升的条件下，同样多的人民币一定少购买一定数量商品。 （　　）

57. 在固定同度量因素的原则上，综合指数和平均指数一般是一致的。 （　　）

58. 个体指数的简单算术平均数就是平均指数。 （　　）

59. 总指数可以分为质量指标指数和数量指标指数，而个体指数不能这样分。 （　　）

60. 平均指标指数中，可变构成指数是说明结构变动影响的指数。 （　　）

61. 平均指标指数中，可变构成指数×结构影响指数＝固定构成指数。 （　　）

62. 结构影响指数是属于平均指数的内容。 （　　）

63. 平均指数和平均指标指数存在换算关系。 （　　）

64. 综合指数和平均指标指数均是编制总指数的基本方法，两者存在变形关系。 （　　）

65. 多因素分析中，同样存在指数化因素和同度量因素。 （　　）

66. 统计研究中，个体指数和总指数都是最终需要的结果。 （　　）

67. 在我国实际编制物价指数采用的是加权算术平均数方法。 （　　）

68. 平均指标指数中，固定构成指数是说明平均指标变动的指数。 （　　）

69. 在平均指数中，质量指标指数和数量指标指数编制方法基本是一致的。 （　　）

70. 综合指数一般是用来编制数量指标指数，平均指数用来编制质量指标指数的。 （　　）

71. 对销售量个体指数一般采用加权算术平均数计算得到平均指数中的数量指标总指数。

　（　　）

72. 销售量变动、销售价格变动对销售额分别影响额之和一定等于销售额的增减变动额。

　（　　）

73. 销售量指数＋销售价格指数＝销售额指数。 （　　）

74. 多因素分析中涉及的多个因素间要求存在固定关系。 （　　）

75. 在固定同度量因素的原则上，综合指数和平均指数一般有差异的。 （　　）

76. 在编制总指数时，可以根据掌握资料不同选择综合指数和平均指数方法。 （　　）

77. 多因素分析中的多个因素存在排列顺序的要求。 （　　）

78. 平均指标指数中，固定构成指数是说明结构变动影响的指数。 （　　）

79. 对销售价格个体指数一般采用加权算术平均数计算得到平均指数中的质量指标总指数。

　（　　）

80. 某地区零售物价指数为 115.8%，则用同样多的人民币比上年少购买 15.8% 的商品。

　（　　）

（四）填空题

1. 时间数列基本构成要素：一是现象所属时间，二是现象在不同时间上的_____。

2. 时间数列中最基本的时间数列是_____数列。

3. 按指标反映时间状况的不同，总量指标数列可以分为_____数列和_____数列。

4. 编制时间数列最基本的原则是_____性原则。

5. 时期数列中，各个指标对应的时期长度应该是_____。

6. 时点数列中时点间隔应该_____。

7. 时间数列发展水平中最早的水平称_____水平。

8. _____水平又称为序时平均数或动态平均数。

9. 动态平均数一般是根据_____数列计算的。

10. 时期数列计算平均发展水平的方法是简单_____平均数方法。

11. 增长量计算的基本公式是报告期水平与_____水平之差。

12. 由于选择的基期不同，增长量可分为_____增长量和_____增长量。

13. 两个相邻的累积增长量之差等于相应时期的_____增长量。

14. 各逐期增长量的和等于相应的时期的_____增长量。

15. 定基增长速度等于_____增长量÷某个固定时期水平。

16. 指标期内各个环比发展速度的连乘积等于相应时期的_____发展速度。

17. 发展速度的基本计算公式是报告期水平÷_____水平。

18. 相邻两个定基发展速度之比等于相应时期的_____发展速度。

19. 增长速度等于发展速度_____。

20. 平均增长速度＝_____－100％。

21. 统计指数具有性质包括相对性、综合性、代表性和_____性。

22. 统计指数按其反映对象的范围不同，分为_____指数和_____指数。

23. 统计指数按其反映的社会现象特征不同，分为_____指数和_____指数。

24. 统计指数按其计算总指数方法不同，分为_____指数和_____指数。

25. 综合指数和平均指数是计算_____指数的方法。

26. 综合指数有_____指标综合指数和_____指标综合指数两种。

27. 在编制数量指数综合指数时，一般将同度量因素固定在_____。

28. 在编制质量指数综合指数时，一般将同度量因素固定在_____。

29. 平均指数中平均是指计算_____方法。

30. 平均指数中编制数量指标指数一般采用_____平均数计算方法。

31. 平均指数中编制质量指标指数一般采用_____平均数计算方法。

32. 当销售量指数上升 10％，销售价格指数下降 10％，则销售额指数等于_____。

33. 实际工作中计算价格指数采用的是_____平均数计算方法。

34. 统计指数可以说明现象总变动的_____及变动的_____。

35. 编制数量指标综合指数时，同度量因素固定可以在基期、报告期和_____时期选择。

36. 平均指数是利用平均数计算方法对_____进行加权平均计算的。

37. 原材料消耗额指数等于产量指数和×产品_____指数×原材料单价指数。

38. 多因素分析要求因素的最少个数是_____个。

39. 反映平均指标变动的指数称为_____指数。

40. 固定构成指数×结构影响指数等于_____指数。

（五）简答题

1. 简述编制时间数列的原则。

2. 简述动态平均数和一般平均数的区别与联系。

3. 简述统计指数的性质。

4. 简述统计指数的主要分类和基本作用。

（六）名词解释

1. 时间数列。

2. 动态平均数。

3. 发展速度。

4. 统计指数。

5. 综合指数。

6. 平均指数。

（七）计算题

1. 某企业职工 4 月份出勤情况统计资料,如表 6-2 所示。

表 6-2　某企业职工 4 月份出勤情况表

日　期	1	3	10	15	18	30
职工出勤人数（人）	1 500	1 510	1 508	1 520	1 518	1 524

要求:计算该企业职工平均出勤人数。

2. 某种股票 2012 年各统计时点的收盘价,如表 6-3 所示。

表 6-3　某股票 2012 年各统计时点的收盘价情况表

统计时点	1 月 1 日	3 月 1 日	7 月 1 日	10 月 1 日	12 月 31 日
收盘价（元）	15.2	14.2	17.6	16.3	15.8

要求:计算该股票 2012 年的年平均价格。

3. 某企业职工人数情况,如表 6-4 所示。

表 6-4　某企业职工人数情况表

月份	1	2	3	4	5	6	7
月初职工人数（人）	1 200	1 250	1 300	1 280	1 350	1 380	1 350
月初女职工人数（人）	300	310	320	310	330	320	310

要求：计算第一季度、第二季度和上半年女职工平均比重。

4. 某企业职工人数情况，如表 6-5 所示。

表 6-5　某企业职工人数情况表

月份	1	2	3	4	5	6	7
月初职工人数（人）	1 200	1 250	1 300	1 280	1 350	1 380	1 350
女职工占职工比重	35％	36％	34％	36％	35％	36％	37％

要求：计算第一季度、第二季度和上半年女职工平均比重。

5. 某企业情况，如表 6-6 所示。

表 6-6　某企业职工人数与工资情况表

月份	1	2	3	4	5	6	7
月初职工人数（人）	1 200	1 250	1 300	1 280	1 350	1 380	1 350
月平均工资（元）	3 500	3 650	3 680	3 650	3 700	3 720	3 800

要求：计算第一季度、第二季度和上半年职工月均工资（职工月均工资＝工资总额÷职工月平均人数）。

6. 某企业情况，如表 6-7 所示。

表 6-7　某企业职工人数与产值情况表

月份	1	2	3	4	5	6	7
月初职工人数（人）	1 200	1 250	1 300	1 280	1 310	1 320	1 330
产值（万元）	400	410	420	430	430	435	425

要求：计算第一季度、第二季度和上半年职工月均产值。

7. 某企业职工人数情况，如表 6-8 所示。

表 6-8　某企业职工人数与产值情况表

月份	1	2	3	4	5	6	7
月初职工人数（人）	1 200	1 250	1 300	1 280	1 350	1 380	1 350
产值（万元）	1 400	1 410	1 420	1 420	1 430	1 425	1 430

要求:计算第一季度、第二季度和上半年职工人均产值。

8. 某厂 2017 年的产值为 2 000 万元,规划 10 年内产值翻两番。

要求:

(1) 产值要在 10 年内翻两番,计算从 2018 年起每年要保持的平均增长速度。

(2) 若 2018—2019 年的平均发展速度为 105%,做到 10 年内翻两番,计算后 8 年应有的平均发展速度。

(3) 在(2)的基础上,若要求提前两年达到产值翻两番的目标,计算每年应有的平均发展速度。

9. 已知某厂某种产品的有关资料,如表 6-9 所示。

表 6-9　某厂某产品有关资料表

年　份	2014	2015	2016	2017	2018	2019
产　量(台)	9 500					
环比增长量(台)		500				510
环比发展速度			104%			
定基增长速度				10%		
增长 1% 的绝对值(台)						109

要求:

(1) 将表中空格数字填上。

(2) 计算 2015—2019 年计划期该产品的年平均增长量及年平均增长速度。

10. 某厂产品产量及价格资料,如表 6-10 所示。

表 6-10　某厂产品产量及价格情况表

产品名称	计量单位	产　量		价格(万元)	
		基期	报告期	基期	报告期
甲	千吨	16	15	50	45
乙	千台	20	22	30	40
丙	千件	40	41	20	20

要求:计算产量、价格总指数并分别说明对产值的影响额。

11. 某企业报告期生产的甲、乙、丙三种产品的总产值分别是 180 万元、132 万元、250 万元,产品价格报告期和基期相比分别为 108%、110% 和 95%,该企业总产值报告期比基期增长了 8.5%。

要求:计算价格、产量总指数并分别说明对产值的影响额。

12. 几种商品相关资料,如表 6-11 所示(单位:万元)。

表 6-11　商品相关情况表

商品	基期总成本	报告期总成本	产量变动率	单位成本变动率
A	240	280	+14%	2.34%
B	60	65	+5%	3.17%
C	220	250	+20%	−5.30%

要求:计算产量、价格总指数并分别说明对成本的影响额(公式直接计算)。

13. 几种商品相关资料,如表 6-12 所示(单位:万元)。

表 6-12　商品相关情况表

商品	基期产值	报告期产值	价格变动率
A	600	680	+14%
B	400	450	+5%
C	500	900	+20%

要求:计算价格、产量总指数并分别说明对产值的影响额。

14. 几种商品相关资料,如表 6-13 所示(单位:万元)。

表 6-13　商品相关情况表

商品	基期产值	报告期产值	产量变动率
A	600	780	−3.51%
B	400	420	−4.76%
C	380	500	+4.17%

要求:计算产量、价格总指数并分别说明对产值的影响额。

15. 已知资料,如表 6-14 所示。

表 6-14　工人人数与工资情况表

工人组别	工人人数(人)f		工资总额(万元)xf	
	基期	报告期	基期	报告期
甲	400	330	20	21.45
乙	600	770	48	77.00
合计	1 000	1 100	68	98.45

要求:试计算平均工资指数,并从相对数和绝对数两方面分析平均工资变动的影响。

16. 有关资料,如表 6-15 所示。

表 6-15　产品相关情况表

产品	单位	基　　期			报　告　期		
		产量	单耗（千克）	原材料价格（元/千克）	产量	单耗（千克）	原材料价格（元/千克）
A	台	110	15	24	113	14	24.5
B	件	118	16	25	120	15.6	15.8

要求：从相对数与绝对数两个方面，分析原材料消耗总额变动及影响因素变动影响。

17. 某地区粮食总产量，如表 6-16 所示。

表 6-16　某地区粮食总产量情况表

年　　份	2010	2011	2012	2013	2014	2015	2016	2017	2018	2019
产量（万吨）	230	236	241	246	252	257	262	269	275	280

要求：

(1) 试检查该地区粮食生产发展趋势是否接近于直线型。

(2) 如果是直线型，用最小平方法建立直线趋势方程。

(3) 预测 2020 年的粮食产量。

五、参考答案

(一) 单项选择题

1. B　2. D　3. D　4. A　5. A　6. A　7. B　8. D　9. A　10. C　11. C　12. C
13. C　14. D　15. C　16. C　17. D　18. B　19. A　20. D　21. C　22. A　23. B
24. D　25. B　26. D　27. B　28. B　29. B　30. D　31. C　32. B　33. C　34. A
35. A　36. D　37. B　38. C　39. D　40. D　41. C　42. B　43. B　44. C　45. C
46. B　47. A　48. B　49. C　50. A　51. C　52. C　53. D　54. D　55. D　56. C
57. B　58. A　59. D　60. D　61. B　62. A　63. A　64. D　65. D　66. B　67. A
68. C　69. A　70. C　71. B　72. D　73. C　74. B　75. A　76. D　77. B　78. C
79. B　80. B

(二) 多项选择题

1. ABD　2. AD　3. ACE　4. CDE　5. ABC　6. ABCDE　7. AC　8. ABC
9. ACE　10. ABE　11. ACE　12. ABD　13. ABCDE　14. BD　15. CD　16. AC
17. CE　18. ACD　19. ADE　20. ABE　21. ABC　22. ABCDE　23. BCD　24. AD
25. ABC　26. ABDE　27. BCD　28. BCE　29. ACD　30. AC　31. DE　32. BCDE
33. ABCD　34. ABE　35. ACE　36. AB　37. ADE　38. ABCDE　39. ABC　40. AC

（三）判断题

1. 错　2. 错　3. 错　4. 对　5. 错　6. 对　7. 错　8. 对　9. 错　10. 错　11. 错
12. 错　13. 对　14. 错　15. 错　16. 对　17. 错　18. 对　19. 错　20. 对　21. 错　22. 错
23. 对　24. 对　25. 错　26. 对　27. 错　28. 对　29. 对　30. 错　31. 错　32. 错　33. 对
34. 对　35. 对　36. 错　37. 错　38. 错　39. 对　40. 错　41. 错　42. 错　43. 对　44. 对
45. 对　46. 错　47. 错　48. 对　49. 错　50. 对　51. 错　52. 错　53. 对　54. 错　55. 对
56. 对　57. 对　58. 错　59. 错　60. 错　61. 错　62. 错　63. 错　64. 错　65. 对　66. 错
67. 对　68. 错　69. 错　70. 错　71. 对　72. 对　73. 错　74. 对　75. 错　76. 对　77. 对
78. 错　79. 错　80. 错

（四）填空题

1. 指标值　2. 总量　3. 时期　时点　4. 可比　5. 一致的　6. 尽量一致　7. 最初　8. 平均发展　9. 时间　10. 算术　11. 基期　12. 累积　逐期　13. 逐期　14. 累积　15. 累积　16. 定基　17. 基期　18. 环比　19. −1　20. 平均发展速度　21. 平均　22. 个体　总　23. 质量　数量　24. 综合　平均　25. 总　26. 数量　质量　27. 基期　28. 报告期　29. 平均数　30. 加权算术　31. 加权调和　32. 99%　33. 加权算术　34. 方向　程度　35. 固定　36. 个体指数　37. 单耗　38. 3　39. 平均指标　40. 可变构成

（五）简答题

1. 简述编制时间数列的原则。

编制时间数列的基本原则是保证数列中各项指标值具有可比性。所谓可比性,是要求各指标值所属时间、总体范围、经济内容、计算方法、计算价格、计量单位等可比。

（1）时间长短应相等。即要求各指标值所属时间的一致性。对时期数列而言,由于各指标值的大小与所属时期的长短一般直接相关,因此,各指标值所属时间的长短应该一致,否则不便于对比分析。对于时点数列,虽然两时点间间隔长短与指标值无明显关系,但为了更好地反映现象的发展变化状况,两时点间的间隔也应尽可能相等。

（2）总体范围应该一致。时间数列各指标值所属空间范围应该一致,便于比较分析。当时间数列中某些指标值总体范围不一致时,必须进行适当调整使其一致;否则,前后期指标数值不能直接对比。

（3）经济内容应该统一。时间数列各指标的经济内容是由其理论内涵所决定的,随着社会经济条件的变化,有些指标的经济内容发生了变化。对于名称相同而经济内涵不一致的指标,尤其要注意这一点,务必使各时间上的指标值内涵一致,否则也不具备可比性。

（4）各项指标的计算方法、计算价格和计量单位应该一致。对于指标名称总体范围和经济内容都相同的指标计算方法不同也会导致数值差异,有时甚至是极大的差异。同一时间数列中,各个时期(时点)指标值的计算方法要统一。如果某一时期的计算方法作了重大改变,那么发布资料必须注明,以便动态比较时进行调整。

统计指标的计算价格种类很多,有现行价格和不变价格之分。不变价格为了适应客观经济条件的变化也在不断调整,形成了多个时期的不变价格,编制时间序列遇到前后时期所用的计算价格不同,就需要进行调整,使其统一。对于实物指标的时间序列,则要求计量单位保持一致;否则,也要进行调整。

2. 简述动态平均数和一般平均数的区别与联系。

(1) 两者区别表现在:①反映。序时平均数抽象的是现象在不同时间上的数量差异,因而,它能够从动态上说明现象在一定时期内发展变化的一般趋势;一般平均数抽象的是总体各单位某一数量标志值在同一时间上的差异。②计算依据。动态平均数根据时间数列计算,一般平均数根据变量数列计算。

(2) 两者联系表现在:它们都是平均数,都抽象了现象的个别差异,以反映现象总体的一般水平。

3. 简述统计指数的性质。

(1) 相对性。指数是总体各变量在不同场合下对比形成的相对数,它可以度量一个变量在不同时间或不同空间的相对变化,如一种商品的价格指数或数量指数,这种指数称为个体指数;它也可用于反映一组变量的综合变动,如消费价格指数反映一组指定商品和服务的价格变动水平,这种指数称为综合指数。

(2) 综合性。指数是反映一组变量在不同场合下的综合变动水平,这是就狭义的指数而言的,它也是指数理论和方法的核心问题。没有综合性,指数就不可能发展成为一种独立的理论和方法论体系。综合性说明指数是一种特殊的相对数,它是由一组变量或项目综合对比形成的。

(3) 平均性。指数是总体水平的一个代表性数值。平均性的含义有两个方面:一是指数进行比较的综合数量是作为个别量的一个代表,这本身就具有平均的性质;二是两个综合量对比形成的指数反映了个别量的平均变动水平,如物价指数反映了多种商品和服务项目价格的平均变动水平。

4. 简述统计指数的主要分类和基本作用。

统计指数的主要分类:按其反映对象范围的不同,统计指数分为个体指数和总指数;按其所反映的社会经济现象特征不同,统计指数分为数量指标指数和质量指标指数;按照常用的计算总指数的方法或形式,统计指数可以分为综合指数和平均指数。

统计指数的基本作用:

(1) 统计指数可以综合反映社会经济现象总变动方向及变动幅度。把不能直接相加总的现象过渡到可以加总对比,从而反映复杂经济现象的总变动方向及变动幅度。

(2) 统计指数可以分析现象总变动中各因素变动的影响方向及影响程度。利用指数体系理论可以测定复杂社会经济现象总变动中,各构成因素的变动对现象总变动的影响情况,并对经济现象变化作综合评价。

(3) 统计指数可以反映同类现象变动趋势。编制一系列反映同类现象变动情况的指数形成指数数列,可以反映被研究现象的变动趋势。

（六）名词解释

1. 时间数列。

把某种现象发展变化的指标数值按一定时间顺序将排列起来形成的数列，称为时间数列。时间数列分析通常分传统的时间数列分析与现代的时间序列分析两种。

2. 动态平均数。

平均发展水平是现象在时间 $t_i(i=1, 2, \cdots, n)$ 上取值的平均数，又称为序时平均数或动态平均数。它可以概括性地描述出现象在一段时期内所达到的一般水平。

3. 发展速度。

发展速度是报告期发展水平与基期发展水平之比，用于描述现象在指标期内相对的发展变化程度，即动态相对指标。由于采用的基期不同，发展速度可以分为环比发展速度和定基发展速度。

4. 统计指数。

统计指数有广义和狭义两种理解。广义指数是泛指社会经济现象数量变动的比较指标；狭义指数仅指反映不能直接相加的复杂社会经济现象在数量上综合变动情况的相对数。指数的编制是从物价的变动产生的。指数在经济分析上具有十分广阔的应用领域。

5. 综合指数。

综合指数是计算总指数的一种重要形式，它是按照加权综合的方法计算出两个综合的总量，并进行对比的结果。综合指数有数量指标指数和质量指标指数两种。

6. 平均指数。

平均指数是以某一时期的总量为权数，对个体指数利用平均数计算方法加权平均计算出来的。平均指数分为加权算术平均指数和加权调和平均指数。平均指数是计算总指数的重要方法。

（七）计算题

1. 职工平均出勤人数：

$$\bar{a} = \frac{\sum af}{\sum f} = \frac{15\,002 + 1\,510 \times 7 + 1\,508 \times 5 + 1\,520 \times 3 + 1\,518 \times 12 + 1\,524 \times 1}{30}$$

$$= 45\,410 \div 30 = 1\,513.67(\text{人})$$

2. 股票 2012 年的年平均价格：

$$\bar{a} = \frac{\frac{(a_1+a_2)}{2}f_1 + \frac{(a_2+a_3)}{2}f_2 + \cdots + \frac{(a_{n-1}+a_n)}{2}f_{n-1}}{f_1 + f_2 + \cdots + f_{n-1}}$$

$$= \frac{\frac{15.5+14.2}{2} \times 2 + \frac{14.2+17.6}{2} \times 4 + \frac{17.6+16.3}{2} \times 3 + \frac{16.3+15.8}{2} \times 3}{12}$$

$$= 192.3 \div 12 = 16.03(\text{元})$$

3. （1）计算第一季度女职工平均比重。

职工平均人数：

$$\bar{a} = \frac{\frac{a_1}{2} + a_2 + \cdots + a_{n-1} + \frac{a_n}{2}}{n-1} = 3\ 790 \div 3 = 1\ 263.33（人）$$

女职工平均人数：

$$\bar{b} = \frac{\frac{b_1}{2} + b_2 + \cdots + b_{n-1} + \frac{b_n}{2}}{n-1} = 935 \div 3 = 311.67（人）$$

第一季度女职工平均比重 $= 311.67 \div 1\ 263.33 \times 100\% = 24.67\%$

（2）计算第二季度女职工平均比重。

职工平均人数：

$$\bar{a} = \frac{\frac{a_1}{2} + a_2 + \cdots + a_{n-1} + \frac{a_n}{2}}{n-1} = 4\ 045 \div 3 = 1\ 348.33（人）$$

女职工平均人数：

$$\bar{b} = \frac{\frac{b_1}{2} + b_2 + \cdots + b_{n-1} + \frac{b_n}{2}}{n-1} = 960 \div 3 = 320（人）$$

第二季度女职工平均比重 $= 320 \div 1\ 348.33 \times 100\% = 23.73\%$

（3）计算上半年女职工平均比重。

职工平均人数：

$$\bar{a} = \frac{\frac{a_1}{2} + a_2 + \cdots + a_{n-1} + \frac{a_n}{2}}{n-1} = 7\ 835 \div 6 = 1\ 305.83（人）$$

女职工平均人数：

$$\bar{b} = \frac{\frac{b_1}{2} + b_2 + \cdots + b_{n-1} + \frac{b_n}{2}}{n-1} = 1\ 895 \div 6 = 315.83（人）$$

上半年女职工平均比重 $= 315.83 \div 1\ 305.83 \times 100\% = 24.19\%$

4. 计算出月初女职工人数，如表 6-17 所示。

表 6-17　某公司职工人数情况表

月份	1	2	3	4	5	6	7
月初职工人数（人）	1 200	1 250	1 300	1 280	1 350	1 380	1 350
女职工占职工比重	35%	36%	34%	36%	35%	36%	37%
月初女职工人数（人）	420	450	442	460.8	472.5	496.8	499.5

（1）计算第一季度女职工平均比重。

职工平均人数：

$$\bar{a} = \frac{\dfrac{a_1}{2} + a_2 + \cdots + a_{n-1} + \dfrac{a_n}{2}}{n-1} = 3\,790 \div 3 = 1\,263.33（人）$$

女职工平均人数：

$$\bar{b} = \frac{\dfrac{b_1}{2} + b_2 + \cdots + b_{n-1} + \dfrac{b_n}{2}}{n-1} = 1\,332.4 \div 3 = 444.13（人）$$

第一季度女职工平均比重 $= 444.13 \div 1\,263.33 \times 100\% = 35.16\%$

（2）计算第二季度女职工平均比重。

职工平均人数：

$$\bar{a} = \frac{\dfrac{a_1}{2} + a_2 + \cdots + a_{n-1} + \dfrac{a_n}{2}}{n-1} = 4\,045 \div 3 = 1\,348.33（人）$$

女职工平均人数：

$$\bar{b} = \frac{\dfrac{b_1}{2} + b_2 + \cdots + b_{n-1} + \dfrac{b_n}{2}}{n-1} = 1\,449.45 \div 3 = 483.15（人）$$

第二季度女职工平均比重 $= 483.15 \div 1\,348.33 \times 100\% = 35.83\%$

（3）计算上半年女职工平均比重。

职工平均人数：

$$\bar{a} = \frac{\dfrac{a_1}{2} + a_2 + \cdots + a_{n-1} + \dfrac{a_n}{2}}{n-1} = 7\,838 \div 6 = 1\,305.83（人）$$

女职工平均人数：

$$\bar{b} = \frac{\dfrac{b_1}{2} + b_2 + \cdots + b_{n-1} + \dfrac{b_n}{2}}{n-1} = 2\,781.85 \div 6 = 463.64（人）$$

上半年女职工平均比重 $= 463.64 \div 1\,305.83 \times 100\% = 35.51\%$

5. 计算出各组工资总额，某公司职工人数与工资情况表，如表 6-18 所示。

表 6-18　某公司职工人数与工资情况表

月份	1	2	3	4	5	6	7
月初职工人数（人）	1 200	1 250	1 300	1 280	1 350	1 380	1 350
月平均工资（元）	3 500	3 650	3 680	3 650	3 700	3 720	3 800
工资总额（元）	4 287 500	4 653 750	4 747 200	4 799 750	5 050 500	5 077 800	4 287 500

(1) 计算第一季度职工月均工资。

$$职工平均人数\ \bar{a} = \frac{\dfrac{a_1}{2} + a_2 + \cdots + a_{n-1} + \dfrac{a_n}{2}}{n-1} = 1\ 263.33(人)$$

$$月均工资总额\ \bar{a} = \frac{\sum a}{n} = 13\ 688\ 450 \div 3 = 4\ 562\ 816.67(元)$$

第一季度职工月均工资 $= 4\ 562\ 816.67 \div 1\ 263.33 = 3\ 611.74(元/人)$

(2) 计算第二季度职工月均工资。

$$职工平均人数\ \bar{a} = \frac{\dfrac{a_1}{2} + a_2 + \cdots + a_{n-1} + \dfrac{a_n}{2}}{n-1} = 4\ 045 \div 3 = 1\ 348.33(人)$$

$$月均工资总额\ \bar{a} = \frac{\sum a}{n} = 14\ 928\ 050 \div 3 = 4\ 976\ 016.67(元)$$

第一季度职工月均工资 $= 4\ 976\ 016.67 \div 1\ 348.33 = 3\ 690.50(元/人)$

(3) 计算上半年职工月均工资。

$$职工平均人数\ \bar{a} = \frac{\dfrac{a_1}{2} + a_2 + \cdots + a_{n-1} + \dfrac{a_n}{2}}{n-1} = 7\ 835 \div 6 = 1\ 305.83(人)$$

$$月均工资总额\ \bar{a} = \frac{\sum a}{n} = 28\ 616\ 500 \div 6 = 4\ 769\ 416.67(元)$$

上半年职工月均工资 $= 4\ 769\ 416.67 \div 1\ 305.83 = 3\ 652.40(元/人)$

6. (1) 计算第一季度职工月均产值。

$$职工平均人数\ \bar{a} = \frac{\dfrac{a_1}{2} + a_2 + \cdots + a_{n-1} + \dfrac{a_n}{2}}{n-1} = 1\ 263.33(人)$$

$$月均产值\ \bar{a} = \frac{\sum a}{n} = 1\ 230 \div 3 = 410(万元)$$

第一季度职工月均产值 $= 410 \div 1\ 263.33 = 0.32(万元/人)$

(2) 计算第二季度职工月均产值。

$$职工平均人数\ \bar{a} = \frac{\dfrac{a_1}{2} + a_2 + \cdots + a_{n-1} + \dfrac{a_n}{2}}{n-1} = 3\ 935 \div 3 = 1\ 311.67(人)$$

$$月均产值\ \bar{a} = \frac{\sum a}{n} = 1\ 295 \div 3 = 431.67(万元)$$

第一季度职工月均产值 $= 431.67 \div 1\ 311.67 = 0.33(万元/人)$

(3) 计算上半年职工月均产值。

$$职工平均人数 \ \bar{a} = \frac{\dfrac{a_1}{2} + a_2 + \cdots + a_{n-1} + \dfrac{a_n}{2}}{n-1} = 7\ 725 \div 6 = 1\ 287.5(人)$$

$$月均产值 \ \bar{a} = \frac{\sum a}{n} = 2\ 525 \div 6 = 420.83(万元)$$

$$上半年职工月均产值 = 420.83 \div 1\ 287.5 = 0.33(万元 / 人)$$

7.（1）计算第一季度职工人均产值。

$$职工平均人数 \ \bar{a} = \frac{\dfrac{a_1}{2} + a_2 + \cdots + a_{n-1} + \dfrac{a_n}{2}}{n-1} = 1\ 263.33(人)$$

$$第一季度总产值 = \sum a = 4\ 230(万元)$$

$$第一季度职工人均产值 = 4\ 230 \div 1\ 263.33 = 3.35(万元 / 人)$$

（2）计算第二季度职工人均产值。

$$职工平均人数 \ \bar{a} = \frac{\dfrac{a_1}{2} + a_2 + \cdots + a_{n-1} + \dfrac{a_n}{2}}{n-1} 4\ 045 \div 3 = 1\ 348.33(人)$$

$$第二季度总产值 = \sum a = 4\ 275(万元)$$

$$第一季度职工人均产值 = 4\ 275 \div 1\ 348.33 = 3.17(万元 / 人)$$

（3）计算上半年职工人均产值。

$$职工平均人数 \ \bar{a} = \frac{\dfrac{a_1}{2} + a_2 + \cdots + a_{n-1} + \dfrac{a_n}{2}}{n-1} = 7\ 835 \div 6 = 1\ 305.83(人)$$

$$上半年总产值 = \sum a = 8\ 505(万元)$$

$$上半年职工人均产值 = 8\ 505 \div 1\ 305.83 = 6.51(万元 / 人)$$

8.（1）产值能在 10 年内翻两番，从 2018 年起每年要保持平均增长速度：

$$(\sqrt[10]{4} - 1) \times 100\% = 14.87\%$$

（2）若 2018—2019 年的平均发展速度为 105%，做到 10 年内翻两番，设后 8 年应有平均发展速度为 x，则有

$$\sqrt[10]{1.05^2 \times x^8} = \sqrt[10]{4}$$
$$x = 113.79\%$$

（3）在（2）的基础上，若要求提前两年达到产值翻两番的要求，设每年应有平均发展速度为 x，则有

$$\sqrt[8]{1.05^2 \times x^6} = \sqrt[8]{4}$$
$$x = 117.53\%$$

9. 计算结果,如表 6-19 所示。

表 6-19 某厂某产品有关资料表

年　份	2014	2015	2016	2017	2018	2019
产　量(台)	9 500	10 000	10 400	10 450	10 900	11 410
环比增长量(台)	—	500	400	50	450	510
环比发展速度	—	105.26%	104%	100.48%	104.3%	104.67%
定基增长速度%	—	5.26%	9.47%	10%	14.37%	20.1%
增长1%的绝对值(台)	—	95	100	104	104.5	109

2015—2019 年计划期该产品的年平均增长量 $= (11\ 410 - 9\ 500) \div 5 = 282(台)$

年平均增长速度 $= (\sqrt[5]{11\ 410 \div 9\ 500} - 1) \times 100\% = \sqrt[5]{1.2} \times 100\% = 3.71\%$

10. 计算总产值,如表 6-20 所示。

表 6-20　产值情况表

产品名称	$p_0 q_0$	$p_1 q_1$	$p_0 q_1$
甲	800	675	750
乙	600	880	660
丙	800	820	820
合计	2 200	2 375	2 230

产量总指数 $\overline{K_q} = \dfrac{\sum p_0 q_1}{\sum p_0 q_0} = 2\ 230 \div 2\ 200 \times 100\% = 101.36\%$

产量变动对产值的影响额 $= \sum p_0 q_1 - \sum p_0 q_0 = 2\ 230 - 2\ 200 = 30(万元)$

价格总指数 $\overline{K_p} = \dfrac{\sum p_1 q_1}{\sum p_0 q_1} = 2\ 375 \div 2\ 230 \times 100\% = 106.50\%$

价格变动对产值的影响额 $= \sum p_1 q_1 - \sum p_0 q_1 = 2\ 375 - 2\ 230 = 145(万元)$

11.　　总产值指数 $= 100\% + 8.5\% = 108.5\%$

总产值变化额 = 报告期产值 - 基期产值

$= 180 + 132 + 250 - (180 + 132 + 250) \div 108.5\% = 44.03(万元)$

价格总指数:

$$\overline{K_p} = \frac{\sum p_1 q_1}{\sum \dfrac{1}{K_p} p_1 q_1} = \frac{180 + 132 + 250}{\dfrac{180}{1.08} + \dfrac{132}{1.1} + \dfrac{250}{0.95}} \times 100\% = \frac{562}{549.83} \times 100\% = 102.21\%$$

价格变动对产值影响额 $= 562 - 549.83 = 12.17(万元)$

产量指数 = 产值指数 ÷ 价格指数 $= 108.5\% \div 102.21\% = 106.15\%$

产量变动对产值影响额 $= 44.03 - 12.17 = 31.86(万元)$

12. 价格总指数：

$$\overline{K_p} = \frac{\sum p_1 q_1}{\sum \dfrac{1}{K_p} p_1 q_1} = \frac{280 + 65 + 250}{\dfrac{280}{1.0234} + \dfrac{65}{1.0317} + \dfrac{250}{0.947}} \times 100\% = \frac{595}{600.59} \times 100\% = 99.07\%$$

价格变动对成本变动的影响额 $= 595 - 600.59 = -5.59$（万元）

产量总指数：

$$\overline{K_q} = \frac{\sum K_q p_0 q_0}{\sum p_0 q_0} = \frac{240 \times 1.14 + 60 \times 1.05 + 220 \times 1.2}{240 + 60 + 220} \times 100\% = \frac{600.6}{520} \times 100\% = 115.5\%$$

产量变动对成本变动的影响额 $= 600.6 - 520 = 80.6$（万元）

13.　　　总产值指数 $= (2\,030 \div 1\,500) \times 100\% = 135.33\%$

　　　　总产值变化额 $= 2\,030 - 1\,500 = 530$（万元）

价格总指数：

$$\overline{K_p} = \frac{\sum p_1 q_1}{\sum \dfrac{1}{K_p} p_1 q_1} = \frac{680 + 450 + 900}{\dfrac{680}{1.14} + \dfrac{450}{1.05} + \dfrac{900}{1.20}} \times 100\% = \frac{2\,030}{1\,775.06} \times 100\% = 114.36\%$$

价格变动对产值影响额 $= 2\,030 - 1\,775.06 = 254.94$（万元）

产量指数 $=$ 产值指数 $\div$ 价格指数 $= 135.33\% \div 114.36\% = 118.34\%$

产量变动对产值影响额 $= 530 - 254.94 = 275.06$（万元）

（注：另可分别计算出 ABC 三个产品产量个体指数，再计算产量总指数，计算过程省略。）

14.　　　总产值指数 $= 1\,700 \div 1\,380 \times 100\% = 123.19\%$

　　　　总产值变化额 $= 1\,700 - 1\,380 = 320$（万元）

产量总指数：

$$\overline{K_q} = \frac{\sum K_q p_0 q_0}{\sum p_0 q_0} = \frac{600 \times 0.9649 + 400 \times 0.9524 + 380 \times 1.0417}{600 + 400 + 380} \times 100\%$$

$$= \frac{1\,355.75}{1\,380} \times 100\% = 98.24\%$$

产量变动对产值影响额 $= 1\,355.75 - 1\,380 = -24.25$（万元）

价格指数 $=$ 产值指数 $\div$ 产量指数 $= 123.19\% \div 98.24\% = 125.40\%$

价格变动对产值影响额 $= 320 - (-24.25) = 344.25$（万元）

（注：另可分别计算出 ABC 三个产品价格个体指数，再计算价格总指数，计算过程省略。）

15.（本题保留小数四位）

(1) 平均工资指数。

可变构成指数：

$$\overline{K_{可}} = \frac{\overline{x}_1}{\overline{x}_0} = 0.0895 \div 0.068 \times 100\% = 131.62\%$$

$$\overline{x}_1 - \overline{x}_0 = 0.0895 - 0.068 = 0.0215(万元)$$

(2) 工人工资水平。

固定结构指数：

$$\overline{K_{固}} = \frac{\sum x_1 f_1}{\sum f_1} : \frac{\sum x_0 f_1}{\sum f_1} = [0.0895 \div (78.1 \div 1\ 100)] \times 100\% = 126.06\%$$

$$\frac{\sum x_1 f_1}{\sum f_1} - \frac{\sum x_0 f_1}{\sum f_1} = 0.0895 - 0.071 = 0.0185(万元)$$

(3) 工人结构变动。

结构变动指数：

$$\overline{K_{结}} = \frac{\sum x_0 f_1}{\sum f_1} : \frac{\sum x_0 f_0}{\sum f_0} = 0.071 \div 0.068 \times 100\% = 104.41\%$$

$$\frac{\sum x_0 f_1}{\sum f_1} - \frac{\sum x_0 f_0}{\sum f_0} = 0.071 - 0.068 = 0.003(万元)$$

(4) 上述指数之间的关系如下所述。

相对量角度: $131.62\% = 126.06\% \times 104.41\%$

绝对量角度: $0.0215 = 0.0185 + 0.003$

16. 原材料消耗总额指数为：

$$\overline{K_{总}} = \frac{\sum a_1 b_1 c_1}{\sum a_0 b_0 c_0} = \frac{68\ 336.6}{86\ 800} \times 100\% = 78.73\%$$

报告期原材料消耗总额比基期增加额为：

$$\sum a_1 b_1 c_1 - \sum a_0 b_0 c_0 = 68\ 336.6 - 86\ 800 = -18\ 463.4(万元)$$

其中，产量指数为：

$$\overline{K_a} = \frac{\sum a_1 b_0 c_0}{\sum a_0 b_0 c_0} = \frac{88\ 680}{86\ 800} \times 100\% = 102.17\%$$

产量影响绝对额为：

$$\sum a_1 b_0 c_0 - \sum a_0 b_0 c_0 = 88\ 680 - 86\ 800 = 1\ 880(万元)$$

单耗指数为：

$$\overline{K_b} = \frac{\sum a_1 b_1 c_0}{\sum a_1 b_0 c_0} = \frac{84\ 768}{88\ 680} \times 100\% = 95.59\%$$

单耗影响绝对额为：

$$\sum a_1 b_1 c_0 - \sum a_1 b_0 c_0 = 84\ 768 - 88\ 680 = -3\ 912(万元)$$

价格指数为：

$$\overline{K_c} = \frac{\sum a_1 b_1 c_1}{\sum a_1 b_1 c_0} = \frac{68\ 336.6}{84\ 768} \times 100\% = 80.62\%$$

价格影响绝对额为：

$$\sum a_1 b_1 c_1 - \sum a_1 b_1 c_0 = 68\ 336.6 - 84\ 768 = -16\ 431.4(万元)$$

用相对数表示：

$$78.73\% = 102.17\% \times 95.59\% \times 80.62\%$$

用绝对额表示：

$$-18\ 463.4\ 万元 = 1\ 880\ 万元 - 3\ 912\ 万元 - 1\ 6431.4(万元)$$

17. 计算逐期增长量：

$$6 \quad 5 \quad 5 \quad 6 \quad 5 \quad 5 \quad 7 \quad 6 \quad 5$$

基本接近直线。

建立直线趋势方程：

$$b = \frac{n\sum ty - \sum t \sum y}{n\sum t^2 - (\sum t)^2} = \frac{10 \times 14\ 472 - 55 \times 2\ 548}{10 \times 385 - 55 \times 55} = 4\ 580 \div 825 = 5.55$$

$$a = \bar{y} - b\bar{t} = 2\ 548 \div 10 - 5.55 \times 55 \div 10 = 224.28$$

$$\hat{y} = 224.28 + 5.55t$$

预测 2020 年粮食产量 $= 224.28 + 5.55 \times 11 = 285.33(吨)$

第七章 统计数据的关系分析

一、学习与要求

学生通过本章的学习,掌握相关分析与回归分析方法;培养相关分析与回归分析的实际应用能力。

二、学习主要内容

1. 相关分析的一般问题

1)函数关系与相关分析

2)相关分析的种类

2. 相关关系的测定方法

相关关系的测定方法包括相关表、相关图和相关系数。

相关系数计算公式:

$$r = \frac{n\sum xy - \sum x \sum y}{\sqrt{n\sum x^2 - \left(\sum x\right)^2}\sqrt{n\sum y^2 - \left(\sum y\right)^2}}$$

3. 一元线性回归分析

1)回归分析与相关分析的区别

回归分析与相关分析的区别为是否区分自变量和因变量、变量是否随机以及和因素关系是否唯一。

2)一元线性回归模型的建立

$$y_c = a + bx$$

$$b = \frac{n\sum xy - \sum x \sum y}{n\sum x^2 - \left(\sum x\right)^2}$$

$$a = \bar{y} - b\bar{x}$$

3)一元线性回归估计标准误差

$$S_y = \sqrt{\frac{\sum (y - y_c)^2}{n-2}}$$

　　4）回归估计（自变量是给定的）

$$(\hat{y}_0 + tS_y, \ \hat{y}_0 + tS_y)$$

4. 多元线性回归分析

略。

三、学习重点与难点

　　本章学习重点与难点是线性相关系数的计算和一元线性回归分析。

四、练习题

（一）单项选择题

1. 相关分析是用来研究（　　）。

　　A. 变量之间的数量关系　　　　　　　　B. 变量之间的变动关系

　　C. 变量之间相互关系的密切程度　　　　D. 变量之间的因果关系

2. 在回归分析中，函数关系的实际值与理论值（　　）。

　　A. 是一致的　　　　B. 一般是一致的　　　　C. 是不一致的　　　　D. 一般是不一致的

3. 判定现象之间相关关系密切程度的定量方法是（　　）。

　　A. 编制相关表　　　B. 进行定性分析　　　C. 绘制相关图　　　D. 计算相关系数

4. 在相关关系中，实际值与理论值（　　）。

　　A. 是一致的　　　　B. 一般是一致的　　　　C. 是不一致的　　　　D. 一般是不一致的

5. 如果不考虑相关方向，相关系数的取值范围是（　　）。

　　A. 0　　　　　　　B. $-1 \leqslant r \leqslant 0$　　　C. $0 \leqslant r \leqslant 1$　　　D. $-1 \leqslant r \leqslant 1$

6. 在函数关系中，实际值与理论值离差和（　　）。

　　A. 大于 0　　　　　B. 小于 0　　　　　C. 等于 0　　　　　D. ABC

7. 在相关关系中，实际值与理论值离差和（　　）。

　　A. 大于 0　　　　　B. 小于 0　　　　　C. 等于 0　　　　　D. ABC

8. 在一元线性回归分析中，若 $b < 0$，则 x 与 y 之间的相关系数（　　）。

　　A. $r = 0$　　　　　B. $r = 1$　　　　　C. $0 < r < 1$　　　　D. $-1 < r < 0$

9. 在相关关系中，实际值与理论值离差平方和（　　）。

　　A. 大于 0　　　　　B. 小于 0　　　　　C. 等于 0　　　　　D. ABC

10. 进行相关分析，要求相关的两个变量（　　）。

　　A. 都是随机的　　　　　　　　　　　　B. 都不是随机的

　　C. 一个是随机的，一个不是随机的　　　D. 随机或不随机都可以

11. r 值越接近于一1，表明两变量间（　　）。

　　A. 没有相关关系　　　　　　　　　　　B. 线性相关关系越弱

　　C. 负相关关系越强　　　　　　　　　　D. 负相关关系越弱

12. 下列线性回归模型中,肯定错误的是( )。

    A. $y=1+2x$,$r=0.80$ B. $y=3+5x$,$r=0.55$

    C. $y=-1+5x$,$r=-0.95$ D. $y=-6-0.9x$,$r=-0.80$

13. 正相关的特点是( )。

    A. 当自变量的值变动时,因变量的值也随之变动

    B. 当自变量的值增加时,因变量的值随之而有增加的趋势

    C. 当自变量的值增加时,因变量的值随之而有减少的趋势

    D. 当自变量的值增加时,因变量的值随之发生大致均等的变动

14. 现象之间相互依存关系的程度越低,则相关系数越接近于( )。

    A. 0   B. -1 C. 1   D. 0.5

15. 在函数关系中,计算的估计标准误差是( )。

    A. 大于 0   B. 等于 0   C. 小于 0   D. AB

16. 在相关关系中,计算的估计标准误差是( )。

    A. 大于 0   B. 等于 0   C. 小于 0   D. AB

17. 在复相关中,因变量的个数是( )个。

    A. 1   B. 2   C. 3   D. 多

18. 当所有观察值都落在回归直线上,则 x 与 y 之间的相关系数( )。

    A. $r=0$ B. $-1<r<1$ C. $|r|=1$ D. $0<r<1$

19. 物价下降,销售量上涨,则物价与销售量之间属于( )。

    A. 无相关   B. 负相关   C. 正相关   D. 无法判断

20. 在实际具体计算相关系数时,( )自变量与因变量。

    A. 不区分   B. 一般不区分   C. 区分   D. 一般区分

21. 回归直线斜率和相关系数的符号是一致的,其符号均可用来判断现象是( )。

    A. 正相关还是负相关   B. 线性相关还是非线性相关

    C. 单相关还是复相关   D. 完全相关还是不完全相关

22. 从理论上讲计算相关关系,相关的两个变量( )自变量和因变量。

    A. 需要区分   B. 一般需要区分

    C. 不需要区分   D. 一般不需要区分

23. 在计算相关系数之前,必须对两个变量作( )。

    A. 定性分析   B. 定量分析   C. 回归分析   D. 可比分析

24. 相关系数 $r=-1$,说明两个变量之间( )。

    A. 完全负相关   B. 相关程度很高   C. 完全正相关   D. 相关程度很低

25. 相关关系分析中两个变量( )。

    A. 是对等的   B. 一般是对等的   C. 是不对等的   D. 一般是不对等的

26. 在回归估计中,( )是给定的。

    A. 自变量   B. 因变量   C. 自变量和因变量   D. 自变量或因变量

27. 如果实际值与理论值没有差别,则存在的关系是(　　)关系。
    A. 函数　　　　　　B. 相关　　　　　　C. 函数或相关　　　D. 不能判断的

28. 在回归关系分析中,两个变量(　　)。
    A. 是对等的　　　　B. 一般是对等的　　C. 是不对等的　　　D. 一般是不对等的

29. 在回归估计中,(　　)是随机的。
    A. 自变量　　　　　B. 因变量　　　　　C. 自变量和因变量　D. 自变量或因变量

30. 回归估计的估计标准误差的计量单位与(　　)相同。
    A. 自变量　　　　　B. 因变量　　　　　C. 自变量和因变量　D. 相关系数

31. 估计标准误与相关系数的关系是(　　)。
    A. 估计标准误越大,相关系数越小

    B. 估计标准误越大,相关系数越大

    C. 估计标准误越大,相关系数越大或越小

    D. 估计标准误与相关系数没有关系

32. 某校对学生的考试成绩和学习时间的关系进行测定,建立了考试成绩(y)与学习时间
    (x)的直线回归方程为:$y_c = 180 - 5x$,该方程明显有误,错误在于(　　)。
    A. a 值的计算有误,b 值是对的　　　　　B. b 值的计算有误,a 值是对的
    C. a 值和 b 值的计算都有误　　　　　　D. 自变量和因变量区分错误

33. 在回归估计中,(　　)。
    A. 只能由自变量估计因变量　　　　　　B. 只能由因变量估计自变量
    C. 一般由自变量估计因变量　　　　　　D. 一般由因变量估计自变量

34. 在回归分析中,回归系数取值范围(　　)。
    A. 有限制　　　　　B. 一般有限制　　　C. 没有限制　　　　D. 一般没有限制

35. 多元线性回归中变量的个数有(　　)个以上。
    A. 1　　　　　　　B. 2　　　　　　　C. 3　　　　　　　D. 4

36. 在回归分析中,对应的两个变量(　　)。
    A. 都是随机变量　　B. 是对等关系　　　C. 是不对等关系　　D. 都不是随机变量

37. 如果回归标准误差为 0,则说明两个变量相关程度(　　)。
    A. 比较低　　　　　B. 比较高　　　　　C. 一般　　　　　　D. 是不确定的

38. 如果实际值与理论值存在差别,则存在的关系是(　　)关系。
    A. 函数　　　　　　B. 相关　　　　　　C. 函数或相关　　　D. 不能判断的

39. 如果回归标准误差大于 0,则说明两个变量相关程度(　　)。
    A. 比较低　　　　　B. 比较高　　　　　C. 一般　　　　　　D. 是不确定的

40. 如果线性回归标准误差大于 0,则存在的关系是(　　)关系。
    A. 函数　　　　　　B. 相关　　　　　　C. 函数或相关　　　D. 不能判断的

（二）多项选择题

1. 相关分析的特点有（　　　）。

    A. 两个变量是对等关系

    B. 只能算出一个相关系数

    C. 相关系数有正负号，表示正相关或负相关

    D. 相关的两个变量必须都是随机的

    E. 实际值与理论值一般是不一致的

2. 在函数关系中，（　　　）。

    A. 实际值与理论值是一致的   B. 实际值与理论值一般是一致的

    C. 一个自变量只能有一个因变量对应   D. 相关系数等于1

    E. 相关系数比较靠近1

3. 如果 x 和 y 之间相关系数等于1，那么（　　　）。

    A. 观察值和理论值的离差不存在   B. y 的所有理论值同它的平均值一致

    C. x 与 y 是函数关系   D. x 与 y 是完全正相关

    E. x 与 y 是不相关

4. 相关系数计算（　　　）。

    A. 是一种相关程度定量分析方法   B. 系数值与相关程度呈正比关系

    C. 相关系数是有符号的   D. 不区分自变量和因变量

    E. 两个变量均是随机的

5. 配合线性回归方程是为了（　　　）。

    A. 确定两个变量之间的变动关系   B. 用因变量推算自变量

    C. 用自变量推算因变量   D. 两个变量相互推算

    E. 确定两个变量间的相关程度

6. 在线性回归方程中，（　　　）。

    A. 两个变量中须确定自变量和因变量   B. 一个回归方程只能作一种推算

    C. 回归系数只能取正值   D. 要求两个变量都是随机变量

    E. 要求因变量是随机的，而自变量是给定的。

7. 在回归分析中，确定直线回归方程的两个变量必须（　　　）。

    A. 一个是自变量，一个是因变量   B. 均为随机变量

    C. 是对等关系的变量   D. 一个是随机变量，一个是确定变量

    E. 是不对等关系的变量

8. 线性回归方程中的回归系数（　　　）。

    A. 能表明两变量间的变动程度   B. 不能表明两变量间变动程度

    C. 能说明两变量间的变动方向   D. 不能说明两变量间的变动方向

    E. 其数值大小受计量单位的影响

9. 工人的工资(元)与劳动生产率(千元)的回归方程为 $y_c = 10 + 70x$,这意味着如果( )。

    A. 劳动生产率等于 1 000 元,则工人工资提高 70 元

    B. 劳动生产率每增加 1 000 元,则工人工资增加 80 元

    C. 劳动生产率不变,则工人工资提高 80 元

    D. 劳动生产率增加 1 000 元,则工人工资提高 70 元

    E. 劳动生产率减少 500 元,则工人工资减少 35 元

10. 下列关于回归系数与相关系数关系的表述中,正确的有( )。

    A. 相关系数大于零则回归系数大于零   B. 相关系数大于零则回归系数小于零

    C. 相关系数小于零则回归系数小于零   D. 相关系数小于零则回归系数大于零

    E. 相关系数、回归系数的符号是一致的

11. 现象之间相互联系的类型有( )。

    A. 函数关系   B. 相关关系   C. 回归关系   D. 随机关系

    E. 结构关系

12. 依据相关散点图可以断定是( )。

    A. 正相关   B. 完全相关   C. 负相关   D. 曲线相关

    E. 相关程度

13. 相关关系确定的方法有( )。

    A. 相关表   B. 相关图   C. 估计标准误差   D. 计算相关系数

    E. 建立回归模型

14. 相关关系按相关程度可分为( )。

    A. 不相关   B. 完全相关   C. 正相关   D. 不完全相关

    E. 负相关

15. 直线相关分析与直线回归分析的区别在于( )。

    A. 相关的两个变量都是随机的,而回归分析中自变量是给定的数值,因变量是随机的

    B. 回归分析中的两个变量都是随机的,而相关中的自变量是给定的数值,因变量是随机的

    C. 相关系数有正负号,而回归系数只能取正值

    D. 相关的两个变量是对等关系,而回归分析中的两个变量不是对等关系

    E. 相关分析中根据两个变量只能计算出一个相关系数,而回归分析中互为因果两个变量可以计算出两个回归系数

16. 相关分析中的正相关是指( )。

    A. 自变量的值增加,因变量值随之相应增加

    B. 自变量的值减少,因变量值随之相应减少

    C. 自变量的值增加,因变量值相应地减少

    D. 自变量的值减少,因变量值相应地增加

E. 自变量的值变动,因变量值不随之变动

17. 回归分析中(　　　)。

A. 变量均是随机的　　　　　　　　　B. 变量是不对等的

C. 自变量是给定的　　　　　　　　　D. 因变量是随机的

E. 回归估计是由因变量估计自变量

18. 相关关系种类包括(　　　)。

A. 按相关方向分为正相关和负相关

B. 按相关形态分为线性相关和曲线相关

C. 按相关程度分为完全相关、不完全相关和零相关

D. 按影响因素多少分为单相关和复相关

E. 按数值形式分为相关系数和相关指数

19. 回归估计(　　　)。

A. 是相关分析和回归分析是回归估计的基础

B. 只能由自变量估计因变量

C. 在少数情况下也可以由因变量估计自变量

D. 自变量是给定的

E. 因变量是随机的

20. 下列关于相关与回归分析的表述中,正确的包括(　　　)。

A. 相关分析是回归分析的基础　　　　B. 最终目的是回归估计

C. 回归分析是相关分析的基础　　　　D. 实际分析中均区分自变量与因变量

E. 最终目的是计算回归标准误差

(三) 判断题

1. 在函数关系中,实际值与理论值是没有差异的。　　　　　　　　　　　　　　　(　　)

2. 相关的两个变量,只能算出一个相关系数。　　　　　　　　　　　　　　　　(　　)

3. 在函数关系条件下,回归估计标准误差等于 0。　　　　　　　　　　　　　　(　　)

4. 在相关关系中,实际值与理论值存在差异是正常的。　　　　　　　　　　　　(　　)

5. 在相关分析中,两个变量都是随机的。　　　　　　　　　　　　　　　　　　(　　)

6. 在相关关系条件下,回归估计标准误差大于等于 0。　　　　　　　　　　　　(　　)

7. 实际中,在计算相关系数时一般是区分自变量和因变量的。　　　　　　　　　(　　)

8. 在相关关系中,实际值与理论值离差和应该大于 0。　　　　　　　　　　　　(　　)

9. 回归分析中计算的估计标准误差就是因变量的标准差。　　　　　　　　　　　(　　)

10. 一元与多元回归的区别是因变量的个数不一样。　　　　　　　　　　　　　(　　)

11. 相关系数越大,说明相关程度越高。　　　　　　　　　　　　　　　　　　(　　)

12. 相关系数的取值是有范围限制的,一般在 0 与 1 之间。　　　　　　　　　　(　　)

13. 相关图一般是可以准确反映变量间的相关关系程度。　　　　　　　　　　　(　　)

14. 工人的技术水平提高,使得劳动生产率提高。这种关系是一种不完全的正相关关系。

（　　）

15. 负相关指的是两个变量变化趋势相反,一个上升而另一个下降。（　　）

16. 当回归系数大于零时,则正相关,当回归系数小于零时,则负相关。（　　）

17. 正相关指的就是两个变量之间的变动方向都是上升的。（　　）

18. 在相关分析中,两个变量一般是对等的。（　　）

19. 在回归分析中,两个变量是不对等的。（　　）

20. 回归分析和相关分析一样,所分析的两个变量都一定是随机变量。（　　）

21. 在回归估计中,只能由自变量估计因变量。（　　）

22. 回归标准误差越小,说明相关程度越高。（　　）

23. 回归系数可以说明相关程度和相关方向。（　　）

24. 在相关分析中,一个自变量可以有几个因变量对应。（　　）

25. 在回归估计中,自变量和因变量都是随机的。（　　）

26. 回归系数和相关系数的符号是一致的。（　　）

27. 在回归估计中,少数情况下可以由因变量估计自变量。（　　）

28. 回归估计标准误差的计量单位同自变量是一致的。（　　）

29. 在函数关系中,一个自变量有几个因变量对应是不正常的。（　　）

30. 利用一个回归方程,两个变量可以互相推算。（　　）

31. 在回归估计中,自变量一定是给定的。（　　）

32. 在相关分析中区分自变量和因变量是为了回归分析的需要。（　　）

33. 相关分析是回归分析的基础。（　　）

34. 回归分析是为了验证相关关系。（　　）

35. 相关表、相关图是相关关系分析的定性方法。（　　）

36. 相关表、相关图和回归系数都可以确定相关方向。（　　）

37. 相关分析、回归分析的最终目的是回归估计。（　　）

38. 当线性相关关系比较低时,构建线性回归模型的价值就比较低了。（　　）

39. 回归分析是相关分析的实际应用。（　　）

40. 回归估计标准误差的计量单位同因变量是一致的。（　　）

（四）填空题

1. 现象中依存的关系大致可分为_____关系和相关关系。

2. _____关系中实际值与理论值完全一致。

3. _____关系中实际值与理论值存在差异。

4. 按相关关系涉及变量的不同,可分为_____相关和_____相关。

5. 按相关关系的形式不同,可分为_____相关和_____相关。

6. 按相关关系变化方向不同,可分为_____相关和_____相关。

7. 确定相关关系的定性方法有相关_____和相关图。

8. 相关系数的取值范围在_____至_____之间。

9. 相关系数的符号说明相关的_____。

10. 函数关系中,回归估计标准误差等于_____。

11. 回归估计标准误差越小,则相关关系程度越_____。

12. 相关关系中,实际值与理论值离差和等于_____。

13. 函数关系条件下,相关系数等于_____。

14. 相关关系中,实际值与理论值离差平方和应该_____零。

15. 函数关系中,实际值与理论值离差平方和应该_____零。

16. 回归系数和相关系数的_____是一致的。

17. 多元回归分析中自变量的个数最少_____个。

18. 多元回归分析中因变量的个数有_____个。

19. 回归系数可以说明相关的_____。

20. 在回归估计中,_____变量是给定的,_____变量是随机的。

(五) 简答题

1. 简述依存关系的类型。

2. 简述相关分析与回归分析的区别与联系。

(六) 名词解释

1. 线性相关系数。

2. 回归分析。

(七) 计算题

1. 根据某某企业销售收入(万元)与销售利润(万元)资料计算的数据如下:$n = 10$,$\sum X = 190$,$\sum Y = 21$,$\sum XY = 462.30$,$\sum X^2 = 4\,328$。

要求:

(1) 建立线性回归方程。

(2) 当自变量为 35 万元,回归误差为 0.1 万元,把握程度为 95% 时,测算销售利润区间范围。

2. 某地人均收入(x)与人均消费(y)连续 1 年统计资料,如表 7-1 所示。

表 7-1　某地某年人均收入与人均消费

| 人均收入 x(万元) | 3.5 | 4.8 | 5 | 5.2 | 5.5 |
| 人均消费 y(万元) | 2.3 | 2.5 | 2.8 | 3.5 | 3.6 |

要求：

（1）计算线性相关系数。

（2）建立回归直线方程：$y = a + bx$。

（3）当人均收入为 4 万元时，计算人均消费。

3. 某企业有关资料，如表 7-2 所示。

表 7-2 某企业有关资料表

年份	产量（千件）	单位产品成本（万元/千件）
2009	17	22
2010	19	21
2011	18	20.5
2012	19	20
2013	20	19

要求：

（1）建立回归直线方程：$y = a + bx$。

（2）计算回归标准误差。

（3）当产量为 25 千件，把握程度 95% 时，估计单位产品成本范围。

五、参考答案

（一）单项选择题

1. C 2. A 3. D 4. D 5. C 6. C 7. C 8. D 9. A 10. A 11. C 12. C
13. B 14. A 15. B 16. A 17. A 18. C 19. B 20. C 21. A 22. C 23. A
24. A 25. A 26. A 27. A 28. C 29. B 30. B 31. C 32. B 33. A 34. C
35. C 36. C 37. B 38. B 39. D 40. B

（二）多项选择题

1. ABCDE 2. ACD 3. ACD 4. ACDE 5. AC 6. ABE 7. ADE 8. BC
9. DE 10. ACE 11. AB 12. ABCD 13. ABD 14. ABD 15. ADE 16. AB
17. BCD 18. ABCD 19. ABDE 20. ABD

（三）判断题

1. 对 2. 对 3. 对 4. 对 5. 对 6. 错 7. 对 8. 错 9. 错 10. 错 11. 错
12. 错 13. 错 14. 错 15. 对 16. 对 17. 错 18. 对 19. 对 20. 错 21. 对 22. 对
23. 错 24. 对 25. 错 26. 对 27. 错 28. 错 29. 对 30. 错 31. 对 32. 对 33. 对

34. 错　35. 对　36. 对　37. 对　38. 对　39. 错　40. 对

（四）填空题

1. 函数　2. 函数　3. 相关　4. 单　复　5. 线性　非线性　6. 正　反　7. 表　8. −1
1　9. 方向　10. 0　11. 高　12. 0　13. ±1　14. 大于　15. 等于　16. 符号　17. 2
18. 1　19. 方向　20. 自　因

（五）简答题

1. 简述依存关系的类型。

（1）函数关系。函数是指现象之间是一种严格的确定性的依存关系。它表现为某一现象发生变化另一现象也随之发生变化,而且有确定的值与之相对应。

（2）相关关系。相关关系是指客观现象之间确实存在的,但数量上不是严格对应的依存关系。在相关关系中,现象之间在数量变化上存在一定的依存关系,但这种关系不是确定的,由于偶然因素的影响,当某一现象在数量上发生变化时,另一现象并不按某一确定的法则发生变化,而是在一定的范围内发生波动。

2. 简述相关分析与回归分析的区别与联系。

（1）相关分析与回归分析的区别表现为:①在相关分析中涉及的变量不存在自变量和因变量的划分问题,变量之间的关系是对等的;而在回归分析中,则必须根据研究对象的性质和研究分析的目的,对变量进行自变量和因变量的划分。因此,在回归分析中,变量之间的关系是不对等的。②在相关分析中所有的变量都必须是随机变量;而在回归分析中,自变量是给定的,因变量才是随机的,即将自变量的给定值代入回归方程后,所得到的因变量的估计值不是唯一确定的,而会表现出一定的随机波动性。③相关分析主要是通过一个指标,即相关系数来反映变量之间相关程度的大小,由于变量之间是对等的,因此,相关系数是唯一确定的。而在回归分析中,对于互为因果的两个变量(如人的身高与体重,商品的价格与需求量),则有可能存在多个回归方程。

（2）相关分析与回归分析的联系表现为,相关分析是回归分析的基础和前提,回归分析则是相关分析的深入和继续。相关分析需要依靠回归分析来表现变量之间数量相关的具体形式,而回归分析则需要依靠相关分析来表现变量之间数量变化的相关程度。只有当变量之间存在高度相关时,进行回归分析寻求其相关的具体形式才有意义。在具体应用过程中,只有把相关分析和回归分析结合起来,才能达到研究和分析的目的。

（六）名词解释

1. 线性相关系数。

线性相关系数是反映变量之间相关关系密切程度的统计指标。线性相关系数有多种计算方法,其中应用最广泛的是皮尔森(Pearson)相关系数。相关系数(r)可以说明相关程度和相关方向。

2. 回归分析。

回归分析是指通过一个变量或一些变量的变化解释另一变量的变化。其主要内容和步骤是,首先,根据理论和对问题的分析判断,将变量分为自变量和因变量。其次,设法找出合适的数学方程式(即回归模型)描述变量间的关系;由于涉及的变量具有不确定性,接着还要对回归模型进行统计检验。最后,是利用回归模型,根据自变量去估计、预测因变量。回归有不同种类,按照自变量的个数分,有一元回归和多元回归。

(七) 计算题

1. 建立线性回归模型:

$$b = \frac{n\sum xy - \sum x \sum y}{n\sum x^2 - \left(\sum x\right)^2} = \frac{10 \times 462.3 - 190 \times 21}{10 \times 4\,328 - 190 \times 190} = 0.09$$

$$a = \bar{y} - b\bar{x} = 21 \div 10 - 0.09 \times 190 \div 10 = 0.39$$

$$y = 0.39 + 0.088x$$

当 $x = 35$ 万元时,销售利润 $= 0.39 + 0.09 \times 35 = 3.54$(万元)

$$(\hat{y}_0 - tS_y, \ \hat{y}_0 + tS_y)$$

$$3.54 \pm 1.96 \times 0.1$$

销售利润区间范围:3.34 万元~3.74 万元。

2. 经计算:

$$n = 5, \ \sum X = 24, \ \sum Y = 14.7, \ \sum XY = 72.05, \ \sum X^2 = 117.58, \ \sum y^2 = 44.59$$

相关系数:

$$r = \frac{n\sum xy - \sum x \sum y}{\sqrt{n\sum x^2 - \left(\sum x\right)^2}\sqrt{n\sum y^2 - \left(\sum y\right)^2}} = \frac{5 \times 72.05 - 24 \times 14.7}{\sqrt{5 \times 117.58 - 24 \times 24}\sqrt{5 \times 44.59 - 14.7 \times 14.7}}$$

$$= 0.8241$$

回归模型:

$$b = \frac{n\sum xy - \sum x \sum y}{n\sum x^2 - \left(\sum x\right)^2} = \frac{5 \times 72.05 - 24 \times 14.7}{5 \times 117.58 - 24 \times 24} = 7.45 \div 11.9 = 0.63$$

$$a = \bar{y} - b\bar{x} = 14.7 \div 5 - 0.63 \times 24 \div 5 = -0.08$$

$$y = -0.08 + 0.63x$$

当人均收入为 4 万元时,人均消费 $= -0.08 + 0.63 \times 4 = 2.44$(万元)。

3. 经计算:

$$n = 5, \ \sum X = 93, \ \sum Y = 102.5, \ \sum XY = 1\,902, \ \sum X^2 = 1\,735, \ \sum y^2 = 2\,106.25,$$ 回

归回归模型：

$$b = \frac{n\sum xy - \sum x \sum y}{n\sum x^2 - \left(\sum x\right)^2} = \frac{51\,902 - 93\,102.5}{51\,735 - 9\,393} = -22.5 \div 26 = -0.87$$

$$a = \bar{y} - b\bar{x} = 102.5 \div 5 + 0.8793 \div 5 = 36.68$$

$$y = 36.68 - 0.87x$$

回归标准误差：$S_y = \sqrt{\dfrac{\sum (y - y_c)^2}{n-2}} = 0.61$（万元／千件）（注：分子计算保留四位小数）

当产量为 25 千件时，单位产品成本 $= 36.68 - 0.87 \times 25 = 14.93$（万元/千件）。单位产品成本区间范围为 $14.93 \pm 1.96 \times 0.61$，即 13.73 万元/千件～16.13 万元/千件。

第八章 统 计 推 断

一、学习与要求

学生通过本章的学习，了解随机抽样的基本原理、抽样平均误差的计算、抽样估计和几种常用抽样组织形式；培养学生随机抽样应用能力。

二、学习主要内容

1. 抽样推断的一般问题

1）抽样推断的概念

抽样推断是按照随机原则从总体中抽取一部分单位进行观察，并运用数理统计的原理，以被抽取的那部分单位的数量特征为代表，根据观察结果来推断，对总体作出数量上的推断分析。

2）抽样推断的特点

（1）抽样推断按照随机原则选择调查单位。抽样推断从总体中抽取调查单位，严格按照随机原则抽取调查单位，不受推断人员任何主观意图的影响，否则会带上个人偏见，被选择的部分单位的标志值可能偏高或偏低，失去对总体数量特征的代表性。

（2）与全面调查相比较，抽样推断能节省人力、费用和时间，而且比较灵活。

（3）抽样推断会产生抽样误差，抽样误差可以计算，并且可以加以控制。抽样推断只涉及总体中一部分单位，样本指标值与总体指标值之间存在一定的抽样误差。抽样误差数值大小可以事先通过一定资料和公式测定计算，并可以采取有效措施对误差范围进行控制，保证抽样推断达到一定的可靠程度。

3）抽样推断的作用

略。

4）抽样推断中的几个基本概念

（1）全及总体和抽样总体。全及总体简称总体，是指所要认识对象的全体，总体是由具有某种共同性质的许多单位组成的集合体。全及总体的单位数通常用大写的英文字母 N 来表示。

抽样总体简称样本，是从全及总体中随机抽取出来，代表全及总体部分单位的集合体。抽样总体的单位数通常用小写英文字母 n 表示。一般说来，$n \geqslant 30$ 称为大样本，$n < 30$ 称为小样本。

全及总体是唯一确定的，抽样总体则是随机的，一个全及总体可能抽取很多个抽样总体,全部样本的可能数目和每一样本的容量有关,也和随机抽样的方法有关。不同的样本容量和取样方法,样本的可能数目也有很大的差别。

(2) 全及指标和抽样指标。全及指标是根据全及总体各个单位的标志值或标志特征计算的、反映总体某种属性的综合指标。由于全及总体是唯一确定的,根据全及总体计算的全及指标也是唯一确定的。

抽样指标是由抽样总体各个标志值或标志特征计算的综合指标。由于一个全及总体可以抽取许多个样本,样本不同,抽样指标的数值也就不同,所以,抽样指标的数值不是唯一确定的,是随机变量。

(3) 重置抽样与不重置抽样。重置抽样又称有放回的抽样,是指从全及总体 N 个单位中随机抽取一个容量为 n 的样本,每次抽中的单位经登记其有关标志表现后又放回总体中重新参加下一次的抽选。

不重置抽样又称无放回的抽样,是指从全及总体 N 个单位中随机抽取一个容量为 n 的样本,每次抽中的单位登记其有关标志表现后不再放回总体中参加下一次的抽选。

(4) 样本容量与样本数。样本容量是指样本总体单位个数。

样本数又称样本的可能数目,是指从总体 N 个单位中随机抽选 n 个单位构成样本,通常有多种抽选方法,每一种抽选方法实际上是 n 个总体单位的一种排列组合,一种排列组合便构成一个可能的样本,n 个总体单位的排列组合总数,称为样本的可能数目。

2. 抽样误差和抽样估计

1) 全及总体平均数估计

(1) 样本平均数:

$$\bar{x} = \frac{\sum x}{n} \text{ 或 } \bar{x} = \frac{\sum xf}{\sum f}$$

(2) 样本方差:

$$S^2 = \frac{\sum (x - \bar{x})^2}{n} \text{ 或 } s^2 = \frac{\sum (x - \bar{x})^2 f}{\sum f}$$

(3) 抽样平均数平均误差:

$$\mu_{\bar{x}}^2 = \frac{\sigma^2}{n} \text{(重复抽样)}; \mu_{\bar{x}} = \sqrt{\frac{\sigma^2}{n}\left(1 - \frac{n}{N}\right)} \text{(不重复抽样)}$$

(4) 抽样极限误差:

$$\Delta_{\bar{x}} = t \times \mu_{\bar{x}}$$

(5) 全及总体平均数区间范围:

$$\bar{x} - \Delta_{\bar{x}} \leqslant X \leqslant \bar{x} + \Delta_{\bar{x}}$$

2）全及总体成数估计

（1）样本成数：

$$P = \frac{n_1}{n}$$

（2）样本成数平均误差：

$$\mu_p = \sqrt{\frac{P(1-P)}{n}}（重复抽样）; \mu_p = \sqrt{\frac{P(1-P)}{n}\left(1-\frac{n}{N}\right)}（不重复抽样）$$

（3）抽样成数极限误差：

$$\Delta_p = t\mu_p$$

（4）全及总体成数区间范围：

$$p - \Delta_p \leqslant P \leqslant p + \Delta_p$$

3. 概率抽样组织形式

概率抽样的组织形式有简单随机抽样、分层抽样、等距抽样、整群抽样和多阶段抽样。

三、学习重点与难点

本章学习重点与难点是抽样平均误差和区间估计。

四、练习题

（一）单项选择题

1. 抽样调查的主要目的在于（　　　）。

    A. 计算和控制误差　　　　　　　　　B. 了解总体单位情况

    C. 用样本指标来推断总体指标　　　　D. 对调查单位作深入的研究

2. 在抽样调查中，登记性误差（　　　）。

    A. 是存在的　　　　B. 一般是存在的　　　C. 是不存在的　　　D. 一般是不存在的

3. 在抽样调查中，代表性误差（　　　）。

    A. 是存在的　　　　B. 一般是存在的　　　C. 是不存在的　　　D. 一般是不存在的

4. 抽样调查所必须遵循的基本原则是（　　　）。

    A. 随意原则　　　　B. 可比性原则　　　C. 准确性原则　　　D. 随机原则

5. 在抽样推断中，全及指标值（　　　）直接计算的。

    A. 是可以　　　　B. 一般是可以　　　C. 是不可以　　　D. 一般是不可以

6. 在抽样推断中，全及指标值（　　　）。

    A. 是唯一的　　　　B. 一般是唯一的　　　C. 是随机的　　　D. 一般是随机的

7. 抽样调查中的样本是指（　　　）。

A. 样本单位　　　　B. 总体单位　　　　C. 样本总体　　　　D. 样本指标

8. 样本容量是指（　　　）。

A. 样本可能数目　　B. 调查单位数　　　C. 总体单位数　　　D. BC

9. 样本可能数目是指（　　　）。

A. 调查的样本个数　　　　　　　　　　B. 样本单位数

C. 实际存在的样本个数　　　　　　　　D. 调查的可能单位数

10. 抽样单位数越多,则抽样平均误差（　　　）。

A. 越大　　　　　　B. 越小　　　　　　C. 不变　　　　　　D. 变化趋势不确定

11. 在总体方差一定的情况下,下列条件中抽样平均误差最小的是（　　　）。

A. 抽样单位数为 20　　　　　　　　　　B. 抽样单位数为 40

C. 抽样单位数为 90　　　　　　　　　　D. 抽样单位数为 100

12. 在抽样推断中,样本指标值（　　　）。

A. 是唯一的　　　　B. 一般是唯一的　　C. 是随机的　　　　D. 一般是随机的

13. 当总体单位数很大时,若抽样比例为 51%,则对于简单随机抽样,不重复抽样的抽样平均误差约为重复抽样的（　　　）。

A. 51%　　　　　　B. 49%　　　　　　C. 70%　　　　　　D. 30%

14. 反映抽样指标与总体指标之间抽样的可能范围的指标是（　　　）。

A. 抽样平均误差　　B. 抽样误差系数　　C. 概率度　　　　　D. 抽样极限误差

15. 通常所说的大样本是指样本容量（　　　）。

A. 小于 10　　　　　B. 不大于 10　　　　C. 小于 30　　　　　D. 不小于 30

16. 将总体单位按一事实上标志排队,并按固定距离抽选样本点的方法是（　　　）。

A. 类型抽样　　　　B. 等距抽样　　　　C. 整群抽样　　　　D. 简单随机抽样

17. 在抽样调查中,（　　　）。

A. 既有登记性误差,也有代表性误差　　B. 只有登记性误差,没有代表性误差

C. 没有登记性误差,只有代表性误差　　D. 上述两种误差都没有

18. 当样本单位数无限靠近 N,代表性误差则趋向于（　　　）。

A. 1　　　　　　　　B. 0.5　　　　　　　C. 0　　　　　　　　D. 不明确方向

19. 某一样本总体平均数等于 85 分,则 85 分是（　　　）。

A. 变量　　　　　　B. 变量值　　　　　　C. 随机变量　　　　D. AC

20. 在进行抽样估计时,常用的概率度 t 的取值为 1 时,对应的概率保证程度是（　　　）。

A. 67.27%　　　　　B. 67.28%　　　　　C. 68.27%　　　　　D. 68.28%

21. 某一样本总体平均数等于 75 分,则 75 分表示（　　　）。

A. 具有随机性　　　　　　　　　　　　B. 一般具有随机性

C. 具有唯一性　　　　　　　　　　　　D. 一般具有唯一性

22. 在其他条件不变的条件下,减少抽样单位数,则代表性误差（　　　）。

A. 增大　　　　　　　　　　　　　　　B. 缩小

C. 不变　　　　　　　　　　　　　D. 变化方向不能确定

23. 在其他条件不变的条件下,如果提高抽样调查比例,重复抽样、不重复抽样的平均误差的差距(　　)。

A. 增大　　　　　　　　　　　　　B. 缩小

C. 不变　　　　　　　　　　　　　D. 变化方向不能确定

24. 完全符合随机原则的是(　　)。

A. 类型抽样　　　　B. 等距抽样　　　　C. 整群抽样　　　　D. 简单随机抽样

25. 在抽样设计中,最好的方案是(　　)。

A. 抽样误差最小的方案　　　　　　　B. 调查单位最少的方案

C. 调查费用最省的方案　　　　　　　D. 在一定误差要求下费用最小的方案

26. 按地理区域划片所进行的区域抽样,其抽样方法属于(　　)。

A. 纯随机抽样　　　　B. 等距抽样　　　　C. 类型抽样　　　　D. 整群抽样

27. 在抽样推断中,从经济性考虑样本的容量(　　)。

A. 越多越好　　　　　　　　　　　　B. 越少越好

C. 由统一的抽样比例决定　　　　　　D. 取决于抽样推断可靠性的要求

28. 在其他条件不变的条件下,提高抽样比例,则代表性误差(　　)。

A. 增大　　　　　　　　　　　　　B. 缩小

C. 不变　　　　　　　　　　　　　D. 变化方向不能确定

29. 在其他条件不变的条件下,如果提高抽样估计的程度,则区间估计的区间长度(　　)。

A. 扩大　　　　B. 缩小　　　　C. 不变　　　　D. 变化方向不确定

30. 对 400 名大学生抽取 19% 进行不重复抽样调查,优等生比重为 20%。概率为 0.9545,优等生比重的极限抽样误差为(　　)。

A. 4.0%　　　　B. 4.13%　　　　C. 3.6%　　　　D. 8.24%

31. 在同样情况下,不重复抽样的抽样平均误差与重复抽样的抽样平均误差相比,是(　　)。

A. 两者相等　　　B. 两者相等或不等　C. 前者小于后者　D. 前者大于后者

32. 反映抽样指标与总体指标之间抽样的可能范围的指标是(　　)。

A. 抽样平均误差　B. 抽样误差系数　C. 概率度　　　D. 抽样极限误差

33. 在其他同等的条件下,若抽选 5% 的样本,则重复抽样的平均误差为不重复抽样平均误差的(　　)倍。

A. 1.03　　　　B. 1.05　　　　C. 0.97　　　　D. 0.95

34. 在其他条件不变的条件下,如果降低抽样调查比例,重复抽样、不重复抽样的平均误差的差距(　　)。

A. 增大　　　　　　　　　　　　　B. 缩小

C. 不变　　　　　　　　　　　　　D. 变化方向不能确定

35. 抽样成数指标 P 值越接近 1,则抽样成数平均误差 μ_P 值(P 大于 0.5 时)(　　)。

A. 越大　　　　B. 越小　　　　C. 越接近 0.5　　　D. 越接近 1

36. 极限误差和抽样平均误差的数值之间的关系为（　　　）。

    A. 极限误差可以大于、等于或小于抽样平均误差

    B. 极限误差一定大于抽样平均误差

    C. 极限误差一定小于抽样平均误差

    D. 极限误差一定等于抽样平均误差

37. 当样本成数靠近（　　　）时，抽样成数的平均误差越大。

    A. 1　　　　　　　B. 0　　　　　　　C. 0.5　　　　　　D. 样本单位数

38. 在重复的简单随机抽样中，当概率保证程度（置信度）从 68.27% 提高到 95.45%（其他条件不变），必要的样本容量将会（　　　）。

    A. 增加 1 倍　　　B. 增加 2 倍　　　C. 增加 3 倍　　　D. 减少一半

39. 样本指标与全及指标的实际误差是（　　　）计算的。

    A. 可以　　　　　B. 一般是可以　　　C. 不可以　　　　D. 一般不可以

40. 在进行纯随机重复抽样时，为使抽样平均误差减少 25%，则抽样单位数应（　　　）。

    A. 增加 25%　　　B. 增加 75%　　　C. 增加 78.57%　　D. 减少 25%

（二）多项选择题

1. 抽样调查是（　　　）。

    A. 搜集资料的方法　　　　　　　　　B. 推断方法

    C. 全面调查方法　　　　　　　　　　D. 典型调查方法

    E. 非全面调查方法

2. 抽样调查的特点包括（　　　）。

    A. 以部分推断全体

    B. 按随机原则抽取单位

    C. 抽样调查的目的在于推断有关总体指标

    D. 抽样调查的目的在于推断有关样本指标

    E. 抽样调查的目的在于了解总体的基本情况

3. 抽样调查可用于（　　　）。

    A. 有破坏性的调查和推断　　　　　　B. 较大规模总体或无限总体的调查和推断

    C. 调查效果的提高　　　　　　　　　D. 检查和补充全面调查资料

    E. 产品的质量检验和控制

4. 从总体中可以抽选一系列样本，所以（　　　）。

    A. 总体指标是随机变量　　　　　　　B. 样本指标是随机变量

    C. 抽样指标是变量值　　　　　　　　D. 总体指标是唯一确定的

    E. 抽样指标是唯一确定的

5. 抽样误差是（　　　）。

    A. 抽样估计值与未知的总体真值之差　　B. 抽样过程中的偶然因素引起的

C. 抽样过程中的随机因素引起的　　　　　D. 指调查登记性误差

E. 偶然的代表性误差

6. 用抽样指标估计总体指标时,所谓优良的估计应具有(　　)。

A. 无偏性　　　　　B. 一致性　　　　　C. 有效性　　　　　D. 准确性

E. 客观性

7. 抽样推断中的抽样误差(　　)。

A. 抽样估计值与总体参数值之差　　　　B. 不可避免

C. 可以事先计算出来　　　　　　　　　D. 可以加以控制

E. 可以用改进调查方法的办法消除的

8. 影响抽样误差的因素有(　　)。

A. 抽样方法　　　　　　　　　　　　　B. 样本中各单位标志的差异程度

C. 全及总体各单位的差异程度　　　　　D. 抽样调查的组织形式

E. 样本容量

9. 抽样估计的方法有(　　)估计。

A. 直接　　　　　B. 间接　　　　　C. 点　　　　　D. 区间

E. 大数

10. 区间估计具备的基本要素有(　　)。

A. 概率度　　　　　　　　　　　　　　B. 重复与不重复抽样

C. 样本平均数或成数　　　　　　　　　D. 抽样平均误差

E. 抽样极限误差

11. 用抽样指标估计总体指标的优良标准有(　　)。

A. 准确性　　　　　B. 有效性　　　　　C. 无偏性　　　　　D. 一致性

E. 随机性

12. 样本容量(　　)。

A. 从准确性看样本容量越多越好　　　　B. 从准确性看样本容量越少越好

C. 从工作量看样本容量越少越好　　　　D. 应该尽可能靠近全及单位数

E. 从工作量看样本容量越多越好,工作成绩越大

13. 影响样本容量大小的因素包括(　　)。

A. 抽样的组织形式　　　　　　　　　　B. 样本的抽取方法

C. 总体标准差大小　　　　　　　　　　D. 抽样估计的可靠程度

E. 允许误差的大小

14. 计算抽样平均误差时若缺乏全及总体标准差或全及总体成数,可用(　　)代替。

A. 过去抽样调查所得的有关资料　　　　B. 试验性调查所得的有关资料

C. 重点调查所得的有关资料　　　　　　D. 样本资料

E. 过去全面调查所得的有关资料

15. 抽样指标与全及指标之间的抽样误差的可能范围称为(　　)。

A. 抽样平均误差　　　B. 概率度　　　　　C. 抽样极限误差　　　D. 允许误差

E. 代表性误差

16. 抽样的基本组织形式有(　　)。

A. 纯随机抽样　　　　B. 机械抽样　　　　C. 分层抽样　　　　D. 整群抽样

E. 阶段抽样

17. 下列各项中,属于类型抽样的有(　　)。

A. 为研究性别对学生消费的影响,从男女学生中分别抽取一定数量学生调查

B. 为研究某工厂工人平均工龄,把工厂工人划分为 1 000 个生产班组,从中抽取一定数量的班组组成样本

C. 某产品质量抽检按加工车床的性能(自动和半自动)分组中抽取一定数量的车床组成样本

D. 农产量抽样按地理条件分组,从中取样

E. 为调查某市育龄妇女生育人数,把全市按户籍派出所的管辖范围分成许多区域,对抽中的区域全面调查育龄妇女的生育人数

18. 下列各项中,属于整群抽样的有(　　)。

A. 某水泥厂日夜连续生产,每分钟产量为 100 袋,每次随机抽取 1 分钟的产量,共抽取 10 分钟的产量进行检验

B. 假设某市将职工分为产业职工、商业职工、文教科研、行政机关职工干部和其他部门等四组,从各组中抽取共 400 职工家庭进行调查

C. 某台机床加工一批小零件,按连续生产时间顺序每 20 个产品抽取 1 个,一直抽到预定的样本单位数为止

D. 为了解某市居民生产情况,抽选一部分街道或里弄,对抽中的街道或里弄所有住户都进行调查

E. 某台机床加工一批小零件,在某天 24 小时里每一小时当中等距抽取 10 分钟的加工零件作检查

19. 抽样调查中的全及指标包括(　　)。

A. 全及平均数和成数　　　　　　　　B. 总体数量标志标准差及方差

C. 样本平均数和成数　　　　　　　　D. 样本数量标志标准差及方差

E. 总体是非标志的标准及方差

20. 下列关于重复抽样与不重复抽样的说法中,正确的有(　　)。

A. 重复抽样条件下每个单位被抽中概率相等

B. 重复抽样条件下每个单位被抽中概率比较相近

C. 不重复抽样条件下每个单位被抽中概率是不相等

D. 不重复抽样条件下每个单位被抽中概率应该相等

E. 在其他条件不变的情况下,重复抽样误差大于不重复抽样

（三）判断题

1. 抽样误差产生大小取决于抽样调查时违反了随机原则的程度。　　　　（　　）

2. 抽样调查中全及指标是不可以计算的。　　　　（　　）

3. 一个全及总体可能存在多个样本总体。　　　　（　　）

4. 抽样调查中代表性误差一定是存在的。　　　　（　　）

5. 样本指标是随机变量。　　　　（　　）

6. 全及指标与样本指标实际偏差一般是可以计算并控制的。　　　　（　　）

7. 样本容量与代表性误差成反比关系。　　　　（　　）

8. 在其他条件不变的情况下，重复抽样误差一定大于不重复抽样误差。　　　　（　　）

9. 样本可能数目与抽样比例成正比关系。　　　　（　　）

10. 在其他条件不变的情况下，样本可能数目同全及总体单位数关系不明显。　　　　（　　）

11. 在抽样调查中登记性误差有时不存在。　　　　（　　）

12. 抽样误差与全及总体内部差异成正比关系。　　　　（　　）

13. 抽样误差与样本可能数目成正比关系。　　　　（　　）

14. 样本可能数目与抽样比例一般没有直接关系。　　　　（　　）

15. 样本就是样本单位数。　　　　（　　）

16. 在抽样调查中登记性误差和代表性误差都是存在的。　　　　（　　）

17. 当全及总体单位数很大时，抽样比例一般水平下，重复抽样和不重复抽样计算的抽样平均误差相差无几。　　　　（　　）

18. 抽样误差与抽样比例成正比关系。　　　　（　　）

19. 在抽样调查中全及指标一般是不能直接计算的。　　　　（　　）

20. 在抽样调查中全及指标一般是唯一的。　　　　（　　）

21. 一个样本指标值实际上是一个变量值。　　　　（　　）

22. 当 n 无限靠近 N 时，抽样误差趋向于零。　　　　（　　）

23. 样本可能数目就是样本单位可能数。　　　　（　　）

24. 样本成数一般表现为相对数，少数情况下表现为绝对数。　　　　（　　）

25. 样本单位数由抽样比例决定其规模。　　　　（　　）

26. 从样本调查结果的质量上考虑，希望抽样单位数越多越好。　　　　（　　）

27. 全及指标与样本指标实际偏差是不可以计算的。　　　　（　　）

28. 在抽样调查中，当全及总体单位有限的情况下，全及指标一般是可以直接计算的。　　　　（　　）

29. 在其他条件不变的条件下，不重复抽样中只调整抽样比例，抽样比例由 0.5 逐步增大时，抽样平均数平均误差则增大。　　　　（　　）

30. 当 n 无限靠近 N 时，抽样误差几乎达到最大值。　　　　（　　）

31. 在其他条件不变的条件下，只调整抽样比例，抽样比例由 0.5 逐步减少时，抽样平均误差的重复抽样与不重复抽样的差距在缩小。　　　　（　　）

32. 从样本调查的成本上考虑,希望抽样单位数越少越好。 （　　）

33. 在其他条件不变的条件下,不重复抽样中只调整抽样比例,抽样比例由 0.5 逐步减少时, 抽样平均误差则减少。 （　　）

34. 在抽样推断中,如果其他条件不变,提高估计的把握程度,则抽样估计的准确性越高。

（　　）

35. 在其他条件不变的条件下,只调整抽样比例,抽样比例由 0.1 逐步增加到 0.9 时,抽样平均误差的重复抽样与不重复抽样的差距没有固定变化方向。 （　　）

36. 抽样比例是一个特殊的样本成数。 （　　）

37. 全及总体平均数实际上是一个变量值。 （　　）

38. 在其他条件不变的条件下,只调整抽样比例,抽样比例由 0.5 逐步减少时,抽样平均误差的重复抽样与不重复抽样的差距没有固定变化方向。 （　　）

39. 抽样估计中概率把握程度,实际上就是样本成数。 （　　）

40. 在抽样调查中,样本成数一般大于 50%。 （　　）

（四）填空题

1. 抽样调查是按＿＿＿＿＿＿原则从总体中抽取一部分单位进行的一次性非全面调查。

2. 抽样调查最终认识的总体称为＿＿＿＿＿＿总体。

3. 抽样总体简称＿＿＿＿＿＿,是指从全及总体中随机抽出代表全及总体部分单位的集合体。

4. 样本单位数一般≥＿＿＿＿＿＿称为大样本。

5. 全及总体是＿＿＿＿＿＿确定的,全及总体指标一定是唯一确定的。

6. 抽样调查中抽取的样本单位数又称为样本＿＿＿＿＿＿。

7. 一个全及总体可能组成的样本个数称为样本＿＿＿＿＿＿。

8. 重复抽样又称为有＿＿＿＿＿＿的抽样。

9. 样本单位中具有某种特征的单位数占全部单位的比重称为＿＿＿＿＿＿。

10. 抽样推断的基本要求有无偏性、有效性和＿＿＿＿＿＿性。

11. 抽样单位数和抽样误差成＿＿＿＿＿＿关系。

12. 抽样＿＿＿＿＿＿又称为置信区间和抽样允许误差范围。

13. 总体指标的估计有＿＿＿＿＿＿估计和区间估计两种方法。

14. 抽样估计的可靠程度为＿＿＿＿＿＿,对应的概率度为1。

15. 区间估计必须同时具备三个要素,即具备估计值、抽样极限误差和＿＿＿＿＿＿保证程度三个基本要素。

16. 抽样极限误差＝抽样平均误差×＿＿＿＿＿＿。

17. ＿＿＿＿＿＿抽样从理论上说是最符合抽样的随机原则。

18. ＿＿＿＿＿＿抽样又称为系统抽样或机械抽样。

19. ＿＿＿＿＿＿抽样又称为类型抽样或分类抽样。

20. 机械抽样首先要对全及总体单位按某一标志进行顺序＿＿＿＿＿＿。

（五）简答题

1. 简述抽样推断的特点。

2. 简述抽样推断的作用。

3. 简述抽样推断的基本要求。

4. 简述影响抽样误差的因素。

（六）名词解释

1. 随机抽样。

2. 全及总体和抽样总体。

3. 重复抽样与不重复抽样。

4. 抽样误差。

5. 抽样极限误差。

6. 区间估计。

7. 简单随机抽样。

（七）计算题

1. 某学校学生考试成绩按随机抽样，结果如表 8-1 所示。

表 8-1　某校学生考试成绩抽样调查结果表

成绩（分）	60 以下	60～70	70～80	80～90	90 以上
人数（人）	5	10	15	10	10

要求：估计考试成绩的区间范围（把握程度为 95.45％）。

2. 某学校学生考试成绩按 36％ 比例不重复随机抽样结果，如表 8-2 所示。

表 8-2　某校学生考试成绩抽样调查结果表

成绩（分）	60 以下	60～70	70～80	80～90	90 以上
人数（人）	10	15	15	10	10

要求：估计考试成绩的区间范围（把握程度为 95.45％）。

3. 某农作物按 19％ 抽样比例，随机抽取 100 亩，测得单产 900 千克，标准差 30 千克。
要求：农作物单产和总产量区间范围（把握程度为 95％）。

4. 相关资料，如表 8-3 所示（从 N 只产品中随机抽样）。

表 8-3　某公司产品合格率情况表

合格率	80％以下	80％～90％	90％以上
产品总数（只）	15	30	55

要求:以把握程度 95％估计平均合格品率的范围。

5. 相关资料如,表 8-4 所示(按 19％从产品中不重复随机抽样)。

表 8-4　某公司产品不合格率情况表

不合格率	5％以下	5％～6％	6％以上
产品总数(只)	15	30	55

要求:以把握程度 95.45％估计平均不合格品率的范围。

6. 按 19％抽样比例抽取 100 件产品,测得不合格率为 15％。

要求:计算不合格率区间范围(把握程度为 95.45％)。

五、参考答案

(一) 单项选择题

1. C　2. A　3. A　4. D　5. C　6. A　7. C　8. B　9. C　10. B　11. D　12. C　13. C
14. D　15. D　16. B　17. A　18. C　19. B　20. C　21. A　22. A　23. A　24. D　25. D
26. D　27. B　28. B　29. A　30. D　31. C　32. D　33. A　34. B　35. B　36. A　37. C
38. C　39. C　40. C

(二) 多项选择题

1. ABE　2. ABC　3. ABDE　4. BD　5. AC　6. ABC　7. ABD　8. ABCDE　9. CD
10. ACD　11. BCD　12. AC　13. ABE　14. ABD　15. CD　16. ABCD　17. AC　18. AE
19. ABE　20. ACE

(三) 判断题

1. 对　2. 对　3. 对　4. 对　5. 对　6. 错　7. 对　8. 对　9. 错　10. 错　11. 错
12. 对　13. 错　14. 错　15. 错　16. 对　17. 错　18. 错　19. 错　20. 错　21. 对　22. 对
23. 错　24. 错　25. 对　26. 对　27. 对　28. 错　29. 错　30. 错　31. 错　32. 对　33. 错
34. 对　35. 错　36. 错　37. 错　38. 错　39. 错　40. 错

(四) 填空题

1. 随机　2. 全及　3. 样本　4. 30　5. 唯一　6. 容量　7. 可能数目　8. 放回　9. 成数
10. 一致　11. 反比　12. 极限误差　13. 点　14. 68.27％　15. 概率　16. 概率度　17. 纯
(简单)　18. 等距　19. 分层　20. 排序

(五) 简答题

1. 简述抽样推断的特点。

(1)遵循随机原则选择调查单位。抽样推断从总体中抽取调查单位,必须非常客观,毫无偏见,也就是严格按照随机原则抽取推断单位,不受推断人员任何主观意图的影响,否则会带上个人偏见,被选择的部分单位的标志值可能偏高或偏低,失去对总体数量特征的代表性。

（2）和全面调查相比较,抽样推断能节省人力、费用和时间,而且比较灵活。抽样推断的调查单位比全面调查少得多,因而既能节约人力、费用和时间,又能比较快地得到推断的结果,这对许多工作都是很有利的。

（3）抽样推断会产生抽样误差,抽样误差可以计算,并且可以加以控制。抽样推断只涉及总体中一部分单位,样本指标值与总体指标值之间存在一定的抽样误差。抽样误差数值大小可以事先通过一定资料和公式测定计算,并可以采取有效措施对误差范围进行控制,保证抽样推断达到一定的可靠程度。

2. 简述抽样推断的作用。

（1）对某些不可能进行全面调查又需要了解其全面情况的社会经济现象,必须应用抽样推断。

（2）有些总体从理论上讲可以进行全面调查,但实际上办不到。

（3）抽样推断可以用来检验和修正全面调查资料。全面调查的调查单位多,涉及面广,参加整理汇总的人员也多,水平不齐,因而发生登记误差和计算性误差的可能性就大。在全面调查结束后,选择一定范围进行抽样推断,可以检验全面调查资料的质量,可以用抽样推断结果对全面资料进行修正,进一步提高全面调查资料的准确性。

（4）抽样推断方法可以用于工业生产过程中的质量控制。抽样推断不但广泛用于生产结果的核算和估计,而且也有效地应用于对成批或大量连续生产的工业产品在生产过程中进行质量控制,检查生产过程是否正常,及时提供有关信息,便于采取措施,预防废品的发生。

（5）利用抽样推断的方法,可以对于某种总体的假设进行检验,来判断这种假设的真伪,以决定取舍。

3. 简述抽样推断的基本要求。

（1）无偏性。在多次反复估计中,要求各个抽样指标的平均数应该等于全及指标,即从平均数意义上,抽样指标的估计是没有偏误的,这一要求称为无偏性。如果样本统计量的数学期望等于所估计的总体参数的值,该样本统计量称作总体参数的无偏估计量。样本无偏统计量的所有可能值的期望值或均值等于被估计的总体参数。

（2）有效性。一个无偏估计量如果比其他无偏估计量具有较小的方差,则该估计量就满足有效性的要求。估计量的方差是表示估计量对总体参数的离散程度指标。各个可能抽样平均数与总体平均数的方差,平均说来要比总体中各个变量与总体平均数的方差要小。抽样平均数具有较小的方差,所以用抽样平均数估计总体平均数更为有效。

（3）一致性。当样本的单位数无限增大时,抽样指标就充分靠近全及指标,抽样指标和未知的全及总体指标之间的绝对离差为任意小的可能性也趋于必然。

4. 简述影响抽样误差的因素。

(1) 抽样单位数的多少。由于总体内各单位之间总存在着差异,在其他条件不变的情况下,大量观察总比小量观察易于发现总体规律或特征,因此,样本容量越大越能代表总体特征,抽样误差就越小;反之,样本容量越小,抽样误差就可能越大。

(2) 总体各单位标志值的差异程度。总体内各单位标志的差异程度愈小,或总体的标准差愈小,在其他条件给定下,则抽样误差就愈小;反之,抽样误差就愈大。

(3) 抽样方法。抽样方法不同,抽样误差也不同。一般说来,重复抽样的误差比不重复抽样的误差要大。

(4) 抽样的组织形式。选择不同的抽样组织形式,也会有不同的抽样误差。

(六) 名词解释

1. **随机抽样。**

随机抽样是根据大数定律的要求,在抽取推断单位时,应保证总体中各个单位都有同样的机会被抽中。随机抽样是抽样推断中确定样本单位的重要原则。

2. **全及总体和抽样总体。**

全及总体简称总体,是指所要认识对象的全体,总体是由具有某种共同性质的许多单位组成的集合体。

抽样总体简称样本,是指从全及总体中随机抽取出来,代表全及总体部分单位的集合体。抽样总体的单位数通常用小写英文字母 n 表示。一般说来,$n \geqslant 30$ 称为大样本,$n < 30$ 称为小样本。

全及总体是唯一确定的,抽样样本总体则是随机的,一个全及总体可能抽取很多个抽样总体,全部样本的可能数目和每一样本的容量有关,也和随机抽样的方法有关。不同的样本容量和取样方法,样本的可能数目也有很大的差别。

3. **重复抽样与不重复抽样。**

重复抽样又称有放回的抽样,是指从全及总体 N 个单位中随机抽取一个容量为 n 的样本,每次抽中的单位经登录其有关标志表现后又放回总体中重新参加下一次的抽选。

不重复抽样又称无放回的抽样,是指从全及总体 N 个单位中随机抽取一个容量为 n 的样本,每次抽中的单位登录其有关标志表现后不再放回总体中参加下一次的抽选。

4. **抽样误差。**

抽样指标与所要估计的总体指标之间的差值称为抽样误差。抽样误差的大小能够说明抽样指标估计总体指标是否可行,抽样效果是否理想等推断性问题。

抽样误差既是一种随机性误差,也是一种代表性误差。

5. **抽样极限误差。**

抽样极限误差又称置信区间和抽样允许误差范围,是指在一定的把握程度(P)下保证样本指标与总体指标之间的抽样误差不超过某一给定的最大可能范围,记作 Δ。

6. 区间估计。

区间估计是以一定的概率保证估计包含总体参数的一个值域,即根据样本指标和抽样平均误差推断总体指标的可能范围。

7. 简单随机抽样。

简单随机抽样又称纯随机抽样,是按随机原则直接从总体 N 个单位中抽取 n 个单位作为样本,全及总体各单位被抽中的概率是相等的。简单随机抽样是抽样中最基本的抽样方式,适用于均匀总体,即具有某种特征的单位均匀分布总体中。

(七) 计算题

1. (1) 求样本指标 ($\bar{x}$ 和 $S_{\bar{x}}$):

$$\bar{x} = \frac{\sum xf}{\sum f} = 3\ 850 \div 50 = 77(分)$$

$$S_{\bar{x}}^2 = \frac{\sum (x-\bar{x})^2 f}{\sum f} = 7\ 800 \div 50 = 156$$

$$S_{\bar{x}} = 12.49(分)$$

(2) 计算抽样平均数的平均误差:

$$\mu_{\bar{x}} = \frac{S_{\bar{x}}}{\sqrt{n}} = \frac{12.49}{\sqrt{50}} = 1.77(小时)$$

(3) $F(t) = 95.45\%$,查概率表得 $t = 2$, $\Delta_{\bar{x}} = 2 \times 1.77 = 3.54(分)$

(4) 计算学生考试成绩平均数的上、下限:

$$下限 \quad \bar{x} - \Delta_{\bar{x}} = 77 - 3.54 = 73.46(分)$$
$$上限 \quad \bar{x} + \Delta_{\bar{x}} = 77 + 3.54 = 80.54(分)$$

2. (1) 求样本指标 ($\bar{x}$ 和 $S_{\bar{x}}$):

$$\bar{x} = \frac{\sum xf}{\sum f} = 4\ 450 \div 60 = 74.17(分)$$

$$S_{\bar{x}}^2 = \frac{\sum (x-\bar{x})^2 f}{\sum f} = 10\ 458.33 \div 60 = 174.31$$

$$S_{\bar{x}} = 13.20(分)$$

(2) 计算抽样平均数的平均误差:

$$\mu_{\bar{x}} = \sqrt{\frac{\sigma^2}{n}\left(1 - \frac{n}{N}\right)} = (13.20 \div 7.75) \times 0.8 = 1.36(分)$$

(3) $F(t) = 95.45\%$,查概率表得 $t = 2$, $\Delta_{\bar{x}} = 2 \times 1.36 = 2.72(分)$

（4）计算总体平均数的上、下限：

$$下限\ \bar{x} - \Delta_{\bar{x}} = 74.17 - 2.72 = 71.45(分)$$
$$上限\ \bar{x} + \Delta_{x} = 74.17 + 2.72 = 76.89(分)$$

3.（1）重复抽样条件下。

计算抽样平均数的平均误差：

$$\mu_{\bar{x}} = \frac{S_{\bar{x}}}{\sqrt{n}} = \frac{30}{\sqrt{100}} = 3(千克)$$

$F(t) = 95\%$，查概率表得 $t = 1.96$，$\Delta_{\bar{x}} = 1.96 \times 3 = 5.88(千克)$

计算总体平均数的上、下限：

$$下限\ \bar{x} - \Delta_{\bar{x}} = 900 - 5.88 = 894.12(千克)$$
$$上限\ \bar{x} + \Delta_{x} = 900 + 5.88 = 905.88(千克)$$
$$总面积 = 100 \div 19\% = 526.32$$

总产量区间范围：470 593.24～476 782.76 千克。

（2）不重复抽样条件下。

计算抽样平均数的平均误差：

$$\mu_{\bar{x}} = \sqrt{\frac{\sigma^2}{n}\left(1 - \frac{n}{N}\right)} = 3 \times 0.9 = 2.7(千克)$$

$F(t) = 95\%$，查概率表得 $t = 1.96$，$\Delta_{\bar{x}} = 1.96 \times 2.7 = 5.29(千克)$

计算总体平均数的上、下限：

$$下限\ \bar{x} - \Delta_{\bar{x}} = 900 - 5.29 = 894.71(千克)$$
$$上限\ \bar{x} + \Delta_{x} = 900 + 5.29 = 905.29(千克)$$
$$总面积 = 100 \div 19\% = 526.32$$

总产量区间范围：470 903.77～476 472.23 千克

4. 求样本指标（合格率）（$\bar{x}$ 和 $S_{\bar{x}}$）：

$$\bar{x} = \frac{\sum xf}{\sum f} = 8\ 900\% \div 100 = 89\%$$

$$S_{\bar{x}}^2 = \frac{\sum (x - \bar{x})^2 f}{\sum f} = 0.0054$$

$$S_{\bar{x}} = 0.0735 \times 100\% = 7.35(\%)$$

计算抽样平均数的平均误差：

$$\mu_{\bar{x}} = \frac{S_{\bar{x}}}{\sqrt{n}} = \frac{7.35\%}{\sqrt{100}} = 0.74\%$$

$F(t)=95\%$,查概率表得 $t=1.96$,$\Delta_{\bar{x}}=1.96\times0.74\%=1.45\%$

计算总体平均数(合格率)的上、下限:

$$下限\ \bar{x}-\Delta_{\bar{x}}=89\%-1.45\%=86.55\%$$
$$上限\ \bar{x}+\Delta_x=89\%+1.45\%=89.45\%$$

5. 求样本指标(不合格率)($\bar{x}$ 和 $S_{\bar{x}}$):

$$\bar{x}=\frac{\sum xf}{\sum f}=590\%\div100=5.9\%$$

$$S_{\bar{x}}^2=\frac{\sum(x-\bar{x})^2f}{\sum f}=0.0054\div100=0.000054$$

$$S_{\bar{x}}=0.0073=0.73\%$$

计算抽样平均数的平均误差:

$$\mu_{\bar{x}}=\sqrt{\frac{\sigma^2}{n}\left(1-\frac{n}{N}\right)}=0.73\%\div10\times0.9=0.07\%$$

$F(t)=95.45\%$,查概率表得 $t=2$,$\Delta_{\bar{x}}=2\times0.07\%=0.14\%$

计算总体平均数(不合格率)的上、下限:

$$下限\ \bar{x}-\Delta_{\bar{x}}=5.9\%-0.14\%=5.76\%$$
$$上限\ \bar{x}+\Delta_x=5.9\%+0.14\%=6.04\%$$

6. (1)重复抽样条件下。

计算样本指标:

$$p=15\%$$
$$\sigma_p^2=p(1-p)=0.15\times(1-0.15)=0.1275$$

计算抽样成数的平均误差:

$$\mu_p=\sqrt{\frac{p(1-p)}{n}}=\sqrt{\frac{0.12751}{100}}=3.57\%$$

根据 $F(t)=95.45\%$ 查概率表得 $t=2$,$\Delta_p=2\times3.57\%=7.14\%$

计算总体合格率的上、下限:

$$下限\ p-\Delta_p=15\%-7.14\%=7.86\%$$
$$上限\ p+\Delta_p=15\%+7.14\%=22.14\%$$

(2) 不重复抽样条件下。

计算样本指标:

$$p=15\%$$
$$\sigma_p^2=p(1-p)=0.15\times(1-0.15)=0.1275$$

计算抽样成数的平均误差：

$$\mu_p = \sqrt{\frac{P(1-P)}{n}(1-\frac{n}{N})} = 3.57\% \times 0.9 = 3.21\%$$

据 $F(t) = 95.45\%$ 查概率表得 $t = 2$，$\Delta_p = 2 \times 3.21\% = 6.42\%$

计算总体合格率的上、下限：

下限 $p - \Delta_p = 15\% - 6.42\% = 8.58\%$

上限 $p + \Delta_p = 15\% + 6.42\% = 21.42\%$

基 础 篇

模 拟 试 题 一

一、单项选择题(每小题 1 分,共 15 分)

1. 下列各项中,属于古典统计学时期学派的是( )。

    A. 国势学派   B. 社会经济统计学派

    C. 数理统计学派   D. 社会统计学派

2. "我是搞统计的"这里的"统计"具体含义是指( )。

    A. 统计工作   B. 统计资料   C. 统计学   D. 统计过程

3. 数量指标用( )表示。

    A. 相对数   B. 绝对数   C. 平均数   D. 众数

4. 人口普查取得的( )。

    A. 是时期资料

    B. 是时点资料

    C. 主要是时期资料

    D. 可能是时期资料也可能是时点资料,看具体情况

5. 对某校学生统计学成绩进行调查,那么总体单位是( )。

    A. 该校所有学生   B. 该校所有学生成绩

    C. 该校每一位学生   D. 该校每一位学生成绩

6. 统计调查方案首要解决的问题是确定( )。

    A. 调查对象   B. 调查目的   C. 调查项目   D. 调查时间

7. 统计分组要求是唯一性、互斥性和( )。

    A. 差异性   B. 周延性   C. 适用性   D. 准确性

8. 通过直接调查取得的原始数据,应从( )方面去审核。

    A. 完整性和准确性   B. 完整性和时效性

    C. 准确性和时效性   D. 准确性和适用性

9. 按分组标志性质的不同,分配数列可分为变量数列和( )。

    A. 质量数列   B. 数量数列   C. 组距数列   D. 品质数列

10. 总量指标大小与总体范围大小( )。

    A. 成反比   B. 一般情况下成反比

C. 成正比   D. 一般情况下成正比

11. 数值平均数包括算术平均数、调和平均数和（ ）。

   A. 标准差   B. 中位数   C. 几何平均数   D. 众数

12. 反映抽样指标与总体指标之间抽样的可能范围的指标是（ ）。

   A. 抽样平均误差   B. 抽样误差系数   C. 概率度   D. 抽样极限误差

13. 增长速度（ ）。

   A. 可能为正值   B. 可能为负值   C. 可能为零   D. ABC

14. 统计指数起源于人们对（ ）动态的关注。

   A. 产量   B. 产值

   C. 价格   D. 复杂社会经济现象

15. 销售额和销售价格之间是（ ）。

   A. 函数关系   B. 相关关系   C. 回归关系   D. 没有关系

二、判断题（每小题1分，共15分。只作判断，不作更正。）

1. 统计标志按各单位上具体表现是否相同，分为不变标志和可变标志。 （　　）

2. 指标都是用数值表示的，标志都是用文字表示的。 （　　）

3. 国势学派被称为"有名无实"学派。 （　　）

4. 可比性原则是确定调查项目必须遵守的原则。 （　　）

5. 统计调查最基本的要求是准确性。 （　　）

6. 重点调查可以是一次性的，也可以是经常性的。 （　　）

7. 统计整理是为了得出反映研究总体综合特征资料的工作过程。 （　　）

8. 统计分组对总体而言是一个"合"的过程。 （　　）

9. 相对指标的基本表现形式是有名数和无名数。 （　　）

10. 调和平均数和算术平均数基本原理一致，主要区别是掌握的资料不同。 （　　）

11. 众数不一定存在，存在时也不一定是唯一的。 （　　）

12. 所有调查中都可能存在代表性误差。 （　　）

13. 计算间隔相等的连续时点数列动态平均数所采用的公式，与计算间隔相等的连续时点数列动态平均数所采用的公式基本原理是一致的，仅是掌握资料存在差异。 （　　）

14. 多因素分析中，当分析某一因素对复杂总体变动的影响时，未被分析的后面诸因素要固定在报告期水平，而已被分析过的前面诸因素则要固定在基期水平。 （　　）

15. 若两变量间存在确定性依存关系，则这两变量之间是函数关系。 （　　）

三、填空题（每小题1分，共10分）

1. 资料汇总一般可以分为＿＿＿＿＿＿和＿＿＿＿＿＿两种形式。

2. 对研究对象的变化进行连续不断的登记是＿＿＿＿＿＿调查。

3. 统计工作的三个中心阶段是统计调查、_____和_____。

4. 在调查学生基本情况时,年龄是属于_____型变量。

5. 某省所有发电厂发电机组拥有情况如表9-1所示。

表9-1　某省所有发电厂发电机组拥有情况表

拥有发电组(套)	1	2	3	4	5
发电厂(个)	35	48	26	12	4

那么该单项式数列的众数是_____。

6. 统计整理首先取得的是_____指标。

7. 抽样调查遵循的基本原则是_____。

8. 时间数列中每一项指标数值称为_____。

9. 综合指数是通过引入一个_____因素将不能相加的变量转化为可相加的总量指标,而后对比所得到的相对数。

10. 将变量之间的伴随变动绘于坐标图上所形成的统计图称为相关图,又称_____。

四、简述题(每小题5分,共10分)

1. 简述统计学研究对象及特点。

2. 简述统计指数基本作用及主要分类。

五、计算题(计算过程与结果保留小数2位。共50分)

1. 某班级学生考试成绩,如表9-2所示。

表9-2　某班学生考试成绩表

成绩(分)	60以下	60~70	70~80	80~90	90以上
人数(人)	52	23	19	20	13

要求:计算学生考试成绩的标准差系数。

2. 某学校学生考试成绩按36%比例不重复随机抽样结果,如表9-3所示。

表9-3　某校部分学生考试成绩表

成绩(分)	60以下	60~70	70~80	80~90	90以上
人数(人)	15	25	50	35	15

要求:在95.45%概率保证程度下,估计学生考试成绩的区间范围。(抽样平均误差结果保留小数一位)

3. 某企业职工人数情况,如表9-4所示。

表 9-4　某企业职工人数情况表

月份	1	2	3	4	5	6	7
月初职工人数(人)	972	975	944	823	849	974	867
月初女职工人数(人)	451	415	351	330	451	454	425

要求:计算第一季度、第二季度和上半年女职工占全部职工的平均比重。

4. 某厂产品产量及价格资料,如表 9-5 所示。

表 9-5　某厂产品产量及价格资料表

产品名称	计量单位	产　量		价格(万元)	
		基期	报告期	基期	报告期
甲	千吨	269	107	57	29
乙	千台	108	206	30	51
丙	千件	268	247	20	31

要求:计算产量、价格总指数并分别说明对产值的影响额。

5. 某地区人均收入(x)与人均消费(y)资料,如表 9-6 所示。

表 9-6　某地区人均收入与人均消费情况表

年份	2014	2015	2016	2017	2018
人均收入 x(万元)	5.5	6.7	7.7	8.8	9.9
人均消费 y(万元)	3.8	5.1	6.1	6.9	7.3

要求:计算相关系数、建立回归模型并在 95.45% 概率保证程度下计算当人均收入为 12 万元时,人均消费的区间范围。(相关系数结果保留 4 位小数)

模拟试题一参考答案

一、单选题(每题 1 分)

1. A　2. A　3. B　4. B　5. C　6. B　7. B　8. A　9. D　10. D　11. C　12. D　13. D　14. C　15. A

二、判断题(每题 1 分)

1. 对　2. 错　3. 对　4. 错　5. 对　6. 对　7. 对　8. 错　9. 对　10. 对　11. 对　12. 错　13. 对　14. 错　15. 对

三、填空题(每题 1 分)

1. 手工汇总　计算机汇总　2. 连续　3. 统计整理　统计分析　4. 连续　5. 2　6. 总量　7. 随机原则　8. 发展水平　9. 同度量　10. 散点图

四、简述题

1. 统计学的研究对象,是社会经济统计的认识活动过程,即认识社会经济总体数量方面的一种调查研究活动过程。认识总体数量特征和数量关系。(1分)

统计学研究对象的特点包括:

(1)数量性。数量性是统计学研究对象的基本特点。事物的数量是我们认识客观现实的重要方面,通过分析研究统计数据资料,研究和掌握统计规律性,就可以达到我们统计分析研究的目的。(1分)

(2)总体性。对总体普遍存在着的事实进行大量观察和综合分析,得出反映现象总体的数量特征和资料规律性,是从对个体的实际表现的认识过渡到对总体的数量表现的认识。(1分)

(3)具体性。统计研究对象是社会经济领域中具体现象的数量方面,具有明确的现实含义。统计学研究的数量是客观存在的、具体实在的数量表现。(1分)

(4)社会性。社会经济统计的认识对象是社会经济现象的数量方面,涉及人与人的关系、人与社会的关系。(1分)

2. 统计指数的作用包括:

(1)综合反映复杂现象总体数量上的变动状况。它以相对数形式表明多种产品或商品的数量指标或质量指标的综合变动方向和程度。(1分)

(2)分析现象总体变动中受各个因素变动的影响程度,包括现象总体总量指标和平均指标的变动受各个因素变动的影响程度分析。(1分)

(3)利用连续编制的指数数列,对复杂现象总体长时间发展变化趋势进行分析。(1分)

统计指数的分类包括:

按其研究对象的范围不同,分为个体指数和总指数;按其标明的指标性质不同,分为数量指标指数和质量指标指数;按照采用基期的不同,分为定基指数和环比指数;(1分)按比较对象的不同,分为时间性指数、空间性指数和计划完成指数;按其计算方法和计算公式的表现形式不同,可分为综合指数、平均数指数。(1分)

五、计算题

1. 解:

$$\bar{x} = \frac{\sum xf}{\sum f} = \frac{55 \times 52 + 65 \times 23 + 75 \times 19 + 85 \times 20 + 95 \times 13}{52 + 23 + 19 + 20 + 13} = \frac{8\ 715}{127} = 68.62(\text{分})$$

$$\sigma = \sqrt{\frac{\sum (x - \bar{x})^2 f}{\sum f}} = \sqrt{\frac{25\ 133.3}{127}} = \sqrt{197.9} = 14.07(\text{分})$$

学生考试成绩的标准差系数:

$$V_\sigma = \frac{\sigma}{\bar{X}} \times 100\% = \frac{13.9}{68.62} \times 100\% = 20.26\%(2\text{分})$$

2. 解：

$$样本平均数\ \bar{x} = \frac{\sum xf}{\sum f} = \frac{55 \times 15 + 65 \times 25 + 75 \times 50 + 85 \times 35 + 95 \times 15}{15 + 25 + 50 + 35 + 15} = \frac{10\ 600}{140} =$$

75.71(分／人)

$$样本方差\ S_{\bar{x}}^2 = \frac{\sum (x - \bar{x})^2 f}{\sum f} = \frac{17\ 928}{140} = 128.06$$

$$抽样平均数的平均误差\ \mu_{\bar{x}} = \sqrt{\frac{S_{\bar{x}}^2}{n}\left(1 - \frac{n}{N}\right)} = \sqrt{\frac{128.06}{140}(1 - 36\%)} = 0.8$$

抽样极限误差 $\Delta_{\bar{x}} = t\mu_{\bar{x}} = 2 \times 0.8 = 1.6$(分)

学生考试成绩平均分的上、下限为：

下限：$\bar{x} - \Delta_{\bar{x}} = 75.71 - 1.6 = 74.11$(分)

上限：$\bar{x} + \Delta_{\bar{x}} = 75.71 + 1.6 = 77.31$(分)

3. 解：

$$一季度职工平均人数 = \frac{\frac{972}{2} + 975 + 944 + \frac{823}{2}}{3} = 938.83(人)$$

$$一季度女职工平均人数 = \frac{\frac{451}{2} + 415 + 351 + \frac{330}{2}}{3} = 385(人)$$

$$一季度女职工占全部职工平均比重 = \frac{385.5}{938.83} \times 100\% = 41.06\%$$

$$二季度职工平均人数 = \frac{\frac{823}{2} + 849 + 974 + \frac{867}{2}}{3} = 889.33(人)$$

$$二季度女职工平均人数 = \frac{\frac{330}{2} + 451 + 454 + \frac{425}{2}}{3} = 427.5(人)$$

$$二季度女职工占全部职工平均比重 = \frac{427.5}{889.33} \times 100\% = 48.07\%$$

$$上半年职工平均人数 = \frac{\frac{972}{2} + 975 + 944 + 823 + 849 + 974 + \frac{867}{2}}{6} = 914.08(人)$$

$$上半年女职工平均人数 = \frac{\frac{451}{2} + 415 + 351 + 330 + 451 + 454 + \frac{425}{2}}{6} = 406.5(人)$$

上半年女职工占全部职工平均比重 $=\dfrac{406.5}{914.08}\times100\%=44.47\%$

4. 解：

产量总指数 $\bar{K}_q=\dfrac{\sum p_0q_1}{\sum p_0q_0}=\dfrac{107\times57+206\times30+247\times20}{269\times57+108\times30+268\times20}\times100\%=\dfrac{17\ 219}{23\ 933}\times$ $100\%=71.95\%$

产量变动对产值的影响额 $=17\ 219-23\ 933=-6\ 714$（万元）

价格总指数 $\bar{K}_p=\dfrac{\sum p_1q_1}{\sum p_0q_1}=\dfrac{107\times29+206\times51+247\times31}{107\times57+206\times30+247\times20}\times100\%=\dfrac{21\ 266}{17\ 219}\times$ $100\%=123.5\%$

价格变动对产值的影响额 $=21\ 266-17\ 219=4\ 047$（万元）

5. 解：

经计算 $n=5$，$\sum x=38.6$，$\sum y=29.2$，$\sum xy=235.03$，$\sum x^2=309.88$，$\sum y^2=178.56$，$\bar{x}=7.72$，$\bar{y}=5.84$

相关系数：$\gamma=\dfrac{n\sum xy-\sum x\sum y}{\sqrt{n\sum x^2-\left(\sum x\right)^2}\sqrt{n\sum y^2-\left(\sum y\right)^2}}$

$\gamma=\dfrac{5\times235.03-38.6\times29.2}{\sqrt{5\times309.88-38.6^2}\sqrt{5\times178.56-29.2^2}}=\dfrac{48.03}{48.88}=0.9826$

回归模型：

$b=\dfrac{n\sum xy-\sum x\sum y}{n\sum x^2-\left(\sum x\right)^2}=\dfrac{5\times235.03-38.6\times29.2}{5\times309.88-38.6^2}=\dfrac{48.03}{59.44}=0.81$

$a=\bar{y}-b\bar{x}=5.84-0.81\times7.72=-0.41$

$y=a+bx=-0.41+0.81x$

回归标准误差：$S_y=\sqrt{\dfrac{\sum(y-\hat{y})^2}{n-2}}=\sqrt{\dfrac{0.27}{3}}=0.3$（万元）

人均收入为12万元时，人均消费 $\hat{y}=-0.41+0.81\times12=9.31$（万元）

人均消费区间范围为：$(\hat{y}_0-tS_y,\ \hat{y}_0+tS_y)=(8.71,9.91)$

模 拟 试 题 二

一、单项选择题(每小题 1 分,共 15 分)

1. 某班为总体的学生统计学考试情况调查中,3 名同学统计学考试成绩分别为 70、80、85,这 3 个数字是(   )。

   A. 指标　　　　　　　　B. 指标值　　　　　　　C. 变量　　　　　　　D. 变量值

2. 调查某高校教师收入状况时,统计总体是(   )。

   A. 该高校　　　　　　　　　　　　　B. 该高校所有教师

   C. 该高校每一位教师　　　　　　　　D. 该高校教师收入

3. 下列各项中,属于近代统计学时期新产生的学派的是(   )。

   A. 国势学派　　　　　　　　　　　　B. 政治算术学派

   C. 数理统计学派　　　　　　　　　　D. 社会经济统计学派

4. 对某校学生学习情况进行全面调查,调查单位与总体单位(   )。

   A. 不一致　　　　　　　　　　　　　B. 一致

   C. 根据具体情况才能确定　　　　　　D. 是毫无关系的两个概念

5. 统计调查方案首先要解决的问题是确定(   )。

   A. 调查目的　　　　　　　　　　　　B. 调查对象和调查单位

   C. 调查项目和调查表　　　　　　　　D. 调查时间

6. 调查表的基本结构包括(   )。

   A. 调查项目　　　　　　　　　　　　B. 调查项目和调查单位

   C. 表头、表体和表脚　　　　　　　　D. 表头、表体、表脚和备注

7. 统计分组时,当相邻两组的上下限重叠时,采用下限(   )原则。

   A. 不在内　　　　　　　B. 在内　　　　　　　C. 一般在内　　　　　D. 一般不在内

8. 对同一总体选择两个或两个以上标志进行分组而形成的分组体系是(   )。

   A. 简单分组体系　　　　　　　　　　B. 平行分组体系

   C. 复合分组体系　　　　　　　　　　D. 平行分组体系或复合分组体系

9. 某班统计学考试成绩高分和低分很少,中间分数很多,则其次数分布呈(   )。

   A. 钟型　　　　　　　B. U 型　　　　　　　C. J 型　　　　　　　D. Z 型

10. (   )数值大小与时期长短有直接关系。

    A. 总量指标　　　B. 时期指标　　　　C. 时点指标　　　　D. 标志变异指标

11. 下列各项中,属于位置平均数的是(   )。

A. 算术平均数　　　　B. 调和平均数　　　　C. 几何平均数　　　　D. 众数

12. 在其他条件不变的情况下,减少抽样单位数,则代表性误差(　　)。
    A. 增大　　　　　　　　　　　　B. 缩小
    C. 不变　　　　　　　　　　　　D. 变化方向不能确定

13. 编制时间数列的基本原则是(　　)原则。
    A. 准确性　　　　B. 差异性　　　　C. 可比性　　　　D. 少而精

14. 由三个或三个以上具有内在联系的指数构成的有一定数量对等关系的整体称为(　　)。
    A. 综合指数　　　　B. 平均指数　　　　C. 指数体系　　　　D. 总指数

15. 相关系数(　　)。
    A. 是一种定性分析方法　　　　　　B. 需要区分自变量和因变量
    C. 自变量和因变量都是随机变量　　D. 方向和回归系数方向不一致

二、判断题(每小题 1 分,共 15 分。只作判断,不作更正。)

1. 社会性是统计学研究对象的特点。　　　　　　　　　　　　　　　(　　)

2. 数理统计学派代表人物是阿亨瓦尔。　　　　　　　　　　　　　　(　　)

3. 统计学产生已有 300 多年历史。　　　　　　　　　　　　　　　(　　)

4. 典型调查的关键是典型单位的确定。　　　　　　　　　　　　　　(　　)

5. 快速普查调查的项目少且时间短。　　　　　　　　　　　　　　　(　　)

6. 一览表只登记一个调查单位情况。　　　　　　　　　　　　　　　(　　)

7. 通过直接调查取得的原始数据,应从完整性和准确性方面去审核。　　(　　)

8. 统计分组的关键是确定组距和组数。　　　　　　　　　　　　　　(　　)

9. 相对指标可以弥补总量指标的不足。　　　　　　　　　　　　　　(　　)

10. 总量指标是计算其他统计指标的基础。　　　　　　　　　　　　　(　　)

11. 几何平均数和算术平均数基本原理一致,主要区别是掌握的资料不同。(　　)

12. 所有调查中都可能存在登记性误差。　　　　　　　　　　　　　　(　　)

13. 相对数时间数列计算序时平均数时只需对数列中的相对数采用简单算术平均数计算即
    可得到。　　　　　　　　　　　　　　　　　　　　　　　　　　(　　)

14. 统计指数是解决多种不能直接相加的事物动态对比的分析方法。　　(　　)

15. 若两变量间存在非确定性依存关系,则这两变量之间是相关关系。　(　　)

三、填空题(每小题 1 分,共 10 分)

1. 某班 40 名学生按统计学考试成绩分为 60 分以下,60~70,70~80,80~90,90 分以上五
   个组,那么 60~70 这一组的组距为_____。

2. _____是统计整理和统计分析的基础环节。

3. 被称为"有实无名"学派的是_____。

4. 统计指标按其说明内容不同,分为数量指标和_____。

5. 同结构相对指标存在换算关系的是_____相对指标。

6. 标志变异指标中最易受极端值影响的是_____。

7. 抽样调查最终认识的总体称为_____总体。

8. 报告期水平与基期水平之差称为_____水平。

9. 指数分析中被研究的因素称为_____因素。

10. 按相关关系涉及变量的多少不同,相关关系可分为单相关和_____。

四、简述题(每小题 5 分,共 10 分)

1. 简述统计标志和指标的区别与联系。

2. 简述统计调查的要求。

五、计算题(计算过程与结果保留小数 2 位。共 50 分)

1. 某企业情况,如表 9-7 所示。

表 9-7　某企业两种产品的产值与总成本情况表

产品	产值(万元)			总成本(万元)		
	上期	本期计划	本期实际	上期	本期计划	本期实际
A	540	5.7%	6.3%	375	−6.9%	−6%
B	580	6.1%	6.5%	322	−4.3%	−6.6%

要求:计算相关计划完成程度,并分析。

2. 某班级学生考试成绩,如表 9-8 所示。

表 9-8　某班学生考试成绩表

成绩(分)	60 以下	60~70	70~80	80~90	90 以上
人数(人)	52	23	19	20	13

要求:在 95.45% 概率保证程度下,估计学生考试成绩的区间范围。

3. 某企业情况,如表 9-9 所示。

表 9-9　某企业职工人数与产值情况表

月份	1	2	3	4	5	6	7
月初职工人数(人)	890	879	853	848	872	841	856
产值(万元)	1 236	1 342	1 582	1 200	1 342	1 483	1 290

要求:计算第一季度、第二季度和上半年职工人均月产值。

4. 几种商品相关资料,如表 9-10 所示。

表 9-10　A、B、C 三种商品产值、产量与价格情况表

商品	基期总产值(万元)	报告期总产值(万元)	产量变动率	价格变动率
A	542	619	5.9%	7.85%
B	536	657	7.8%	13.70%
C	530	616	4%	11.76%

要求:计算产量、价格总指数并分别说明对总产值的影响额。

5. 根据某公司广告投入 X(万元)与商品销售额 Y(百万元)资料计算的数据如下: $n = 5$, $\sum X = 77.3$, $\sum Y = 678.7$, $\sum XY = 10\ 646.83$, $\sum X^2 = 1\ 207.41$, $\sum Y^2 = 94\ 193.15$

要求:计算相关系数、建立回归模型并计算当广告投入 20 万元时商品销售额的估计值。(相关系数结果保留 4 位小数)

模拟试题二参考答案

一、单选题(每题 1 分)

1. D　2. B　3. C　4. B　5. A　6. C　7. B　8. D　9. A　10. B　11. D　12. A　13. C　14. C　15. C

二、判断题(每题 1 分)

1. 对　2. 错　3. 对　4. 对　5. 对　6. 错　7. 对　8. 错　9. 对　10. 对　11. 错　12. 对　13. 错　14. 对　15. 对

三、填空题(每题 1 分)

1. 10　2. 统计调查　3. 政治算术学派　4. 质量指标　5. 比例　6. 全矩　7. 全及　8. 增长　9. 指数化　10. 复相关

四、简述题

1. 统计标志和指标的区别表现在:

(1) 说明。标志说明总体单位,指标是说明总体的。(1 分)

(2) 表现。标志表现为文字和数字,指标只能表现为数字。(1 分)

统计标志和指标的联系表现在:

(1) 综合。标志经过综合形成统计指标。(1 分)

(2) 转换。研究目的发生变化数量标志与指标发生转化。(1 分)

(3) 对应。两者在名称(内容)上是对应一致的。(1 分)

2. 统计调查的要求表现为:准确性、及时性、全面性和经济性。

(1) 准确性是最基本的要求,就是要求搜集的资料必须真实可靠,客观反映实际,调查误差较小。(1 分)

（2）及时性是指在规定时间取得规定时间资料。统计调查资料具有较强的时效性,及时提供需要的统计资料,能够提高资料的使用价值。（1分）

（3）全面性是指取得全部调查单位需要的全部资料。首先,应该取得按要求规定的项数资料;其次,应该调查全部调查单位,调查单位数不能随意增加或减少。（1分）

（4）经济性是指在保证调查资料符合一定要求的条件下,力求以最小成本取得需要的统计资料。统计调查中,必然涉及人力、物力、财力和时间,即所谓的调查成本。（1分）

调查要求是相互结合、相互依存的,需要根据实际情况区分主次、分清轻重缓急,科学地处理好关系。一般而言,应该以准确为基础,力求准中求快,准快结合,以最小的成本取得最理想的实际应用调查统计资料。（1分）

五、计算题

1. 解:

$$产值计划完成程度 = \frac{540 \times (1+6.3\%) + 580 \times (1+6.5\%)}{540 \times (1+5.7\%) + 580 \times (1+6.1\%)} \times 100\% = \frac{1\ 191.72}{1\ 186.16} \times 100\% = 100.47\%$$

完成情况好。

$$总成本计划完成程度 = \frac{375 \times (1-6\%) + 322 \times (1-6.6\%)}{375 \times (1-6.9\%) + 322 \times (1-4.3\%)} \times 100\%$$

$$= \frac{653.25}{657.28} \times 100\% = 99.39\%$$

完成情况好。

2. 解:

$$样本平均数:\bar{x} = \frac{\sum xf}{\sum f} = \frac{55 \times 52 + 65 \times 23 + 75 \times 19 + 85 \times 20 + 95 \times 13}{52 + 23 + 19 + 20 + 13} = \frac{8\ 715}{127} = 68.62(分 / 人)$$

$$样本方差\ S_{\bar{x}}^2 = \frac{\sum (x - \bar{x})^2 f}{\sum f} = \frac{25\ 133.3}{127} = 197.9$$

$$抽样平均数的平均误差\ \mu_{\bar{x}} = \sqrt{\frac{S_{\bar{x}}^2}{n}} = \sqrt{\frac{197.9}{127}} = 1.25(分)$$

抽样极限误差 $\Delta_{\bar{x}} = t\mu_{\bar{x}} = 2 \times 1.25 = 2.5(分)$

学生考试成绩平均分的上、下限为:

下限 $\bar{x} - \Delta_{\bar{x}} = 68.62 - 2.5 = 66.12(分)$

上限 $\bar{x} + \Delta_{\bar{x}} = 68.62 + 2.5 = 71.12(分)$

3. 解:

$$第一季度职工平均人数 = \frac{\frac{890}{2} + 879 + 853 + \frac{848}{2}}{3} = 867(人)$$

$$第一季度月均产值 = \frac{1\ 236 + 1\ 342 + 1\ 582}{3} = 1\ 386.67(万元)$$

$$第一季度职工人均月产值 = \frac{1\ 386.67}{867} = 1.6(万元/人)$$

$$第二季度职工平均人数 = \frac{\dfrac{848}{2} + 872 + 841 + \dfrac{856}{2}}{3} = 855(人)$$

$$第二季度月均产值 = \frac{1\ 200 + 1\ 342 + 1\ 483}{3} = 1\ 341.67(万元)$$

$$第二季度职工人均月产值 = \frac{1\ 341.67}{855} = 1.57(万元/人)$$

$$上半年职工平均人数 = \frac{\dfrac{890}{2} + 879 + 853 + 848 + 872 + 841 + \dfrac{856}{2}}{6} = 861(人)$$

$$上半年月均产值 = \frac{1\ 236 + 1\ 342 + 1\ 582 + 1\ 200 + 1\ 342 + 1\ 483}{6} = 1\ 364.17(万元)$$

$$上半年职工人均月产值 = \frac{1\ 364.17}{861} = 1.58(万元/人)$$

4. 解：

$$产量总指数\ \bar{K}_q = \frac{\sum k_q p_0 q_0}{\sum p_0 q_0} = \frac{1\ 702.99}{1\ 608} = 105.91\%$$

产量变动对产值的影响额 $= 1\ 702.99 - 1\ 608 = 94.99(万元)$

$$价格总指数\ \bar{K}_p = \frac{\sum p_1 q_1}{\sum \dfrac{1}{k_p} p_1 q_1} = \frac{619 + 657 + 616}{\dfrac{619}{1.0785} + \dfrac{657}{1.137} + \dfrac{616}{1.1176}} = \frac{1\ 892}{1\ 702.97} = 111.1\%$$

价格变动对产值的影响额 $= 1\ 892 - 1\ 702.97 = 189.03(万元)$

5. 解：

相关系数：

$$\gamma = \frac{n\sum xy - \sum x \sum y}{\sqrt{n\sum x^2 - \left(\sum x\right)^2}\sqrt{n\sum y^2 - \left(\sum y\right)^2}}$$

$$\gamma = \frac{5 \times 10\ 646.83 - 77.3 \times 678.7}{\sqrt{5 \times 1\ 207.41 - 77.3^2}\sqrt{5 \times 94\ 193.15 - 678.7^2}} = \frac{770.64}{789.97} = 0.9755$$

回归模型：

$$b = \frac{n\sum xy - \sum x \sum y}{n\sum x^2 - \left(\sum x\right)^2} = \frac{5 \times 10\ 646.83 - 77.3 \times 678.7}{5 \times 1\ 207.41 - 77.3^2} = \frac{770.64}{61.76} = 12.48$$

$$a = \bar{y} - b\bar{x} = \frac{678.7}{5} - 12.48 \times \frac{77.3}{5} = -57.2$$

$$y = a + bx = -57.2 + 12.48x$$

当广告投入 20 万元时,商品销售额 $= -57.2 + 12.48 \times 20 = 192.4$(百万元)

模 拟 试 题 三

一、单项选择题(每小题1分,共15分)

1. 统计资料存在的形式是( )。

    A. 文字   B. 数字   C. 文字和数字   D. 统计图和统计表

2. "我学过统计",这里"统计"的具体含义是指( )。

    A. 统计工作   B. 统计资料   C. 统计学   D. 统计过程

3. 《政治算术》是( )的代表作。

    A. 约翰·格朗特   B. 威廉·配第   C. 康令   D. 阿亨瓦尔

4. 对某校学生学习情况进行非全面调查,调查对象与统计总体( )。

    A. 不一致   B. 一致

    C. 根据具体情况才能确定   D. 是毫无关系的两个概念

5. 如果调查单位项目较多,调查表一般选择( )。

    A. 简单表   B. 复合表   C. 单一表   D. 一览表

6. 统计调查的要求是全面性、及时性、准确性和( )。

    A. 可比性   B. 同质性   C. 经济性   D. 适用性

7. 统计分组时,当相邻两组的上、下限重叠时,采用上限( )原则。

    A. 不在内   B. 在内   C. 一般在内   D. 一般不在内

8. 次数分布的主要类型有( )。

    A. S型分布   B. 钟型分布   C. Z型分布   D. 直线型分布

9. 组距数列属于( )。

    A. 变量数列   B. 质量数列   C. 数量数列   D. 品质数列

10. 分子、分母可以互换的相对指标的种类有( )。

    A. 结构相对数   B. 动态相对数   C. 比例相对数   D. 强度相对数

11. ( )具有可加性。

    A. 总量指标   B. 时期指标   C. 时点指标   D. 标志变异指标

12. 全及总体平均数( )。

    A. 具有随机性   B. 一般具有随机性   C. 具有唯一性   D. 一般具有唯一性

13. 时点数列中的统计指标是( )。

    A. 相对数   B. 平均数   C. 绝对数   D. ABC

14. 反映平均指标变动的指数是( )。

A. 平均指数　　　　　　　　　　　B. 综合指数

C. 质量指标指数　　　　　　　　　D. 平均指标指数

15. 回归系数(　　)。

A. 只能取正值　　　　　　　　　　B. 不需要区分自变量和因变量

C. 自变量和因变量都是随机变量　　D. 方向和相关系数方向一致

二、判断题(每小题 1 分,共 15 分。只作判断,不作更正。)

1. 统计学研究对象最基本的特点是数量性。　　　　　　　　　　　　　　(　　)

2. 性别是品质标志。　　　　　　　　　　　　　　　　　　　　　　　　(　　)

3. 质量指标不应该有计量单位。　　　　　　　　　　　　　　　　　　　(　　)

4. 经常性调查是不连续调查。　　　　　　　　　　　　　　　　　　　　(　　)

5. 解剖麻雀法是典型调查中典型单位的一种选择方法。　　　　　　　　　(　　)

6. 直接观察法在实际应用中是最理想的一种调查方法。　　　　　　　　　(　　)

7. 统计分组后各组间应存在差异性。　　　　　　　　　　　　　　　　　(　　)

8. 统计表由主词和宾词两个部分组成。　　　　　　　　　　　　　　　　(　　)

9. 介于上限和下限中点的值是组中值。　　　　　　　　　　　　　　　　(　　)

10. 总量指标是从总体上认识社会经济现象的起点。　　　　　　　　　　(　　)

11. 两个总体平均数相等的条件下,平均差越小说明代表性越差,内部差异越大。(　　)

12. 抽样推断中,全及指标值具有唯一性。　　　　　　　　　　　　　　　(　　)

13. 增长量可以是正值,可以是负值,也可以是零。　　　　　　　　　　　(　　)

14. 多因素分析中,质量指标在前,数量指标在后,主要指标在前,次要指标在后。(　　)

15. 一元与多元回归的区别是因变量的个数不一样。　　　　　　　　　　(　　)

三、填空题(每小题 1 分,共 10 分)

1. 根据分组标志选择的不同,分配数列可分为_____和_____。

2. 确定调查项目的原则是_____。

3. 属于近代统计学时期的学派有_____和_____。

4. 统计标志按各单位具体表现有无差异,分为_____和_____。

5. 最常用的标志变异指标是_____。

6. 总量指标的大小与总体范围大小的关系是_____。

7. 样本单位中具有某种特征的单位数占全部单位的比重称为样本_____。

8. 编制时间数列的基本原则是_____原则。

9. 统计指数按反映的现象范围分为总指数和_____。

10. 确定相关关系的定性方法有相关_____和相关图。

四、简述题(每小题 5 分,共 10 分)

1. 简述统计指标的特点。

2. 简述统计调查方案的内容。

五、计算题(计算过程与结果保留小数 2 位。共 50 分)

1. 某地区企业产值利润相关资料,如表 9-11 所示。

表 9-11 某企业产值与利润情况表

产值利润率	第一季度产值(万元)	第二季度利润(万元)
10%以下	1 559	317
10%～20%	3 826	726
20%～30%	1 137	454

要求:第一季度、第二季度和上半年平均产值利润率。

2. 某农作物抽样调查结果,如表 9-12 所示。

表 9-12 某农作物抽样调查情况表

项目	抽样比例	抽取面积 (平方米)	单位面积产量 (千克/平方米)	标准差 (千克/平方米)
抽样结果	6%	354	3 615	30

要求:在 95.45%概率保证程度下,估计单位面积产量与总产量区间范围。

3. 某企业情况,如表 9-13 所示。

表 9-13 某企业职工人数与产值情况表

月份	1	2	3	4	5	6	7
月初职工人数(人)	7 500	7 625	7 500	7 750	7 650	7 700	7 700
产值(万元)	14 800	14 820	14 840	14 840	14 860	14 850	14 860

要求:计算第一季度、第二季度和上半年职工人均产值。

4. 某企业报告期生产的甲、乙、丙三种产品的总产值分别是 720 万元、144 万元、800 万元,产品价格报告期和基期相比分别为 125%、120%和 80%,该企业总产值报告期比基期增长了 25%。要求:计算价格、产量总指数并分别说明对产值的影响额。

5. 某地区能源消耗量(x)与工业总产值(y)连续五年的统计资料,如表 9-14 所示。

表 9-14 某地区能源消耗量与工业总产值情况表

能源消耗量 x(万吨)	35	38	40	42	49
工业总产值(亿元)	24	25	24	28	32

要求:计算相关系数、建立回归模型并计算当能源消耗量为 60 万吨时工业总产值估计值。(相关系数结果保留 4 位小数)

模拟试题三参考答案

一、单选题(每题 1 分)

1. C 2. C 3. B 4. A 5. C 6. C 7. A 8. B 9. A 10. C 11. B 12. C 13. C 14. D 15. D

二、判断题(每题 1 分)

1. 对 2. 对 3. 错 4. 错 5. 对 6. 错 7. 对 8. 对 9. 对 10. 对 11. 错 12. 对 13. 对 14. 错 15. 错

三、填空题(每题 1 分)

1. 品质数列 变量数列 2. 少而精 3. 数理统计学派 社会统计学派 4. 不变标志 可变标志 5. 标准差 6. 一般情况下成正比 7. 成数 8. 可比性 9. 个体指数 10. 表

四、简述题

1. 统计指标的特点包括:

(1)数量性。统计指标最基本的特点,即所有的统计指标都是可以用数值来表现的。统计指标所反映的就是客观现象的数量特征,这种数量特征,是统计指标存在的形式,没有数量特征的统计指标是不存在的。(2 分)

(2)综合性。综合性是指统计指标既是同质总体大量个别单位的总计,又是大量个别单位标志差异的综合,是许多个体现象数量综合的结果。统计指标的形成都必须经过从个体到总体的过程,是通过个别单位数量差异的抽象化来体现总体综合数量的特点的。(2 分)

(3)具体性。统计指标不是抽象的概念和数字,而是一定的具体的社会经济现象的量的反映,是在质的基础上的量的集合。(1 分)

2. 为使统计调查得以顺利进行,在组织调查之前,必须首先设计一个周密、可行的调查方案。统计调查方案的设计包括以下内容:

(1)确定调查的目的。有了调查的目的,才能确定调查的范围、调查的方式方法、调查的具体内容和具体的实施计划等。(1 分)

(2)确定调查对象和调查单位。调查对象是指需要进行调查的某个社会经济现象的总体,即调查总体。调查单位是指构成调查总体的个体,是调查过程中需要登记其标志的具体单位。负责提供调查单位资料的单位称为填报单位。(1 分)

(3)调查项目和调查表。调查项目是统计调查内容的具体化,直接关系到调查资料的数量和质量,关系到调查的时间和成本。确定调查项目必须坚持"少而精"原则。将调查项目用表格形式表现出来就形成调查表。调查表有单一表和一览表两种形式。(1 分)

(4)确定调查时间。调查时间具体涉及调查资料所属时间和调查工作期限。(1 分)

(5)制定调查的组织实施计划。组织实施计划包括调查工作的组织领导和调查人员的组织,调查方式方法的确定、调查的宣传工作、调查人员的培训、调查文件的准备、调查经费的预算、调查资料的报送办法等。必要时还需要进行试点调查。(1分)

五、计算题

1. 解:

第一季度平均产值利润率 $= \dfrac{\sum xf}{\sum f} = \dfrac{0.05 \times 1\,559 + 0.15 \times 3\,826 + 0.15 \times 1\,137}{1\,559 + 3\,826 + 1\,137}$

$\times 100\%$

$$= \frac{936.1}{6\,522} \times 100\% = 14.35\%$$

第二季度平均产值利润率 $= \dfrac{\sum m}{\sum \dfrac{m}{x}} = \dfrac{317 + 726 + 454}{\dfrac{317}{0.05} + \dfrac{726}{0.15} + \dfrac{454}{0.25}} \times 100\%$

$$= \frac{1\,497}{12\,996} \times 100\% = 11.52\%$$

上半年平均产值利润率 $= \dfrac{936.1 + 1\,497}{6\,522 + 12\,996} \times 100\% = \dfrac{2\,433.1}{19\,518} \times 100\% = 12.47\%$

2. 解:

(1) 重复抽样条件下。

抽样平均数的平均误差 $\mu_{\bar{x}} = \dfrac{\sigma}{\sqrt{n}} = \dfrac{30}{\sqrt{354}} = 1.59$(千克 / 平方米)

抽样极限误差 $\Delta_{\bar{x}} = t\mu_{\bar{x}} = 2 \times 1.59 = 3.18$(千克 / 平方米)

单位面积产量的上、下限为:

下限:$\bar{x} - \Delta_{\bar{x}} = 3\,615 - 3.18 = 3\,611.82$(千克 / 平方米)

上限:$\bar{x} + \Delta_{\bar{x}} = 3\,615 + 3.18 = 3\,618.18$(千克 / 平方米)

总产量的上、下限为:

下限:$3\,611.82 \times \dfrac{354}{6\%} = 21\,309\,738$(千克)

上限:$3\,618.18 \times \dfrac{354}{6\%} = 21\,347\,262$(千克)

(2) 不重复抽样条件下。

抽样平均数的平均误差 $\mu_{\bar{x}} = \sqrt{\dfrac{\sigma^2}{n}\left(1 - \dfrac{n}{N}\right)} = \sqrt{\dfrac{30^2}{354} \times (1 - 6\%)} = 1.55$(千克 / 平方米)

抽样极限误差 $\Delta_{\bar{x}} = t\mu_{\bar{x}} = 2 \times 1.55 = 3.1$(千克 / 平方米)

单位面积产量的上、下限为:

下限:$\bar{x} - \Delta_{\bar{x}} = 3\,615 - 3.1 = 3\,611.9$(千克 / 平方米)

上限：$\bar{x}+\Delta_{\bar{x}}=3\,615+3.1=3\,618.1$(千克平方米)

总产量的上、下限为：

下限：$3\,611.9\times\dfrac{354}{6\%}=21\,310\,210$(千克)

上限：$3\,618.1\times\dfrac{354}{6\%}=21\,346\,790$(千克)

3. 解：

第一季度职工平均人数 $=\dfrac{\dfrac{7\,500}{2}+7\,625+7\,500+\dfrac{7\,750}{2}}{3}=7\,583.33$(人)

第一季度产值 $=14\,800+14\,820+14\,840=44\,460$(万元)

第一季度职工人均产值 $=\dfrac{44\,460}{7\,583.33}=5.86$(万元／人)

第二季度职工平均人数 $=\dfrac{\dfrac{7\,750}{2}+7\,650+7\,700+\dfrac{7\,700}{2}}{3}=7\,691.67$(人)

第二季度产值 $=14\,840+14\,860+14\,850=44\,550$(万元)

第二季度职工人均产值 $=\dfrac{44\,550}{7\,691.67}=5.79$(万元／人)

上半年职工平均人数 $=\dfrac{\dfrac{7\,500}{2}+7\,625+7\,500+7\,750+7\,650+7\,700+\dfrac{7\,700}{2}}{6}$

$=7\,637.5$(人)

上半年产值 $=44\,460+44\,550=89\,010$(万元)

上半年职工人均产值 $=\dfrac{89\,010}{7\,637.5}=11.65$(万元／人)

4. 解：

价格总指数 $\bar{K}_p=\dfrac{\sum p_1 q_1}{\sum\dfrac{1}{K_p}p_1 q_1}=\dfrac{720+144+800}{\dfrac{720}{1.25}+\dfrac{144}{1.2}+\dfrac{800}{0.8}}\times100\%=\dfrac{1\,664}{1\,696}\times100\%=98.11\%$

价格变动对产值影响额 $=1\,664-1\,696=-32$(万元)

产量总指数 $=\dfrac{\text{产值指数}}{\text{价格总指数}}=\dfrac{125\%}{98.11\%}=127.41\%$

总产值变化额 $=(720+144+800)-\dfrac{720+144+800}{125\%}$

$=1\,664-1\,331.3=332.8$(万元)

产量变动对产值影响额 $=332.8-(-32)=364.8$(万元)

5. 解：

经计算 $n=5$，$\sum x=204$，$\sum y=133$，$\sum xy=5\,494$，$\sum x^2=8\,434$，

$\sum y^2=3\,585$，$\bar{x}=40.8$，$\bar{y}=26.6$

相关系数：

$$r=\frac{n\sum xy-\sum x\sum y}{\sqrt{n\sum x^2-\left(\sum x\right)^2}\sqrt{n\sum y^2-\left(\sum y\right)^2}}$$

$$=\frac{5\times5\,494-204\times133}{\sqrt{5\times8\,434-204\times204}\sqrt{5\times3\,585-133\times133}}$$

$$=\frac{338}{361.57}=0.9348$$

回归模型：

$$b=\frac{n\sum xy-\sum x\sum y}{n\sum x^2-\left(\sum x\right)^2}=\frac{5\times5\,494-204\times133}{5\times8\,434-204\times204}=\frac{338}{554}=0.61$$

$a=\bar{y}-b\bar{x}=26.6-0.61\times40.8=26.6-24.89=1.71$

$y=a+bx=1.71+0.61x$

当能源消耗量为 60 万吨时，工业总产值＝$0.61\times60+1.71=38.31$（亿元）

模拟试题四

一、单项选择题(每小题 1 分,共 15 分)

1. 马克思称( )是"政治经济学之父"。

   A. 阿道夫·凯特勒　　B. 克尼斯　　　　C. 约翰·格朗特　　　D. 威廉·配第

2. 统计研究的最终目的( )的定量认识。

   A. 是对总体单位　　　　　　　　　　B. 是对总体

   C. 一般是对总体　　　　　　　　　　D. 一般是对总体单位

3. 统计的具体含义有三种,分别是指统计学、统计工作和( )。

   A. 统计数据　　　　B. 统计过程　　　　C. 统计资料　　　　D. 统计结果

4. 可以一次性,也可以经常性进行的调查是( )。

   A. 抽样调查　　　　B. 典型调查　　　　C. 重点调查　　　　D. 普查

5. 对某产品的库存情况进行调查,调查人员亲自盘点库存,这种方法是( )。

   A. 直接观察法　　　B. 报告法　　　　　C. 采访法　　　　　D. 专家调查法

6. 统计调查的要求是全面性、准确性、( )。

   A. 经济性和适用性　　　　　　　　　B. 及时性和经济性

   C. 周延性和准确性　　　　　　　　　D. 适用性和及时性

7. 统计分组后,各组总体单位数之和应( )全部总体单位数。

   A. 小于等于　　　　B. 大于等于　　　　C. 等于　　　　　　D. 不确定

8. 就分组标志而言,统计分组结果表现为( )。

   A. 组内同性质和组间差异性　　　　　B. 组内差异性和组间差异性

   C. 组内同性质和组间同性质　　　　　D. 组内差异性和组间同性质

9. 选择统计分组标志最重要的原则是( )。

   A. 目的性原则　　　B. 关键性原则　　　C. 结合性原则　　　D. 少而精原则

10. 中位数( )。

   A. 是居于数列中间位置的那个数　　　B. 是根据各个变量值计算的

   C. 受极端变量值的影响　　　　　　　D. 是出现次数最多的变量值

11. ( )是从总体上认识社会经济现象的起点。

   A. 总量指标　　　　B. 相对指标　　　　C. 平均指标　　　　D. 标志变异指标

12. 样本成数( )。

   A. 具有随机性　　　B. 一般具有随机性　C. 具有唯一性　　　D. 一般具有唯一性

13. 时期数列属于( )时间数列。

    A. 相对数   B. 平均数   C. 绝对数   D. ABC

14. 产品产量综合指数中指数化因素是( )。

    A. 产品价格   B. 产品产量

    C. 产品产值   D. 产品产量个体指数

15. 下列关于相关分析与回归分析的表述正确的是( )。

    A. 相关分析是回归分析的基础   B. 回归分析是相关分析的基础

    C. 相关系数方向与回归系数方向不一致   D. 两者没关系

二、判断题(每小题 1 分,共 15 分。只作判断,不作更正。)

1. 统计学产生的主要目的是指导统计实践工作。   ( )

2. 总体和总体单位随研究目的不同,会发生变动。同一单位可以是总体也可以是总体单位。

                                                       ( )

3. 同质性是统计学研究对象的特点。   ( )

4. 解剖麻雀法是典型调查中典型单位的一种选择方法。   ( )

5. 负责报告调查内容的单位是调查单位。   ( )

6. 调查时间是指调查资料所属时间。   ( )

7. 从形式上看,统计表由行标题、列标题和指标数值组成。   ( )

8. 向上累计说明某一组上限以下各组的累计次数。   ( )

9. 统计分组时,当相邻两组的上下限重叠时,采用下限不在内原则。   ( )

10. 两个总体平均数不相等条件下,平均差越小说明代表性越强,内部差异越小。   ( )

11. 时点指标具有可加性。   ( )

12. 抽样推断中,抽样指标值具有唯一性。   ( )

13. 累积增量等于逐期增量之和。   ( )

14. 编制数量指标指数时,同度量因素应选取质量指标,并将其固定在报告期。   ( )

15. 相关系数的取值是有范围限制的,一般在 0 与 1 之间。   ( )

三、填空题(每小题 1 分,共 10 分)

1. _____是统计调查和统计分析的中间环节,在整个统计研究过程中具有重要的地位。

2. 调查表分为单一表和_____。

3. 属于古典统计学时期的学派有_____和_____。

4. 统计总体的特点是同质性、大量性和_____。

5. 统计总体中具有唯一性的是总体_____总量。

6. 有时用有名数,有时用无名数计量的是_____相对指标。

7. 抽样_____又称置信区间和抽样允许误差范围。

8. 江苏省 2013 年地区生产总值为 29 832.61 亿元,2014 年地区生产总值为 32 550.33 亿元,2015 年地区生产总值为 38 729.25 亿元,2016 年地区生产总值为 46 972.13 亿元,2017 年地区生产总值为 55 884.99 亿元,那么江苏年均地区生产总值为_____亿元。(保留 2 位小数)

9. 统计指数按计算总指数方法分为综合指数和_____。

10. 按相关的方向不同,相关关系可分为正相关和_____。

四、简述题(每小题 5 分,共 10 分)

1. 简述统计分组的作用。

2. 简述总量指标的基本作用和主要分类。

五、计算题(计算过程与结果保留小数 2 位。共 50 分)

1. 某售货小组某天的销售业绩,如表 9-15 所示。

表 9-15 某售货小组某天的销售业绩情况表

销售额(元)	2 000 以下	2 000～3 000	3 000～4 000	4 000 以上
人数(人)	32	20	19	13

要求:计算该售货小组销售额的标准差系数。

2. 某企业工人日产量资料,如表 9-16 所示。

表 9-16 某企业工人数及其日产量情况表

日产量(件)	110 以下	110～120	120～130	130 以上
工人数(人)	52	23	19	13

要求:在 95.45% 的概率保证程度下,估计工人日平均产量区间范围。

3. 某地区就业人数情况资料,如表 9-17 所示。

表 9-17 某地区就业人数情况表

年份(年末)	2012	2013	2014	2015	2016
就业人数(万人)	280.99	280.9	281	281	281.4
第三产业就业人数(万人)	103.66	102.2	104.4	106.8	109.2
第三产业就业人数占比	36.9%	36.4%	37.1%	38%	38.8%

要求:计算第三产业就业人数占全部就业人数的平均比重。

4. 某企业生产情况,如表 9-18 所示。

表 9-18　某企业 A、B、C 三种商品的总产值与价格情况表

商品	基期总产值(万元)	报告期总产值(万元)	价格变动率
A	—	260	25%
B	—	220	0
C	—	300	−20%
合计	500		

要求:计算价格、产量总指数并分别说明对总产值的影响额。

5. 由自变量 X 与因变量 Y 的 20 组数据资料计算得到如下结果:

$$\sum x = 450, \sum y = 45, \sum xy = 5\,600, \sum x^2 = 60\,000, \sum y^2 = 370$$

要求:计算相关系数、建立回归模型。(相关系数结果保留 4 位小数)

模拟试题四参考答案

一、单选题(每题 1 分)

1. D　2. B　3. C　4. C　5. A　6. B　7. C　8. A　9. A　10. A　11. A　12. A　13. C　14. B　15. A

二、判断题(每题 1 分)

1. 对　2. 对　3. 错　4. 对　5. 错　6. 错　7. 错　8. 对　9. 错　10. 错　11. 错　12. 错　13. 对　14. 错　15. 错

三、填空题(每题 1 分)

1. 统计数据整理　2. 一览表　3. 国势学派　政治算术学派　4. 差异性　5. 单位　6. 强度　7. 极限误差　8. 40 793.86　9. 平均指数　10. 负相关

四、简述题

1. 统计分组的作用表现为:

(1) 区分社会经济现象的类型,又称类型分组。社会经济现象存在复杂多样的类型,各种类型存在不同的特点和不同的发展规律,由于受其内在的规律所支配,决定了各类型现象在规模、水平、速度、结构、比例关系等方面的数量表现有所不同或具有差异性。(2 分)

(2) 研究现象的内部结构,又称结构分组。现象内部的结构,表示现象内部的组成状况和比率关系。(1 分)

(3) 研究现象的依存关系,又称分析分组。社会经济现象不是孤立的,而是相互依存、相互制约的。通过现象的依存关系分析,可以说明现象间的依存关系程度和方向。(2 分)

2. 总量指标的基本作用表现为:

(1) 综合反映社会经济现象总变动方向及变动幅度。把不能直接相加总的现象过渡到可以加总对比,从而反映复杂经济现象的总变动方向及变动幅度。(1 分)

（2）分析现象总变动中各因素变动的影响方向及影响程度。利用指数体系理论可以测定复杂社会经济现象总变动中,各构成因素的变动对现象总变动的影响情况,并对经济现象变化作综合评价。（1分）

（3）反映同类现象变动趋势。编制一系列反映同类现象变动情况的指数形成指数数列,可以反映被研究现象的变动趋势。（1分）

总量指标的主要分类表现为:按其反映对象范围的不同,分为个体指数和总指数;按其所反映的社会经济现象特征不同,分为数量指标指数和质量指标指数;按照常用的计算总指数的方法或形式不同,可以分为综合指数和平均指数。（2分）

五、计算题

1. 解:

该售货小组平均销售额:

$$\bar{x}=\frac{\sum xf}{\sum f}=\frac{1\ 500\times32+2\ 500\times20+3\ 500\times19+4\ 500\times13}{32+20+19+13}=\frac{22\ 300}{84}$$

$$=2\ 654.76(元)$$

该售货小组销售额的标准差:

$$\sigma=\sqrt{\frac{\sum(x-\bar{x})^2f}{\sum f}}=\sqrt{1\ 202\ 239.23}=1\ 096.47(元)$$

$$V_\sigma=\frac{\sigma}{X}\times100\%=\frac{1\ 096.47}{2\ 652.76}\times100\%=41.3\%$$

2. 解:

样本平均数 $\bar{x}=\dfrac{\sum xf}{\sum f}=\dfrac{105\times52+115\times23+125\times19+135\times13}{52+23+19+13}=\dfrac{12\ 235}{107}$

$$=114.35(件/人)$$

样本方差 $S_{\bar{x}}^2=\dfrac{\sum(x-\bar{x})^2f}{\sum f}=\dfrac{12\ 253.94}{107}=114.52$

抽样平均数的平均误差 $\mu_{\bar{x}}=\sqrt{\dfrac{S_{\bar{x}}^2}{n}}=\sqrt{\dfrac{114.52}{107}}=1.03(件)$

抽样极限误差 $\Delta_{\bar{x}}=t\mu_{\bar{x}}=2\times1.03=2.06(件)$

工人日平均产量的上、下限为:

下限: $\bar{x}-\Delta_{\bar{x}}=114.35-2.06=112.29(件)$

上限: $\bar{x}+\Delta_{\bar{x}}=114.35+2.06=116.41(件)$

3. 解:

$$平均就业人数=\frac{\frac{280.99}{2}+280.9+281+281+\frac{281.4}{2}}{4}=281.03(人)$$

$$第三产业平均就业人数=\frac{\frac{103.66}{2}+102.2+104.4+106.8+\frac{109.2}{2}}{4}=104.96(人)$$

$$第三产业就业人数占全部就业人数平均比重=\frac{104.96}{281.03}\times100\%=37.35\%$$

4. 解:

$$价格总指数:\bar{K}_p=\frac{\sum p_1q_1}{\sum\frac{1}{K_p}p_1q_1}=\frac{260+220+300}{\frac{260}{1.25}+\frac{220}{1}+\frac{300}{0.8}}\times100\%=\frac{780}{803}\times100\%=97.14\%$$

价格变动对总产值影响额 $=780-803=-23(万元)$

产值指数 $=$ 报告期总产值 $\div$ 基期总产值 $=780\div500\times100\%=156\%$

产量总指数 $=$ 产值指数 $\div$ 价格总指数 $=156\%\div97.14\%=160.59\%$

总产值变化额 $=780-500=280(万元)$

产量变动对总产值的影响额 $=280-(-23)=303(万元)$

5. 解:

$$相关系数:\gamma=\frac{n\sum xy-\sum x\sum y}{\sqrt{n\sum x^2-\left(\sum x\right)^2}\sqrt{n\sum y^2-\left(\sum y\right)^2}}$$

$$=\frac{20\times5\,600-450\times45}{\sqrt{20\times60\,000-450\times450}\sqrt{20\times370-45\times45}}=\frac{91\,750}{73\,218.36}=1.2531$$

回归模型:

$$b=\frac{n\sum xy-\sum x\sum y}{n\sum x^2-\left(\sum x\right)^2}=\frac{20\times5\,600-450\times45}{20\times60\,000-450\times450}=\frac{91\,750}{99\,750}=0.09$$

$$a=\bar{y}-b\bar{x}=\frac{45}{20}-0.09\times\frac{450}{20}=0.22$$

$$y=a+bx=0.22+0.09x$$

模拟试题五

一、**单项选择题**(每小题 1 分,共 15 分)

1. 如果不考虑总体范围,下列属于离散型变量的是( )。

   A. 成绩　　　　　B. 人数　　　　　C. 年龄　　　　　D. BC

2. 国势学派主要代表人物是( )。

   A. 约翰・格朗特　B. 威廉・配第　　C. 康令　　　　　D. 阿亨瓦尔

3. 社会经济统计现象形成统计总体的必要条件是总体单位间存在( )。

   A. 差异性　　　　B. 同质性　　　　C. 社会性　　　　D. 综合性

4. 统计调查按照调查时间不同,可分为( )。

   A. 经常性调查和连续调查　　　　　B. 一次性调查和连续调查

   C. 连续调查和不连续调查　　　　　D. 不连续调查和专门调查

5. 对某校学生学习情况进行全面调查,调查对象与统计总体( )。

   A. 不一致　　　　　　　　　　　　B. 一致

   C. 根据具体情况才能确定　　　　　D. 是毫无关系的两个概念

6. 选取标志值在总体标志总量中占有较大比重的单位进行调查的非全面调查组织方式是( )。

   A. 抽样调查　　　　B. 典型调查　　　C. 重点调查　　　D. 普查

7. 根据分组标志的性质不同,统计分组可分为( )。

   A. 按品质标志分组和按数量标志分组　B. 按不变标志分组和按变异标志分组

   C. 按质量标志分组和按数量标志分组　D. 按质量标志分组和按变量标志分组

8. 次数分布中分布的表现形式( )。

   A. 一般是文字　　B. 一般是数字　　C. 是文字　　　　D. 是数字

9. 某班级学生按民族进行统计分组,这属于按( )分组。

   A. 品质标志　　　　B. 数量标志　　　C. 变量标志　　　D. 类型标志

10. 分子、分母时间不同的相对指标的种类是( )。

    A. 结构相对数　　B. 动态相对数　　C. 比例相对数　　D. 强度相对数

11. 众数( )。

    A. 是居于按顺序排列的分组数列中间位置的变量值

    B. 是出现次数最多的变量值

    C. 是根据各个变量值计算的

    D. 受极端变量值的影响

12. 抽样调查是按（   ）从总体中抽取一部分单位进行的一次性非全面调查。

    A. 准确性原则   B. 可比性原则   C. 少而精原则   D. 随机原则

13. 下列时间数列中,指标数值具有可加性的是(   )。

    A. 绝对数时间数列   B. 相对数时间数列

    C. 平均数时间数列   D. 时期数列

14. 产品价格综合指数中,指数化因素是(   )。

    A. 产品价格   B. 产品产量

    C. 产品产值   D. 产品价格个体指数

15. 两变量之间关系可以用数学表达式精确表示出来的是(   )。

    A. 函数关系   B. 相关关系   C. 回归关系   D. 线性关系

二、判断题(每小题 1 分,共 15 分。只作判断,不作更正。)

1. 统计学是从统计实践中产生的。   (   )

2. "我是搞统计的",这里的"统计"具体含义是指统计学。   (   )

3. 汉族是品质标志的表现。   (   )

4. 一次性调查取得的是时点资料。   (   )

5. 非全面调查中调查单位和总体单位不一致。   (   )

6. 重点调查的关键是确定重点单位。   (   )

7. 统计分组是统计整理的中心。   (   )

8. 统计表上方的大标题是列标题。   (   )

9. 时期指标具有可加性。   (   )

10. 说明两个时期变化的是动态相对指标。   (   )

11. 结构相对数中分子和分母是同内容的。   (   )

12. 抽样推断中,抽样指标是随机变量。   (   )

13. 环比发展速度等于环比增长速度减去 1。   (   )

14. 编制质量指标指数时,同度量因素应选取数量指标,并将其固定在报告期。   (   )

15. 相关关系只有通过研究变量间的统计规律才能得到。   (   )

三、填空题(每小题 1 分,共 10 分)

1. 根据分组标志选择的不同,分配数列可分为＿＿＿＿＿＿＿＿＿＿＿和＿＿＿＿＿＿＿＿＿＿＿。

2. 重点调查的关键问题是确定＿＿＿＿＿＿＿＿＿＿＿。

3. ＿＿＿＿＿＿＿＿＿＿＿学派以德国为中心,由德国大学教授克尼斯首创。

4. 变量按是否连续,分为＿＿＿＿＿＿＿＿＿＿＿变量和＿＿＿＿＿＿＿＿＿＿＿变量。

5. 总量指标按反映的总体内容不同,分为总体单位总量和＿＿＿＿＿＿＿＿＿＿＿。

6. 各标志值与平均数离差之和＿＿＿＿＿＿＿＿＿＿零。

7. 抽样单位数越多,抽样平均误差＿＿＿＿＿＿＿＿＿＿。

8. 某股票连续 5 个交易日收盘价资料如下:6 月 1 日,收盘价为 16.2 元;6 月 2 日,收盘价为 16.7 元;6 月 3 日,收盘价为 17.5 元;6 月 4 日,收盘价为 18.2 元;6 月 5 日,收盘价为 17.8 元。那么,该股票平均收盘价为＿＿＿＿＿＿＿＿＿＿元。(保留 2 位小数)

9. 统计指数按经济指标性质不同,分为质量指标指数和＿＿＿＿＿＿＿＿＿＿。

10. 当自变量值增加(或减少)时,因变量的值随之减少(或增加),这种关系称为＿＿＿＿＿＿＿＿＿相关。

四、简述题(每小题 5 分,共 10 分)

1. 简述统计分组标志确定的原则。

2. 简述统计指数的性质。

五、计算题(计算过程与结果保留小数 2 位。共 50 分)

1. 某公司职工月工资情况,如表 9-19 所示。

表 9-19 某公司职工人数与月工资情况表

月工资(元)	3 000 以下	3 000～4 000	4 000～5 000	5 000～6 000	6 000 以上
职工人数(人)	52	23	19	20	13

要求:计算职工月工资的标准差系数。

2. 某企业工人日产量按 54% 比例不重复随机抽样结果资料,如表 9-20 所示。

表 9-20 某企业部分工人日产量情况表

日产量(件)	110 以下	110～120	120～130	130 以上
工人数(人)	20	23	30	13

要求:在 95.45% 的概率保证程度下,估计工人日平均产量区间范围。

3. 某企业生产情况资料,如表 9-21 所示。

表 9-21 某企业职工人数与劳动生产率情况表

月份	1	2	3	4	5	6	7
月初职工人数(人)	972	975	978	980	980	982	982
劳动生产率(元/人)	3 000	3 015	3 100	3 120	3 150	3 180	3 200

要求:计算第一季度、第二季度和上半年平均劳动生产率。

4. 某企业生产情况,如表 9-22 所示。

表 9-22　某企业 A、B、C 三种商品总产值与产量情况表

商品	基期总产值(万元)	报告期总产值(万元)	产量变动率
A	280	—	25%
B	332	—	0
C	250	—	−20%
合计		1 000	

要求:计算价格、产量总指数并分别说明对总产值的影响额。

5. 某地区私家车拥有量与 PM2.5 年均浓度资料,如表 9-23 所示。

表 9-23　某地区私家车拥有量与 MP2.5 年均浓度情况表

年份	2013	2014	2015	2016
私家车拥有量(万辆)	80	86	94	104
PM2.5 年均浓度(微克/立方米)	40	46	50	54

要求:计算相关系数、建立回归模型。(相关系数结果保留 4 位小数)

模拟试题五参考答案

一、单选题(每题 1 分)

1. B　2. C　3. B　4. C　5. B　6. C　7. A　8. D　9. A　10. B　11. B　12. D　13. D　14. A　15. A

二、判断题(每题 1 分)

1. 对　2. 错　3. 对　4. 对　5. 对　6. 对　7. 错　8. 错　9. 对　10. 对　11. 对　12. 对　13. 错　14. 对　15. 对

三、填空题(每题 1 分)

1. 品质数列　变量数列　2. 重点单位　3. 社会统计　4. 连续型　离散型　5. 总体标志总量　6. 等于　7. 越小　8. 17. 28　9. 数量指标指数　10. 负

四、简述题

1. 统计分组标志确定的原则包括:

(1)目的性原则。按照统计研究的目的与任务选择分组标志。统计分组标志的选择具有相对性。(2 分)

(2)关键性原则。选择能够说明总体本质的、关键的、重要标志作为分组标志,才能得出触及问题实质的重要分组。(1.5 分)

(3)结合性原则。分组标志应该结合研究总体所处的具体历史条件或社会经济发展的条件进行选择。分组标志的选择不能一成不变,应该考虑总体所处的一定时间、地点、条件,才能选择具有现实意义的分组标志。(1.5 分)

2. 统计指数的性质包括：

（1）相对性。指数是总体各变量在不同场合下对比形成的相对数,它可以度量一个变量在不同时间或不同空间的相对变化,如一种商品的价格指数或数量指数,这种指数称为个体指数;它也可用于反映一组变量的综合变动,如消费价格指数反映一组指定商品和服务的价格变动水平,这种指数称为综合指数。（2分）

（2）综合性。指数是反映一组变量在不同场合下的综合变动水平,这是就狭义的指数而言的,它也是指数理论和方法的核心问题。没有综合性,指数就不可能发展成为一种独立的理论和方法论体系。综合性说明指数是一种特殊的相对数,它是由一组变量或项目综合对比形成的。（1.5分）

（3）平均性。指数是总体水平的一个代表性数值。平均性的含义有二:第一,指数进行比较的综合数量是作为个别量的一个代表,这本身就具有平均的性质;第二,两个综合量对比形成的指数反映了个别量的平均变动水平,如物价指数反映了多种商品和服务项目价格的平均变动水平。（1.5分）

五、计算题

1. 解：

职工月均工资 $\bar{x} = \dfrac{\sum xf}{\sum f}$

$$= \frac{2\,500 \times 52 + 3\,500 \times 23 + 4\,500 \times 19 + 5\,500 \times 20 + 6\,500 \times 13}{52 + 23 + 19 + 20 + 13}$$

$$= \frac{490\,500}{127} = 3\,862.2（元）$$

职工月工资的标准差 $\sigma = \sqrt{\dfrac{\sum (x - \bar{x})^2 f}{\sum f}} = \sqrt{\dfrac{251\,338\,582.68}{127}} = \sqrt{1\,979\,043.96}$

$$= 1\,406.78$$

$$V_\sigma = \frac{\sigma}{\bar{X}} \times 100\% = \frac{1\,406.78}{3\,862.2} \times 100\% = 36.42\%$$

2. 解：

样本平均数 $\bar{x} = \dfrac{\sum xf}{\sum f} = \dfrac{105 \times 20 + 115 \times 23 + 125 \times 30 + 135 \times 13}{20 + 23 + 30 + 13} = \dfrac{10\,250}{86}$

$$= 119.19（件／人）$$

样本方差 $S_{\bar{x}}^2 = \dfrac{\sum (x - \bar{x})^2 f}{\sum f} = \dfrac{8\,693.36}{86} = 101.09$

抽样平均数的平均误差 $\mu_{\bar{x}} = \sqrt{\dfrac{S_{\bar{x}}^2}{n}\left(1 - \dfrac{n}{N}\right)}$

$$=\sqrt{\frac{101.09}{86} \times (1-54\%)}=0.73(件)$$

抽样极限误差 $\Delta_{\bar{x}}=t\mu_{\bar{x}}=2 \times 0.73=1.46(件)$

工人日平均产量的上、下限为：

下限：$\bar{x}-\Delta_{\bar{x}}=119.19-1.46=117.73(件)$

上限：$\bar{x}+\Delta_{\bar{x}}=119.19+1.46=120.65(件)$

3. 解：

$$第一季度职工平均人数 = \frac{\frac{972}{2}+975+978+\frac{980}{2}}{3}=976.33(人)$$

第一季度产值 $=3\,000 \times 972+3\,015 \times 975+3\,100 \times 978=8\,887\,425(元)$

$$第一季度平均劳动生产率 = \frac{8\,887\,425}{976.33}=9\,102.89(元/人)$$

$$第二季度职工平均人数 = \frac{\frac{980}{2}+980+982+\frac{982}{2}}{3}=981(人)$$

第二季度产值 $=3\,120 \times 980+3\,150 \times 980+3\,180 \times 982=9\,267\,360(元)$

$$第二季度平均劳动生产率 = \frac{9\,267\,360}{981}=9\,446.85(元/人)$$

$$上半年职工平均人数 = \frac{\frac{972}{2}+975+978+980+980+982+\frac{982}{2}}{6}=978.67(人)$$

上半年产值 $=8\,887\,425+9\,267\,360=18\,154\,785(元)$

上半年平均劳动生产率 $=18\,154\,785 \div 978.67=18\,550.47(元/人)$

4. 解：

产量总指数：

$$\bar{K}_q=\frac{\sum K_q p_0 q_0}{\sum p_0 q_0}=\frac{1.25 \times 280+1 \times 332+0.8 \times 250}{280+332+250} \times 100\%$$

$$=\frac{882}{862} \times 100\%=102.32\%$$

产量变动对产值的影响额 $=882-862=20(万元)$

产值指数 $=$ 报告期总产值 $\div$ 基期总产值 $=1\,000 \div 862=116.01\%$

价格总指数 $=$ 产值指数 $\div$ 产量总指数 $=116.01\% \div 102.32\%=113.38\%$

产值变化额 $=1\,000-862=138(万元)$

价格变动对总产值的影响额 $=138-20=118(万元)$

5. 解：

经计算 $n=4$，$\sum X=364$，$\sum Y=190$，$\sum XY=17\ 472$，$\sum X^2=33\ 448$，

$\sum y^2=9\ 132$，$\bar{x}=91$，$\bar{y}=47.5$

相关系数：

$$r=\frac{n\sum xy-\sum x\sum y}{\sqrt{n\sum x^2-\left(\sum x\right)^2}\sqrt{n\sum y^2-\left(\sum y\right)^2}}$$

$$=\frac{4\times 17\ 472-364\times 190}{\sqrt{4\times 33\ 448-364\times 364}\sqrt{4\times 9\ 132-190\times 190}}=728\div 36\times 20.69=0.9774$$

回归模型：

$$b=\frac{n\sum xy-\sum x\sum y}{n\sum x^2-\left(\sum x\right)^2}=\frac{728}{1\ 296}=0.56$$

$$a=\bar{y}-b\bar{x}=47.5-0.56\times 91=-3.46$$

$$y=-3.46+0.56x$$

提 升 篇

模拟试题六

一、单项选择题(每小题 1 分,共 15 分)

1. 质量指标通常用( )表示。
   - A. 相对数和平均数
   - B. 绝对数和相对数
   - C. 平均数
   - D. 绝对数

2. 一个统计总体( )。
   - A. 只能有一个标志
   - B. 只能有一个指标
   - C. 可以有多个标志
   - D. 可以有多个指标

3. 调查一批产品质量,产品质量的标准之一产品等级是( )。
   - A. 指标
   - B. 标志
   - C. 变量
   - D. 变异

4. 从国家统计局网站取得的资料属于( )。
   - A. 第一手资料
   - B. 第二手资料
   - C. 第一手资料或者第二手资料
   - D. 原始数据或者次级数据

5. 统计调查取得的原始资料反映的是( )情况。
   - A. 总体
   - B. 总体单位
   - C. 填报单位
   - D. BC

6. 能够根据样本调查结果来推断总体数量特征,且能确定推断的把握程度的是( )。
   - A. 普查
   - B. 抽样调查
   - C. 重点调查
   - D. 典型调查

7. 对某班学生进行统计分组,下列不属于按数量标志分组的是( )。
   - A. 按性别分组
   - B. 按身高分组
   - C. 按统计学考试成绩分组
   - D. 按年龄分组

8. ( )是统计整理首要核心内容。
   - A. 统计汇总
   - B. 统计分组
   - C. 统计分析
   - D. BC

9. 次数分布中分布的表现形式是( )。
   - A. 绝对数
   - B. 相对数
   - C. 平均数
   - D. 绝对数或相对数

10. 下列指标中,不属于强度相对指标的是( )。
    - A. 人均 GDP
    - B. 人均收入
    - C. 人均消费
    - D. 人均住房面积

11. 平均指标大小与总体范围大小( )。
    - A. 成反比关系
    - B. 成正比关系

C. 成正比或反比关系   D. 无关

12. 在进行纯随机重复抽样时,为使抽样平均误差减少15%,则抽样单位数应(　　)。

     A. 增加15%   B. 增加85%   C. 增加38.4%   D. 减少15%

13. 商品A销售量年年增加2万台,则商品A的环比增长速度(　　)。

     A. 年年下降   B. 年年增长   C. 年年保持不变   D. 无法做结论

14. 如果商品价格下降10%,销售量增长10%,则销售额(　　)。

     A. 有所增加   B. 有所减少   C. 没有变化   D. 无法判断

15. 一元线性回归方程中若回归系数小于零,那么自变量与因变量之间相关系数(　　)。

     A. 大于零   B. 小于零   C. 等于零   D. 无法判断

二、判断题(每小题1分,共15分。只作判断,不作更正。)

1. 统计标志按是否可用数值表示,分为品质标志和数量标志。　　　　　　　　(　)

2. 由于研究目的更改,原来的统计总体变成了总体单位,那么,原来的指标就相应地变成了标志。　　　　　　　　　　　　　　　　　　　　　　　　　　(　)

3. 统计资料是统计调查中获得的各种数据。　　　　　　　　　　　　　　　(　)

4. 对某校教室卫生情况进行调查,调查单位和填报单位是一致的。　　　　　(　)

5. 统计调查中代表性误差始终是存在的。　　　　　　　　　　　　　　　　(　)

6. 重点调查是一种一次性的非全面调查。　　　　　　　　　　　　　　　　(　)

7. 等距数列中,组距的大小与组数的多少一般情况下成反比。　　　　　　　(　)

8. 统计表是统计整理的有效表现。　　　　　　　　　　　　　　　　　　　(　)

9. 当较大的标志值出现次数较多时,加权算术平均数接近标志值大的一方。　(　)

10. 一个统计总体中可以有多个总体标志总量。　　　　　　　　　　　　　(　)

11. 单项式数列中,加权算术平均数与分组前的简单算术平均数计算结果是一致的。(　)

12. 抽样推断中实际误差可以计算并加以控制。　　　　　　　　　　　　　(　)

13. 时点数相加的结果有时有意义,有时没有意义。　　　　　　　　　　　(　)

14. 我国实际工作中,计算CPI采用的是简单算术平均数方法。　　　　　　(　)

15. 相关分析中,两个变量都是随机变量。　　　　　　　　　　　　　　　(　)

三、填空题(每小题1分,共10分)

1. 某班40名学生按统计学考试成绩分为60分以下,60~70,70~80,80~90,90分以上五个组,那么60分以下这一组的组中值为　　　　　　。

2. 统计调查最基本的要求是　　　　　　。

3. 可以用有名数计量单位来表示的是　　　　　　相对指标。

4. 说明统计总体各单位属性或特征的名称是　　　　　　。

5. 在统计学的形成和发展过程中,首先将古典概率论引入社会经济现象研究的学者是

_____。

6. 某售货小组 5 人某天的销售额分别为 440 元、480 元、520 元、600 元、750 元,则全距为
_____元。

7. 已知某统计总体的平均数未知,总体方差为 0.09,现采取重复抽样从中随机抽取 4 个单
位,其样本单位的标志值为 15.7、16.3、15.9、16.1,其抽样误差为_____。

8. 11 月 1 日,某企业有职工 200 人,11 月 6 日有 5 人离职,11 月 20 日有 20 人入职。该企
业 11 月份平均职工人数为_____。

9. 在物价上涨后,同样多的人民币少购买商品 5%,则商品物价指数为_____。

10. 回归估计标准误差越小,则相关关系程度度越_____。

四、简述题(每小题 5 分,共 10 分)

1. 简述编制时间数列的原则。

2. 简述统计调查的要求。

五、计算题(计算过程与结果保留小数 2 位。共 50 分)

1. 某生产小组工人日产量资料,如表 9-24 所示。

表 9-24　某生产小组工人日产量情况表

日产量(件)	20 以下	20~30	30~50	50 以上
工人数(人)	15	38	35	12

要求:计算工人日产量的标准差系数。

2. 某班级学生考试成绩,如表 9-25 所示。

表 9-25　某班学生考试成绩情况表

成绩(分)	60 以下	60~80	80~90	90 以上
人数(人)	2	10	5	8

要求:在 95% 概率保证程度下,估计该校学生考试成绩在 80 分以上的学生所占比重的
区间范围。

3. 某企业职工人数情况,如表 9-26 所示。

表 9-26　某企业职工人数情况表

月份	3	4	5	6	7
月末职工人数(人)	944	823	849	974	867
月末女职工人数(人)	351	330	451	454	425

要求:计算第二季度女职工占全部职工的平均比重。

4. 几种商品相关资料,如表 9-27 所示。

表 9-27 A、B、C 三种商品产值与价格情况表

商品	基期产值(万元)	报告期产值(万元)	价格变动率
A	310	400	5%
B	390	410	-5%
C	360	450	10%

要求:计算价格、产量总指数并分别说明对产值的影响额。

5. 某企业劳动生产率(x)与总产值(y)统计资料,如表 9-28 所示。

表 9-28 某企业劳动生产率与总产值情况表

月份	1	2	3	4	5
劳动生产率(元/人)	6 000	6 200	6 250	6 300	6 400
总产值(万元)	20	25	26	28	32

要求:计算相关系数、建立回归模型并在 95.45% 概率保证程度下计算当劳动生产率为 7 000 元/人时总产值区间范围。(相关系数结果保留 4 位小数)

模拟试题六参考答案

一、单选题(每题 1 分)

1. A 2. D 3. B 4. B 5. B 6. B 7. A 8. A 9. D 10. C 11. D 12. C 13. A 14. B 15. B

二、判断题(每题 1 分)

1. 对 2. 对 3. 错 4. 错 5. 错 6. 错 7. 错 8. 对 9. 对 10. 对 11. 对 12. 错 13. 对 14. 错 15. 对

三、填空题(每题 1 分)

1. 65 2. 准确性 3. 强度 4. 统计标志 5. 阿道夫·凯特勒 6. 310 7. 0.15 8. 203 9. 105.26% 10. 高

四、简述题

1. 保证数列中各项指标值具有可比性,是编制时间数列的基本原则。(1分)具体要做到:①时间长短应相等;(1分)②总体范围应一致;(1分)③经济内容应统一;(1分)④各项指标的计算方法、计算价格和计量单位应一致。(1分)

2. 统计调查的要求包括:准确性、及时性、全面性和经济性。

(1)准确性是最基本的要求,就是要求搜集的资料必须真实可靠,客观反映实际,调查

误差较小。（1分）

（2）及时性是指在规定时间取得规定时间资料。统计调查资料具有较强的时效性,及时提供需要的统计资料,能够提高资料的使用价值。（1分）

（3）全面性是指取得全部调查单位需要的全部资料。首先,应该取得按要求规定的项数资料;其次,应该调查全部调查单位,调查单位数不能随意增加或减少。（1分）

（4）经济性是指在保证调查资料符合一定要求的条件下,力求以最小成本取得需要的统计资料。统计调查中,必然涉及人力、物力、财力和时间,即所谓的调查成本。（1分）调查要求是相互结合、相互依存的,需要根据实际情况区分主次、分清轻重缓急,科学地处理好关系。一般而言,应该以准确为基础,力求准中求快,准快结合,以最小的成本取得最理想的实际应用调查统计资料。（1分）

五、计算题

1. 解:

工人平均日产量 $\bar{x} = \dfrac{\sum xf}{\sum f} = \dfrac{15 \times 15 + 25 \times 38 + 40 \times 35 + 60 \times 12}{15 + 38 + 35 + 12} = \dfrac{3\,295}{100}$

$= 32.95$（件）

月产量的标准差 $\sigma = \sqrt{\dfrac{\sum (x - \bar{x})^2 f}{\sum f}} = \sqrt{\dfrac{17\,752.5}{100}} = \sqrt{177.55} = 13.32$

$V_\sigma = \dfrac{\sigma}{X} \times 100\% = \dfrac{13.32}{32.95} \times 100\% = 40.42\%$

2. 解:

样本成数 $P = \dfrac{n_1}{n} = \dfrac{5 + 8}{2 + 10 + 5 + 8} \times 100\% = 52\%$

抽样平均误差 $\mu_p = \sqrt{\dfrac{P(1 - P)}{n}} = \sqrt{\dfrac{0.52 \times (1 - 0.52)}{25}} = 10\%$

抽样极限误差 $\Delta_p = t\mu_p = 1.96 \times 10\% = 19.6\%$

该校学生考试成绩在80分以上的学生所占比重范围

下限:$p - \Delta_p = 52\% - 19.6\% = 32.4\%$

上限:$p + \Delta_p = 52\% + 19.6\% = 71.6\%$

3. 解:

第二季度职工平均人数 $= \dfrac{\dfrac{944}{2} + 823 + 849 + \dfrac{974}{2}}{3} = 877$（人）

第二季度女职工平均人数 $= \dfrac{\dfrac{351}{2} + 330 + 451 + \dfrac{454}{2}}{3} = 394.5$（人）

第二季度女职工占全部职工的平均比重 $=\dfrac{394.5}{877}\times100\%=44.98\%$

4. 解:

价格总指数: $\bar{K}_p=\dfrac{\sum p_1q_1}{\sum\dfrac{1}{K_p}p_1q_1}=\dfrac{400+410+450}{\dfrac{400}{1.05}+\dfrac{410}{0.95}+\dfrac{450}{1.1}}\times100\%$

$=\dfrac{1\,260}{1\,221.62}\times100\%=103.14\%$

价格变动对产值影响额 $=1\,260-1\,221.62=38.38$(万元)

A 产量个体指数 $=\dfrac{q_{1A}}{q_{0A}}=\dfrac{p_{1A}q_{1A}}{p_{1A}q_{0A}}=\dfrac{p_{1A}q_{1A}}{(1+5\%)p_{0A}q_{0A}}=\dfrac{400}{(1+5\%)\times310}=122.89\%$

B 产量个体指数 $=\dfrac{410}{(1-5\%)\times390}=110.66\%$

C 产量个体指数 $=\dfrac{450}{(1+10\%)\times360}=113.64\%$

产量总指数 $\bar{K}_q=\dfrac{\sum k_qp_0q_0}{\sum p_0q_0}=\dfrac{122.89\%\times310+110.66\%\times390+113.64\%\times360}{310+390+360}$

$=\dfrac{1\,221.63}{1\,060}=115.25\%$

产量变动对总产值影响额 $=1\,221.63-1\,060=161.63$(万元)

5. 解:

经计算:

$n=5$, $\sum X=31\,150$, $\sum Y=131$, $\sum XY=818\,700$, $\sum X^2=194\,152\,500$,

$\sum y^2=3\,509$, $\bar{x}=6\,230$, $\bar{y}=26.2$

相关系数:

$\gamma=\dfrac{n\sum xy-\sum x\sum y}{\sqrt{n\sum x^2-\left(\sum x\right)^2}\sqrt{n\sum y^2-\left(\sum y\right)^2}}$(2分)

$\gamma=\dfrac{5\times818\,700-31\,150\times131}{\sqrt{5\times194\,152\,500-31\,150^2}\sqrt{5\times3\,509-131^2}}=\dfrac{12\,850}{13\,001.07}=0.9884$

回归模型:

$b=\dfrac{n\sum xy-\sum x\sum y}{n\sum x^2-\left(\sum x\right)^2}=\dfrac{12\,850}{440\,000}=0.03$

$a=\bar{y}-b\bar{x}=26.2-0.03\times6230=-160.7$

$$y = a + bx = -160.7 + 0.03x$$

回归标准误差：$S_y = \sqrt{\dfrac{\sum (y - y_c)^2}{n-2}} = \sqrt{1.8/3} = 0.77$

劳动生产率为 7 000 元/人时，总产值 $\hat{y}_0 = 49.3$（万元）

总产值区间范围为：$(\hat{y}_0 - tS_y, \ \hat{y}_0 + tS_y) = (47.76, \ 50.84)$

模拟试题七

一、单项选择题(每小题 1 分,共 15 分)

1. 在某班级为总体的调查中,某同学统计学考试成绩 80 分,这是( )。

    A. 指标　　　　　　B. 指标值　　　　　C. 变量　　　　　　D. 变量值

2. 某学校学生人数( )。

    A. 是指标　　　　　　　　　　　　　B. 是标志

    C. 是指标或标志　　　　　　　　　　D. 不能确定是标志还是指标

3. 下列各项中,不属于质量指标的是( )。

    A. 产品等级　　B. 产品合格率　　C. 职工平均工资　　D. 职工平均年龄

4. 下列各项中,不属于原始资料的是( )。

    A. 调查问卷答案　　　　　　　　　　B. 统计台账

    C. 国家统计局网站公布的数据　　　　D. 实验结果数据

5. 为了解个别学习落后的学生情况,可采用的调查方式是( )。

    A. 普查　　　　　　B. 抽样调查　　　　C. 重点调查　　　　D. 典型调查

6. 对某市工业企业生产设备情况进行调查,那么总体单位是( )。

    A. 该市所有工业企业　　　　　　　　B. 该市每一家工业企业

    C. 该市工业企业全部生产设备　　　　D. 该市工业企业每一台生产设备

7. 某班 40 名学生按统计学考试成绩分为 60 分以下,60～70,70～80,80～90,90 分以上五个组,那么( )。

    A. 是等距分组

    B. 按数量标志分组

    C. 第一组组中值为 30

    D. 某学生统计学成绩为 70 分,应计在 60～70 组内

8. 单项式数列编制的条件是( )。

    A. 变量表现是整数并且变量不同取值个数较少

    B. 离散变量

    C. 连续变量

    D. 总体单位数较多的离散变量

9. 某班级学生按性别进行统计分组,这属于按( )分组。

    A. 品质标志　　　　B. 数量标志　　　　C. 质量指标　　　　D. 数量指标

10. 下列指标中,属于平均指标的是(　　)。

    A. 人均 GDP　　　　B. 人均收入　　　　C. 人均消费　　　　D. 人均绿化面积

11. 相对指标大小与总体范围大小(　　)。

    A. 成反比关系　　　　　　　　　　B. 成正比关系

    C. 成正比或反比关系　　　　　　　D. 没有直接关系

12. 当总体单位数很大时,若抽样比例为 64%,则对于简单随机抽样,不重复抽样的抽样平均误差约为重复抽样的(　　)。

    A. 64%　　　　B. 36%　　　　C. 60%　　　　D. 40%

13. 商品 A 销售量年年增加 2 万台,则商品 A 的定基增长速度(　　)。

    A. 年年下降　　　B. 年年增长　　　C. 年年保持不变　　　D. 无法作结论

14. 如果生活总费用指数上涨 20%,则现在 1 元钱(　　)。

    A. 只值原来的 0.80 元　　　　　　B. 只值原来的 0.83 元

    C. 与原来的 1 元钱等值　　　　　　D. 无法与过去比较

15. 一元线性回归方程中,若自变量与因变量存在函数关系,那么回归估计的标准误差(　　)。

    A. 大于零　　　B. 小于零　　　C. 等于零　　　D. 无法判断

二、判断题(每小题 1 分,共 15 分。只作判断,不作更正。)

1. 可变的数量标志称为变量。　　　　　　　　　　　　　　　　　　(　　)

2. 数量指标是由数量标志汇总得到的,质量指标是由品质标志汇总得到的。(　　)

3. 构成统计总体的必要条件是总体单位间存在差异性。　　　　　　　(　　)

4. 经常性调查是不连续调查。　　　　　　　　　　　　　　　　　　(　　)

5. 重点调查存在代表性误差。　　　　　　　　　　　　　　　　　　(　　)

6. 填报单位与调查单位有时一致有时不一致。　　　　　　　　　　　(　　)

7. 变量数列的分布表现形式包括绝对数、相对数和平均数。　　　　　(　　)

8. 统计分组对总体单位而言是一个"分"的过程。　　　　　　　　　(　　)

9. 一个统计总体中可以有多个总体单位总量。　　　　　　　　　　　(　　)

10. 组距式数列中,加权算术平均数与分组前的简单算术平均数计算结果是一致的。(　　)

11. 比较相对数是用无名数计量的。　　　　　　　　　　　　　　　　(　　)

12. 样本容量是指样本可能的数目。　　　　　　　　　　　　　　　　(　　)

13. 平均数时间数列中指标值具有可加性。　　　　　　　　　　　　　(　　)

14. 统计指数起源于人们对社会经济现象量的关注。　　　　　　　　　(　　)

15. 相关系数越大,说明相关程度越高。　　　　　　　　　　　　　　(　　)

三、填空题(每小题 1 分,共 10 分)

1. ＿＿＿＿＿＿＿＿是统计整理首要核心问题。

2. 负责提供调查单位资料的单位称为_____单位。

3. 说明统计总体数量特征的名称是_____。

4. 用_____形式表现的指标都是数量指标。

5. 某售货小组 5 人某天的销售额分别为 440 元、480 元、520 元、600 元、750 元,则该售货小组销售额的平均差为_____元。

6. 反映两个总体之间差距的是_____相对指标。

7. 从一批产品中采取重复抽样随机抽取 100 件,测得一级品为 95 件,那么一级品率的抽样误差为_____。(结果保留 2 位小数)

8. 如果某公司 2010 年产值 1 000 万元,计划到 2020 年产值翻三番,则公司计划产值每年平均增长速度为_____。(结果保留 2 位小数)

9. 某企业产品总产值报告期与基期相比没有变化,而各种产品价格平均上涨了 7%,则产品产量平均增加(或减少)的百分比为_____。

10. 预防疾病支出越多,疾病的发病率越低,则两者之间呈_____相关。

四、简述题(每小题 5 分,共 10 分)

1. 简述统计标志和指标的区别与联系。

2. 简述形成统计总体的必要条件。

五、计算题(计算过程与结果保留小数 2 位。共 50 分)

1. 某企业劳动生产率相关资料,如表 9-29 所示。

表 9-29 某企业劳动生产率情况表

劳动生产率(万元/人)	第一季度工人数(人)	第二季度产值(万元)
6 以下	100	500
6～7	50	150
7～8	30	300
8 以上	30	200

要求:第一季度、第二季度和上半年平均劳动生产率。

2. 某学校学生考试成绩按 36% 比例不重复随机抽样结果,如表 9-30 所示。

表 9-30 某学校部分学生考试成绩情况表

成绩(分)	60 以下	60～80	80～90	90 以上
人数(人)	2	10	5	8

要求:在 95% 概率保证程度下,估计该校学生考试成绩在 80 分以上的学生所占的比重的区间范围。

3. 某销售小组销售情况,如表 9-31 所示。

表 9-31　某销售小组销售情况表

月份	3	4	5	6	7
月末销售员人数(人)	26	34	42	48	52
销售额(万元)	30	35	40	45.6	50

要求:计算第二季度人均月销售额。

4. 几种商品相关资料,如表 9-32 所示。

表 9-32　A、B、C 三种商品的产值与产量情况表

商品	基期产值(万元)	报告期产值(万元)	产量变动率
A	310	400	5％
B	390	410	−5％
C	360	450	10％

要求:计算价格、产量总指数并分别说明对产值的影响额。

5. 为了研究工资收入与慈善捐款金额的关系,随机调查了几位市民,资料如表 9-33 所示。

表 9-33　五位市民的工资收入与慈善捐款情况表

市民	1	2	3	4	5
月收入(元)	5 500	6 700	7 700	8 800	9 900
年捐款金额(元)	3 000	3 500	3 600	3 700	3 800

要求:计算相关系数、建立回归模型并在 95％概率保证程度下计算当月收入为 15 000 元时年捐款金额的区间范围。(相关系数结果保留 4 位小数)

模拟试题七参考答案

一、单选题(每题 1 分)

1. D　2. D　3. A　4. C　5. D　6. D　7. B　8. A　9. A　10. C　11. D　12. C　13. B　14. D　15. C

二、判断题(每题 1 分)

1. 对　2. 错　3. 错　4. 错　5. 对　6. 对　7. 错　8. 错　9. 错　10. 错　11. 对　12. 错　13. 错　14. 错　15. 错

三、填空题(每题 1 分)

1. 统计汇总　2. 填报　3. 统计指标　4. 绝对数　5. 93.6　6. 比较　7. 0.02　8. 23.11％　9. 93.46％　10. 负

四、简述题

1. 统计标志与指标的区别表现为：

(1) 说明。标志说明总体单位,指标是说明总体的。(1分)

(2) 表现。标志表现为文字和数字,指标只能表现为数字。(1分)

统计标志和指标的联系表现为：

(1) 综合。标志经过综合形成统计指标。(1分)

(2) 转换。研究目的发生变化数量标志与指标发生转化。(1分)

(3) 对应。两者在名称(内容)上是对应一致的。(1分)

2. 形成统计总体的必要条件包括同质性、大量性和差异性。

同质性是总体的根本特征,只有个体单位是同质的,统计才能通过对个体特征的观察研究,归纳和揭示出总体的综合特征和规律性。(2分)

大量性,是指总体中包括的总体单位有足够多的数量。总体的大量性,可使个别单位某些偶然因素的影响——表现在数量上的偏高、偏低的差异——相互抵消,从而显示出总体的本质和规律性。(1.5分)

差异性,即总体各单位之间存在差异性的特点,是由于各种因素错综复杂作用的结果,所以必须采取统计方法加以研究,才能表明总体的数量特征。(1.5分)

五、计算题

1. 解：第一季度平均劳动生产率 $= \dfrac{\sum xf}{\sum f} = \dfrac{5.5 \times 100 + 6.5 \times 50 + 7.5 \times 30 + 8.5 \times 30}{100 + 50 + 30 + 30}$

$$= \frac{1\,355}{210} = 6.45（万元／人）$$

第二季度平均劳动生产率 $= \dfrac{\sum m}{\sum \dfrac{m}{x}} = \dfrac{500 + 150 + 300 + 200}{\dfrac{500}{5.5} + \dfrac{150}{6.5} + \dfrac{300}{7.5} + \dfrac{200}{8.5}} = \dfrac{1\,150}{177.52}$

$$= 6.48（万元／人）$$

上半年平均劳动生产率 $= \dfrac{1\,355 + 1\,150}{210 + 177.52} = \dfrac{2505}{387.52} = 6.46（万元／人）$

2. 解：

样本成数 $P = \dfrac{n_1}{n} = \dfrac{5 + 8}{2 + 10 + 5 + 8} \times 100\% = 52\%$

抽样平均误差 $\mu_p = \sqrt{\dfrac{P(1-P)}{n}\left(1 - \dfrac{n}{N}\right)} = \sqrt{\dfrac{0.52 \times (1 - 0.52)}{25} \times (1 - 36\%)} = 8\%$

抽样极限误差 $\Delta_p = t\mu_p = 1.96 \times 8\% = 15.68\%$

该校学生考试成绩在80分以上的学生所占比重范围。

下限：$p - \Delta_p = 52\% - 15.68\% = 36.32\%$

上限：$p + \Delta_p = 52\% + 15.68\% = 67.68\%$

3. 解：

第二季度销售员平均人数 $= \dfrac{\dfrac{26}{2} + 34 + 42 + \dfrac{48}{2}}{3} = 37.67$（人）

第二季度月均销售额 $= \dfrac{35 + 40 + 45.6}{3} = 40.2$（万元）

第二季度人均月销售额 $= 40.2 \div 37.67 = 1.07$（万元／人）

4. 解：

产量总指数 $\bar{K}_q = \dfrac{\sum K_q p_0 q_0}{\sum p_0 q_0} = \dfrac{1.05 \times 310 + 0.95 \times 390 + 1.1 \times 360}{310 + 390 + 360} \times 100\%$

$= \dfrac{1\,092}{1\,060} \times 100\% = 103.02\%$

产量变动对产值影响额 $= 1\,092 - 1\,060 = 32$（万元）

A产量个体指数 $= \dfrac{p_{1A}}{p_{0A}} = \dfrac{p_{1A} q_{1A}}{p_{0A} q_{1A}} = \dfrac{p_{1A} q_{1A}}{(1 + 5\%) p_{0A} q_{0A}} = \dfrac{400}{(1 + 5\%) \times 310} = 122.89\%$

B产量个体指数 $= \dfrac{410}{(1 - 5\%) \times 390} = 110.66\%$

C产量个体指数 $= \dfrac{450}{(1 + 10\%) \times 360} = 113.64\%$

价格总指数：$\bar{K}_p = \dfrac{\sum p_1 q_1}{\sum \dfrac{1}{K_p} p_1 q_1} = \dfrac{400 + 410 + 450}{\dfrac{400}{122.89\%} + \dfrac{410}{110.66\%} + \dfrac{450}{113.64\%}}$

$= \dfrac{1\,260}{1\,091.98} = 115.39\%$

价格变动对产值影响额 $= 1\,260 - 1\,091.98 = 168.02$（万元）

5. 解：

$n = 5$，$\sum X = 38\,600$，$\sum Y = 17\,600$，$\sum XY = 137\,850\,000$，

$\sum X^2 = 309\,880\,000$，$\sum y^2 = 62\,340\,000$

$\bar{x} = 7\,720$，$\bar{y} = 3\,520$

相关系数：

$r = \dfrac{n \sum xy - \sum x \sum y}{\sqrt{n \sum x^2 - \left(\sum x\right)^2} \sqrt{n \sum y^2 - \left(\sum y\right)^2}}$

$= \dfrac{9\,890\,000}{\sqrt{59\,440\,000} \sqrt{1\,940\,000}} = \dfrac{9\,890\,000}{10\,738\,420.33} = 0.921$

回归模型：

$$b = \frac{n\sum xy - \sum x \sum y}{n\sum x^2 - \left(\sum x\right)^2} = \frac{9\ 890\ 000}{59\ 440\ 000} = 0.17$$

$$a = \bar{y} - b\bar{x} = 3\ 520 - 0.17 \times 7\ 720 = 2\ 207.6$$

$$y = 2\ 207.6 + 0.17x$$

回归标准误差：$S_y = \sqrt{\dfrac{\sum(y - y_c)^2}{n-2}} = \sqrt{59\ 043.2 \div 3} = 140.29$

当月收入为 15 000 元，年捐款金额 $\hat{y}_0 = 4\ 757.6$（元）

总产值区间范围为：$(\hat{y}_0 - tS_y,\ \hat{y}_0 + tS_y) = (4\ 482.63,\ 5\ 032.57)$

模 拟 试 题 八

一、单项选择题(每小题 1 分,共 15 分)

1. 下列不属于连续型变量的是(　　　)。

    A. 年龄　　　　　　B. 上课人数　　　　　C. 统计学成绩　　　　D. 工资

2. "据统计",这里"统计"的具体含义是指(　　　)。

    A. 统计工作　　　　B. 统计资料　　　　　C. 统计学　　　　　　D. 统计过程

3. 研究某班学生统计学考试情况,学生人数 100 人是(　　　)。

    A. 标志　　　　　　B. 指标　　　　　　　C. 变量　　　　　　　D. 标志值

4. 通过科学实验取得的数据,属于(　　　)。

    A. 分类资料　　　　B. 次级资料　　　　　C. 原始资料　　　　　D. 第二手资料

5. 对某市工业企业生产设备情况进行调查,调查单位与填报单位(　　　)。

    A. 不一致　　　　　　　　　　　　　　　B. 一致

    C. 根据具体情况才能确定　　　　　　　　D. 是毫无关系的两个概念

6. 某企业要对生产出的灯泡的平均寿命进行调查,一般采用(　　　)。

    A. 普查　　　　　　B. 重点调查　　　　　C. 典型调查　　　　　D. 抽样调查

7. 对某班学生进行统计分组,以下属于按数量标志分组的是(　　　)。

    A. 按性别分组　　　　　　　　　　　　　B. 按民族分组

    C. 按年龄分组　　　　　　　　　　　　　D. 按出生地所在省份分组

8. 某校教师按工资收入进行统计分组(　　　)。

    A. 只能使用单项式分组

    B. 只能使用组距式分组

    C. 可以使用单项式分组,也可以使用组距式分组

    D. 无法分组

9. 平行分组体系中(　　　)。

    A. 分组标志的顺序没有要求　　　　　　　B. 可以反映分组标志间的关系

    C. 主要是按数量标志分组　　　　　　　　D. 主要是按品质标志分组

10. 某水果店销售两种品种的苹果,8 月份品种 A 苹果的销售价格为每千克 5.5 元,品种 B 苹果的销售价格为每千克 3.9 元,10 月份两种苹果的销售价格没变,但品种 A 苹果的销售量增加 18%,品种 B 苹果的销售量增加 15%,10 月份两种苹果的平均销售价格是(　　　)。

A. 不变　　　　　　B. 下降　　　　　　C. 提高　　　　　　D. 无法确定

11. 如果在分配数列中,有一个标志值为零,则可以计算的是( )。

A. 算术平均数　　　B. 调和平均数　　　C. 几何平均数　　　D. ABC

12. 在其他条件不变的条件下,如果降低抽样调查比例,重复抽样、不重复抽样的平均误差的差距( )。

A. 增大　　　　　　　　　　　　　B. 缩小

C. 不变　　　　　　　　　　　　　D. 变化方向不能确定

13. 商品 A 销售量年年增长 10%,则商品 A 销售量的逐期增长量是( )。

A. 年年下降　　　B. 年年增长　　　C. 年年保持不变　　　D. 无法作判断

14. 设 x 表示各组工资水平,f 表示各组职工人数,则平均工资指数 $\dfrac{\sum x_1 f_1}{\sum f_1} : \dfrac{\sum x_0 f_0}{\sum f_0}$ 反映的是( )。

A. 工资水平的变动程度　　　　　　B. 职工总人数的变动程度

C. 人数结构的变动程度　　　　　　D. 工资水平及人数结构的共同变动程度

15. 计算得到变量 X 与变量 Y 之间的相关系数 r 为 0,那么两变量之间( )。

A. 无线性相关关系　　　　　　　　B. 曲线相关

C. 存在确定性函数关系　　　　　　D. 不存在任何形式的相关关系

二、判断题(每小题 1 分,共 15 分。只作判断,不作更正。)

1. 研究某班学生统计学考试情况,学生的成绩是数量标志。 （　　）

2. 质量指标不能用数值来表示。 （　　）

3. 统计总体单位间存在可变标志具有一定的偶然性。 （　　）

4. 一次性调查是不连续调查。 （　　）

5. 非全面调查情况下,调查需要认识的是调查单位。 （　　）

6. 统计报表一般是在全面调查中使用。 （　　）

7. 统计分组后各组内部没有任何差异性。 （　　）

8. 统计整理后的资料是反映统计总体单位情况。 （　　）

9. 当较小的标志值出现次数较多时,加权算术平均数接近标志值小的一方。 （　　）

10. 一个统计总体只有一个总体单位总量。 （　　）

11. 经常性调查取得时期资料,一次性调查取得时点资料。 （　　）

12. 通常所说的大样本,是指样本容量大于 100。 （　　）

13. 时期数列中平均发展速度反映的时期个数同发展水平个数是一致的。 （　　）

14. 由两个平均指标对比形成的指数是平均指数。 （　　）

15. 回归估计的估计标准误差的计量单位与因变量相同。 （　　）

三、填空题(每小题 1 分,共 10 分)

1. _____说明某一组上限以下各组的累计频数或累计频率。

2. 调查周期在 1 年以内的调查称为_____。

3. 用_____或_____形式表现的指标都是质量指标。

4. 康令和阿亨瓦尔是_____学派代表人物。

5. 某班统计学考试成绩,如表 9-34 所示。

表 9-34　某班统计学考试成绩情况表

分数(分)	60 以下	60~70	70~80	80~90	90 以上
人数(人)	2	11	18	13	6

那么,该组距数列的众数是_____。

6. 说明两个时期变化的称为_____相对指标。

7. 当样本成数靠近_____时,抽样成数的平均误差越大。

8. 如果某公司 2010 年产值 1 000 万元,计划到 2020 年产值翻 3 番,2011—2014 年产值平均增长 15%,公司计划提前 2 年实现目标,则公司计划产值每年平均增长速度为_____。

9. 在价格下降后,同样多的人民币可以多购买商品 5%,则价格指数为_____。

10. _____关系中实际值与理论值完全一致。

四、简述题(每小题 5 分,共 10 分)

1. 简述动态平均数与一般平均数的区别与联系。

2. 简述影响抽样误差的因素。

五、计算题(计算过程与结果保留小数 2 位。共 50 分)

1. 某农作物收获率相关资料,如表 9-35 所示。

表 9-35　某农作物收获率情况表

收获率(千克/公顷)	第一季度播种面积(公顷)	第二季度产量(千克)
5 000 以下	1.3	6 174
5 000~7 000	1.5	7 322
7 000~8 000	1	6 000
8 000 以上	1.1	5 000

要求:第一季度、第二季度和上半年农作物的平均收获率。

2. 某班级学生考试成绩,如表 9-36 所示。

表 9-36　某班级学生考试成绩情况表

成绩（分）	60 以下	60～80	80～90	90 以上
人数（人）	52	23	20	13

要求：在 95％概率保证程度下，估计学生考试成绩的区间范围。

3. 某高校职工人数情况资料，如表 9-37 所示。

表 9-37　某高校职工人数情况表

月份	1	3	4	5	6	7
月初教学人员人数（人）	972	978	980	980	982	982
月初非教学人员人数（人）	300	310	312	315	318	320

要求：计算第一季度、第二季度和上半年教学人员占全部职工的平均比重。

4. 某商场基期甲、乙、丙三种商品的销售额分别为 6.5 万元、7 万元、8 万元，总销售额报告期比基期减少了 10％，三种商品的销售量报告期和基期相比分别为 70％、102％和 85％。要求：计算价格、销售量总指数并分别说明对销售额的影响。

5. 为了研究家庭收入与教育支出的关系，随机调查了几个家庭，资料如表 9-38 所示。

表 9-38　五个家庭的收入与教育支出情况表

家庭	1	2	3	4	5
年收入（万元）	10	12	20	50	100
教育支出（万元）	1	3	6	10	30

要求：计算相关系数、建立回归模型，并在 95％概率保证程度下计算当家庭年收入为 150 万元时，教育支出的区间范围。（相关系数结果保留 4 位小数）

模拟试题八参考答案

一、单选题（每题 1 分）

1. B　2. B　3. B　4. C　5. A　6. D　7. C　8. B　9. A　10. C　11. A　12. B　13. B　14. D　15. A

二、判断题（每题 1 分）

1. 对　2. 错　3. 错　4. 对　5. 对　6. 对　7. 错　8. 错　9. 对　10. 对　11. 错　12. 错　13. 对　14. 错　15. 对

三、填空题（每题 1 分）

1. 向上累计　2. 经常性调查　3. 相对数　平均数　4. 国势　5. 75.9　6. 动态　7. 0.5　8. 46.21％　9. 95.24％　10. 函数

四、简述题

1. 动态平均数与一般平均数的区别体现在：

（1）计算的依据不同。一般平均数是根据变量数列计算的,而动态平均数是根据时间数列计算的。（2分）

（2）说明的内容不同。一般平均数表明总体内部各单位的一般水平,动态平均数则表明整个总体在不同时期内的一般水平。（2分）

动态平均数与一般平均数的联系体现在:静态平均数和动态平均数都是反映总体一般水平的一种指标。（1分）

2. 影响抽样误差的因素表现为:

（1）抽样单位数的多少。由于总体内各单位之间总存在着差异,在其他条件不变的情况下,大量观察总比小量观察易于发现总体规律或特征,因此,样本容量越大越能代表总体特征,抽样误差就越小。反之,样本容量越小,抽样误差就可能越大。（2分）

（2）总体各单位标志值的差异程度。总体内各单位标志的差异程度愈小,或总体的标准差愈小,在其他条件给定的情况下,则抽样误差就愈小;反之,抽样误差就愈大。（1分）

（3）抽样方法。抽样方法不同,抽样误差也不同。一般说来,重复抽样的误差比不重复抽样的误差要大。（1分）

（4）抽样的组织形式。选择不同的抽样组织形式,也会有不同的抽样误差。（1分）

五、计算题

1. 解:

$$第一季度平均收获率 = \frac{\sum xf}{\sum f} = \frac{4\,000 \times 1.3 + 6\,000 \times 1.5 + 7\,500 \times 1 + 8\,500 \times 1.1}{1.3 + 1.5 + 1 + 1.1}$$

$$= \frac{31\,050}{4.9} = 6\,336.73（千克／公顷）$$

$$第二季度平均收获率 = \frac{\sum m}{\sum \frac{m}{x}} = \frac{6\,174 + 7\,322 + 6\,000 + 5\,000}{\frac{6\,174}{4\,000} + \frac{7\,322}{6\,000} + \frac{6\,000}{7\,500} + \frac{5\,000}{8\,500}}$$

$$= \frac{24\,496}{4.15} = 5\,902.65（千克／公顷）$$

$$上半年平均收获率 = \frac{31\,050 + 24\,496}{4.9 + 4.15} = \frac{55\,546}{9.05} = 6\,137.68（千克／公顷）$$

2. 解:

$$样本平均数 \bar{x} = \frac{\sum xf}{\sum f} = \frac{50 \times 52 + 70 \times 23 + 85 \times 20 + 95 \times 13}{52 + 23 + 20 + 13} = \frac{7\,145}{108}$$

$$= 66.16（分／人）$$

样本方差 $S_{\bar{x}}^2 = \dfrac{\sum(x-\bar{x})^2 f}{\sum f} = \dfrac{31\,830.8}{108} = 294.73$

抽样平均数的平均误差 $\mu_{\bar{x}} = \sqrt{\dfrac{S_{\bar{x}}^2}{n}} = \sqrt{\dfrac{294.73}{108}} = 1.65(分)$

抽样极限误差 $\Delta_{\bar{x}} = t\mu_{\bar{x}} = 1.96 \times 1.65 = 3.23(分)$

学生考试成绩区间范围：

下限：$\bar{x} - \Delta_{\bar{x}} = 66.16 - 3.23 = 62.93(分)$

上限：$\bar{x} + \Delta_{\bar{x}} = 66.16 + 3.23 = 69.39(分)$

3. 解：

第一季度教学人员平均人数 $= \dfrac{\dfrac{972+978}{2} \times 2 + \dfrac{978+980}{2}}{3} = 976.33(人)$

第一季度全部职工平均人数 $= \dfrac{\dfrac{972+300+978+310}{2} \times 2 + \dfrac{978+310+980+312}{2}}{3}$

$= 1\,283.33(人)$

第一季度教学人员占全部职工的平均比重 $= \dfrac{976.33}{1\,283.33} \times 100\% = 76.08\%$

第二季度教学人员平均人数 $= \dfrac{\dfrac{980}{2} + 980 + 982 + \dfrac{982}{2}}{3} = 981(人)$

第二季度全部职工平均人数 $= \dfrac{\dfrac{980+312}{2} + 980 + 315 + 982 + 318 + \dfrac{982+320}{2}}{3}$

$= 1\,297.33(人)$

第二季度教学人员占全部职工的平均比重 $= \dfrac{981}{1\,297.33} \times 100\% = 7.56\%$

上半年教学人员平均人数 $= \dfrac{\dfrac{972+978}{2} \times 2 + \dfrac{978+980}{2} + \dfrac{980+980}{2} + \dfrac{980+982}{2} + \dfrac{982+982}{2}}{6}$

$= 978.67(人)$

上半年全部职工平均人数

$= \dfrac{\dfrac{972+300+978+310}{2} \times 2 + \dfrac{978+310+980+312}{2} + \dfrac{980+312+980+315}{2} + \dfrac{980+315+982+318}{2} + \dfrac{982+318+982+320}{2}}{6}$

$= 1\,290.33(人)$

上半年教学人员占全部职工的平均比重 $= 978.67 \div 1\,290.33 \times 100\% = 75.85\%$

4. 解:

$$销售量总指数 = \frac{\sum k_q p_0 q_0}{\sum p_0 q_0} = \frac{0.7 \times 6.5 + 1.02 \times 7 + 0.85 \times 8}{6.5 + 7 + 8} \times 100\%$$

$$= \frac{18.49}{21.5} \times 100\% = 86\%$$

销售量变动对销售额的影响额 $= 18.49 - 21.5 = -3.01$(万元)

价格总指数 $=$ 销售额指数 $/$ 销售量总指数 $= 90\% \div 86\% = 104.65\%$

销售额变化额 $= 90\% \times (6.5 + 7 + 8) - (6.5 + 7 + 8) = -2.15$(万元)

价格变动对销售额的影响额 $= -2.15 - (-3.01) = 0.86$(万元)

5. 解:

$n = 5$, $\sum X = 192$, $\sum Y = 50$, $\sum XY = 3\,666$, $\sum X^2 = 13\,144$, $\sum y^2 = 1\,046$

$\bar{x} = 38.4$, $\bar{y} = 10$

相关系数:

$$r = \frac{n \sum xy - \sum x \sum y}{\sqrt{n \sum x^2 - \left(\sum x\right)^2} \sqrt{n \sum y^2 - \left(\sum y\right)^2}}$$

$$= \frac{8\,730}{\sqrt{28\,856} \sqrt{2\,730}} = \frac{8\,730}{52.25 \times 169.87} = \frac{9\,730}{8\,875.71} = 1.0963$$

回归模型:

$$b = \frac{n \sum xy - \sum x \sum y}{n \sum x^2 - \left(\sum x\right)^2} = \frac{8\,730}{28\,856} = 0.3$$

$a = \bar{y} - b\bar{x} = 10 - 0.3 \times 38.4 = -1.52$

$y = -1.52 + 0.3x$

回归标准误差: $S_y = \sqrt{\dfrac{\sum (y - y_c)^2}{n - 2}} = \sqrt{17.81/3} = 2.44$

当家庭收入为 150 万元, 教育支出 $\hat{y}_0 = 43.48$(万元)

教育支出的区间范围为: $(\hat{y}_0 - tS_y, \hat{y}_0 + tS_y) = (38.7, 48.26)$

模 拟 试 题 九

一、单项选择题(每小题1分,共15分)

1. 比较统计工作和统计学产生时间,( )。

    A. 统计工作产生比较早   B. 统计学产生比较早

    C. 统计工作和统计学产生时间相差不大   D. 哪一个产生早目前没有定论

2. 在社会经济统计学的形成过程中,首先使用"统计学"这一术语的是( )学派。

    A. 政治算术   B. 国势   C. 数理统计   D. 社会经济统计

3. 下列指标中,可能属于数量指标的是( )。

    A. GDP   B. 人均 GDP   C. 人均消费   D. 人口密度

4. 典型调查中,典型单位是指( )。

    A. 在数量表现上具有普遍意义和代表性的总体单位

    B. 其标志值在总体标志总量中占比较大的单位

    C. 按随机原则抽取的单位

    D. 在总体中具有重要作用的单位

5. 对某高校学生的消费情况进行调查,从每个学院分别抽取 500 名学生进行调查,这种抽样调查的组织方式称为( )。

    A. 简单随机抽样   B. 类型抽样   C. 等距抽样   D. 整群抽样

6. 某项调查中,被研究的总体称为( )。

    A. 统计总体   B. 总体单位   C. 调查对象   D. 调查单位

7. 在全矩一定的条件下,组距的大小与组数之间的关系是( )。

    A. 成反比   B. 成正比

    C. 没关系   D. 有时正比,有时反比

8. 下列说法中,错误的是( )。

    A. 组距数列存在组距

    B. 组距数列存在组中值

    C. 组距数列是变量数列

    D. 组距数列分组前后的平均数一般没有差别

9. 组距数列中,向下累计到某组的次数是 50,这表示变量值中( )。

    A. 大于该组上限的累计次数是 50   B. 小于该组下限的累计次数是 50

    C. 大于该组下限的累计次数是 50   D. 小于该组上限的累计次数是 50

10. 下列标志变异指标中,用无名数表示的是( )。

    A. 全距   B. 平均差   C. 标准差   D. 平均差系数

11. 有名数主要用来表示( )相对指标。

    A. 结构   B. 比例   C. 比较   D. 强度

12. 在重复的简单随机抽样中,当概率保证程度(置信度)从 68.27% 提高到 99.73%(其他条件不变),必要的样本容量将会( )。

    A. 增加 1 倍   B. 增加 2 倍   C. 增加 8 倍   D. 减少一半

13. 商品 A 销售量年年增长 10%,则商品 A 销售量的累积增长量是( )。

    A. 年年下降   B. 年年增长   C. 年年保持不变   D. 无法作结论

14. 如果商品销售额指数保持不变,商品销售价格指数为 85%,那么,商品销售量指数( )。

    A. 大于 1   B. 小于 1   C. 等于 1   D. 无法作结论

15. 如果回归标准误差大于 0,则说明两个变量相关程度( )。

    A. 比较低   B. 比较高   C. 一般   D. 是不确定的

二、判断题(每小题 1 分,共 15 分。只作判断,不作更正。)

1. 统计指标的特点是数量性、综合性和具体性。   ( )

2. 统计指标的具体表现有文字和数字两种形式。   ( )

3. 数量指标数值的大小与总体范围的大小存在一定的关系。   ( )

4. 统计调查的任务是搜集总体单位的原始资料。   ( )

5. 普查是存在登记性误差的调查。   ( )

6. 重点调查可用于经常性调查。   ( )

7. 对离散型变量编制组距数列时,相邻两组的组限不能重合。   ( )

8. 统计分组时,离散型随机变量不能采用组距式分组。   ( )

9. 全矩计量单位与平均数的计量单位是一致的。   ( )

10. 一个统计总体可以有多个总体标志总量。   ( )

11. 在单项数列中,如果各组变量值扩大 10%,各组次数缩小 10%,则变化前后的平均数没有变化。   ( )

12. 所有调查中,既存在登记性误差也存在代表性误差。   ( )

13. 相对数时间数列中,各指标数值之间具有不可加性。   ( )

14. 计算价格指标综合指数一般采用加权调和平均数方法。   ( )

15. 计算得到相关系数 r 为 -0.5,那么,说明两变量之间存在显著相关关系。   ( )

三、填空题(每小题 1 分,共 10 分)

1. 某班 40 名学生按统计学考试成绩分为 60 分以下,60~70,70~80,80~90,90 分以上五个组,那么某学生统计学成绩为 80 分应计入_____组。

2. 间隔一段相当长的时间对研究对象某一时刻的资料进行登记是_____调查。

3. 统计指标基本构成是_____和_____。

4. 变量的具体表现称为_____。

5. 某班统计学考试成绩,如表 9-39 所示。

表 9-39　某班统计学考试成绩情况表

分数(分)	60 以下	60~70	70~80	80~90	90 以上
人数(人)	2	11	18	13	6

那么,该组距数列的中位数是_____。

6. 算术平均数基本计算公式是总体标志总量/总体_____。

7. 抽样调查中,当样本单位数无限靠近总体单位数时,代表性误差则趋向于_____。

8. 已知某商品 12 月份的销售量比 4 月份增长了 1 倍,比 7 月份增长了 0.5 倍,那么 7 月份销售量比 4 月份增长了_____倍。(保留 2 位小数)

9. 可变构成指数为 121%,固定构成指数为 85%,那么,结构影响指数为_____。(保留 2 位小数)

10. 多元线性回归中变量的个数有_____个以上。

四、简述题(每小题 5 分,共 10 分)

1. 简述确定调查项目的原则。

2. 简述相关关系与函数关系的区别与联系。

五、计算题(计算过程与结果保留小数两位。共 50 分)

1. 某企业情况,如表 9-40 所示。

表 9-40　某企业 A、B 两种产品的产量与单位成本情况表

产品	产量(件)			产品单位成本(元)		
	上期	本期计划	本期实际	上期	本期计划	本期实际
A	5 400	4.5%	5.7%	300	−6%	−5%
B	5 800	6.1%	6.5%	200	−4.3%	−6.6%

要求:计算相关计划完成程度,并分析。

2. 某学校学生考试成绩按 36% 比例不重复随机抽样结果,如表 9-41 所示。

表 9-41　某学校部分学生考试成绩情况表

成绩(分)	60 以下	60~80	80~90	90 以上
人数(人)	15	25	35	15

要求:在 95.45％概率保证程度下,估计学生考试成绩的区间范围。

3. 某销售小组销售情况,如表 9-42 所示。

表 9-42　某销售小组销售情况表

月份	1	2	3	4	5	6	7
月初销售员人数(人)	10	无	26	34	42	48	52
销售额(万元)	14.8	30	30	35	40	45.6	50

要求:计算第一季度、第二季度和上半年人均销售额。

4. 几种商品相关资料,如表 9-43 所示。

表 9-43　A、B、C 三种商品的销售额与价格情况表

商品	销售额(万元)		价格比上年增长
	基期	报告期	
A	20	25	5％
B	30	45	10％
C	40	60	20％

要求:计算价格、销售量总指数,并分别说明对销售额的影响。

5. 为了研究数学成绩与高考总成绩的关系,随机抽取了几位同学,其成绩资料,如表 9-44 所示。

表 9-44　五位同学的数学成绩与高考总成绩

同学	1	2	3	4	5
数学成绩(分)	85	60	70	90	95
总成绩(元)	500	450	480	570	600

要求:计算相关系数、建立回归模型并计算当数学成绩为 100 分时总成绩的估计值。(相关系数结果保留 4 位小数)

模拟试题九参考答案

一、单选题(每题 1 分)

1. A　2. B　3. A　4. A　5. B　6. C　7. A　8. D　9. C　10. D　11. D　12. C　13. B 14. A　15. D

二、判断题(每题 1 分)

1. 对　2. 错　3. 对　4. 错　5. 对　6. 对　7. 错　8. 错　9. 对　10. 对　11. 错 12. 错　13. 对　14. 错　15. 对

三、填空题（每题 1 分）

1. 80～90　2. 不连续　3. 指标名称　指标数值　4. 变量值　5. 76.7　6. 单位总量
7. 0　8. 0.33　9. 142.35%　10. 3

四、简述题

1. 调查项目的基本原则是少而精原则。（1 分）

其具体原则是，需要与可能原则、关键原则、联系原则、统一理解原则和答案统一原则。
（4 分）

2. 相关关系与函数关系的区别表现在：

（1）函数关系中的变量之间的关系是完全确定的，而相关关系中的变量之间的关系是
不完全确定的。（2 分）

（2）函数关系可以用数学表达式精确表示出来，而相关关系只能通过研究变量间的统
计规律才能得到。（2 分）

相关关系与函数关系的联系表现在：由于存在着测量误差等因素的影响，函数关系在实
践中往往通过相关关系表现出来；在研究相关关系时，常常通过确定性的函数关系部分来研
究变量之间的依赖关系。（1 分）

五、计算题

1. 解：

$$产量计划完成程度 = \frac{5\,400 \times (1 + 5.7\%) + 5\,800 \times (1 + 6.5\%)}{5\,400 \times (1 + 4.5\%) + 5\,800 \times (1 + 6.1\%)} \times 100\%$$

$$= \frac{118\,848}{11\,796.8} \times 100\% = 100.75\%$$

完成情况好。

$$\begin{matrix}产品单位成本\\ 计划完成程度\end{matrix} = \frac{300 \times (1 - 5\%) + 200 \times (1 - 6.6\%)}{300 \times (1 - 6\%) + 200 \times (1 - 4.3\%)} \times 100\% = \frac{471.8}{473.4} \times 100\% = 99.66\%$$

2. 解：

$$样本平均数\ \bar{x} = \frac{\sum xf}{\sum f} = \frac{50 \times 15 + 70 \times 25 + 85 \times 35 + 95 \times 15}{15 + 25 + 35 + 15} = \frac{6\,900}{90}$$

$$= 76.67（分／人）$$

$$样本方差\ S_{\bar{x}}^2 = \frac{\sum (x - \bar{x})^2 f}{\sum f} = \frac{19\,250.1}{90} = 213.89$$

$$抽样平均数的平均误差\ \mu_{\bar{x}} = \sqrt{\frac{S_{\bar{x}}^2}{n}\left(1 - \frac{n}{N}\right)} = \sqrt{\frac{213.89}{90} \times (1 - 36\%)} = 1.23（分）$$

抽样极限误差 $\Delta_{\bar{x}} = t\mu_{\bar{x}} = 2 \times 1.23 = 2.46$（分）

学生考试成绩平均分的上、下限为：

下限：$\bar{x} - \Delta_{\bar{x}} = 76.67 - 2.46 = 74.21$（分）

上限: $\bar{x}+\Delta_{\bar{x}}=76.67+2.46=79.13$ (分)

3. 解:

$$第一季度销售员平均人数=\frac{\frac{10+26}{2}\times 2+\frac{26+34}{2}}{3}=22(人)$$

第一季度销售额$=14.8+30+30=74.8$ (万元)

第一季度人均销售额$=74.8\div 22=3.4$ (万元/人)

$$第二季度销售员平均人数=\frac{\frac{34}{2}+42+48+\frac{52}{2}}{3}=44.33(人)$$

第二季度销售额$=35+40+45.6=120.6$ (万元)

第二季度人均销售额$=120.6\div 44.33=2.72$ (万元/人)

$$上半年销售额平均人数=\frac{\frac{10+26}{2}\times 2+\frac{26+34}{2}+\frac{34+42}{2}+\frac{42+48}{2}+\frac{48+52}{2}}{6}$$

$$=33.17(人)$$

上半年销售额$=74.8+120.6=195.4$ (万元)

上半年人均销售额$=195.4\div 33.17=5.89$ (万元/人)

4. 解:

$$价格总指数\ \bar{K}_p=\frac{\sum p_1 q_1}{\sum \frac{1}{K_p}p_1 q_1}=\frac{25+45+60}{\frac{25}{1.05}+\frac{45}{1.1}+\frac{60}{1.2}}$$

$$=\frac{130}{114.72}=113.32\%$$

价格变动对销售额的影响额$=130-114.72=15.28$ (万元)

$$A\ 销售量个体指数=\frac{q_{1A}}{q_{0A}}=\frac{p_{1A}q_{1A}}{p_{1A}q_{0A}}=\frac{p_{1A}q_{1A}}{(1+5\%)p_{0A}q_{0A}}=\frac{25}{(1+5\%)\times 20}=119.05\%$$

$$B\ 销售量个体指数=\frac{45}{(1+10\%)\times 30}\times 100\%=136.36\%$$

$$C\ 销售量个体指数=\frac{60}{(1+20\%)\times 40}=125\%$$

$$价格总指数:\bar{K}_q=\frac{\sum k_q p_0 q_0}{\sum p_0 q_0}=\frac{119.05\%\times 20+136.36\%\times 30+125\%\times 40}{20+30+40}$$

$$=\frac{114.72}{90}=127.47\%$$

销售量变动对销售额的影响额$=114.72-90=24.72$ (万元)

5. 解：

$n=5$，$\sum X=400$，$\sum Y=2\,600$，$\sum XY=211\,400$，

$\sum X^2=32\,850$，$\sum y^2=1\,367\,800$

$\bar{x}=80$，$\bar{y}=520$

相关系数：

$$r=\frac{n\sum xy-\sum x\sum y}{\sqrt{n\sum x^2-\left(\sum x\right)^2}\sqrt{n\sum y^2-\left(\sum y\right)^2}}$$

$$=\frac{17\,000}{65.19\times281.07}=\frac{17\,000}{18\,322.95}=0.9278$$

回归模型：

$$b=\frac{n\sum xy-\sum x\sum y}{n\sum x^2-\left(\sum x\right)^2}=\frac{17\,000}{4\,250}=4$$

$$a=\bar{y}-b\bar{x}=520-4\times80=200$$

$$y=200+4x$$

当学生成绩为 100 分时，总成绩 $\hat{y}_0=200+4\times100=600$（分）

模拟试题十

一、单项选择题（每小题 1 分，共 15 分）

1. 在统计指标和指标体系中，（　　　）。

   A. 统计指标与指标体系是毫无关系的

   B. 统计指标体系是相互联系的指标所构成的整体

   C. 若干个统计指标组成了统计指标体系

   D. 统计指标体系可以决定统计指标的大小

2. 在统计总体中，（　　　）标志数量个数是比较有限的。

   A. 可变　　　　　　　B. 不变　　　　　　　C. 品质　　　　　　　D. 数量

3. 下列指标中，可能属于质量指标的是（　　　）。

   A. GDP　　　　　　　B. 企业数　　　　　　C. 全国总人口数　　　D. 人口密度

4. 对某校学生的消费情况进行调查，抽取了 5 个班级，对 5 个班级中所有学生进行调查，这种抽样调查的组织方式称为（　　　）。

   A. 简单随机抽样　　　B. 类型抽样　　　　　C. 等距抽样　　　　　D. 整群抽样

5. 非全面调查中，调查需要认识的是（　　　）。

   A. 总体　　　　　　　B. 总体单位　　　　　C. 调查单位　　　　　D. 填报单位

6. 在重点调查中，重点单位是指（　　　）。

   A. 在数量表现上具有普遍意义和代表性的总体单位

   B. 其标志值在总体标志总量中占比较大的单位

   C. 按随机原则抽取的单位

   D. 在总体中地位显赫的单位

7. 下列说法中，正确的是（　　　）。

   A. 平行分组体系中分组标志先后顺序是有要求的

   B. 复合分组体系中分组标志先后顺序是有要求的

   C. 简单分组主要是按品质标志分组

   D. 复合分组主要是按数量标志分组

8. 对某省所有工业企业进行统计分组，按产值分为大型企业、中型企业和小型企业，这是按照（　　　）进行分组。

   A. 品质标志　　　　　B. 数量标志　　　　　C. 不变标志　　　　　D. 变异标志

9. 在组距数列中，如果变量值小的组次数增大，则平均数（　　　）。

A. 减少　　　　　　B. 增大　　　　　　C. 不变　　　　　　D. 无法判断

10. 算术平均数的基本公式中,(　　　)。

　　A. 分子、分母属于不同总体　　　　　　　　B. 分子、分母的计量单位相同

　　C. 分母是分子的承担者　　　　　　　　　　D. 分母附属于分子

11. 有时用有名数、有时用无名数计量的是(　　　)相对指标。

　　A. 结构　　　　　　B. 比例　　　　　　C. 比较　　　　　　D. 强度

12. 在其他条件不变的条件下,如果降低抽样估计的程度,则区间估计的区间长度(　　　)。

　　A. 扩大　　　　　　B. 缩小　　　　　　C. 不变　　　　　　D. 变化方向不确定

13. 如果环比增长速度年年为15%,那么定基发展速度(　　　)。

　　A. 年年下降　　　　B. 年年增长　　　　C. 年年保持不变　　D. 无法作结论

14. 产品产量和产品价格均下降,那么产品产值(　　　)。

　　A. 下降　　　　　　B. 增长　　　　　　C. 保持不变　　　　D. 无法作结论

15. 相关关系中,实际值与理论值离差和(　　　)。

　　A. 大于零　　　　　B. 小于零　　　　　C. 等于零　　　　　D. 无法判断

二、判断题(每小题1分,共15分。只作判断,不作更正。)

1. 身高是离散型变量。　　　　　　　　　　　　　　　　　　　　　　(　　)

2. 质量指标数值的大小与总体范围的大小存在一定的关系。　　　　　　(　　)

3. 统计标志都有计量单位。　　　　　　　　　　　　　　　　　　　　(　　)

4. 重点调查有时可以通过统计报表的形式完成。　　　　　　　　　　　(　　)

5. 全面统计报表是存在代表性误差的调查。　　　　　　　　　　　　　(　　)

6. 普查可用于经常性调查。　　　　　　　　　　　　　　　　　　　　(　　)

7. 单项式数列分组前后计算的平均数一般是一致的。　　　　　　　　　(　　)

8. 统计分组时,离散型随机变量只能采用单项式分组。　　　　　　　　(　　)

9. 标准差计量单位与平均数的计量单位是一致的。　　　　　　　　　　(　　)

10. 价值指标与标准实物指标均具有广泛的综合能力。　　　　　　　　(　　)

11. 在变量数列中,如果各组变量值扩大10%,则平均数增加10%。　　(　　)

12. 某一样本总体平均数等于75分,则75分具有随机性。　　　　　　(　　)

13. 为了便于比较分析,时点数列中,指标数值的时间间隔必须是相等的。　(　　)

14. 计算价格指标平均指数一般采用加权调和平均数方法。　　　　　　(　　)

15. 一元线性回归分析中,当所有观察值都落在回归直线上,则自变量与因变量之间的相关
　　系数为1。　　　　　　　　　　　　　　　　　　　　　　　　　(　　)

三、填空题(每小题1分,共10分)

1. ＿＿＿＿＿＿＿＿＿＿说明某一组下限以上各组的累计频数或累计频率。

2. 全面调查中,统计总体和_____是一致的。

3. 马克思称_____是政治经济学之父。

4. 统计的含义包括统计工作、统计资料和_____。

5. 某省所有发电厂发电机组拥有情况,如表 9-45 所示。

表 9-45　某省所有发电厂发电机组拥有情况表

拥有发电组(套)	1	2	3	4	5
发电厂(个)	35	48	26	12	4

那么,该单项式数列的中位数是_____。

6. 几何平均数要求变量值间存在_____关系。

7. 抽样调查中抽取的样本单位数又称为_____。

8. 某企业商品库存资料如下:3 月初库存量为 740 件,4 月初库存量为 660 件,5 月初库存量为 720 件,6 月初库存量为 640 件,7 月初库存量为 680 件,那么该企业第二季度的月平均库存额为_____件。(保留整数)

9. 可变构成指数没变化,结构影响指数上升了 15%,那么固定构成指数为_____。(保留 2 位小数)

10. 一元线性回归方程中,若自变量与因变量存在相关关系,那么回归估计的标准误差_____零。

四、简述题(每小题 5 分,共 10 分)

1. 简述相关分析与回归分析的区别与联系。

2. 简述"统计"一词的含义及相互之间的关系。

五、计算题(计算过程与结果保留小数 2 位。共 50 分)

1. 某企业 2008 年产值为 1 000 万元,计划到 2018 年每年以 8% 速度增长,实际以 10% 的速度增长。

要求:

(1) 企业 2018 年产值计划完成程度。

(2) 如果企业计划到 2028 年产值翻两番,则从 2019 年起,计算每年需要的平均增长速度。

2. 某企业劳动生产率抽样调查结果,如表 9-46 所示。

表 9-46　某企业劳动生产率抽样调查情况表

项目	抽样比例	抽取工人数(人)	平均劳动生产率(元/人)	标准差(元/人)
抽样结果	50%	354	5 000	30

要求:在 95.45% 概率保证程度下,估计劳动生产率与总产值的区间范围。

3. 某企业职工情况资料,如表 9-47 所示。

表 9-47　某企业职工人数与工资情况表

月份	3	4	5	6	7
月末职工人数(人)	8 530	8 480	无	8 410	8 560
工资总额(万元)	3 582	3 200	3 300	3 483	3 290

要求:计算第二季度职工人均月工资。

4. 几种商品相关资料,如表 9-48 所示。

表 9-48　A、B、C 三种商品的销售额与销售量情况表

商品	销售额(万元)		销售量比上年增长
	基期	报告期	
A	20	25	5%
B	30	45	10%
C	40	60	20%

要求:计算价格、销售量总指数并分别说明对销售额的影响。

5. 为了研究父母身高与孩子身高的关系,随机抽取了几组家庭进行调查,其资料如表 9-49 所示。

表 9-49　五组家庭的父亲身高与孩子身高情况表

家庭	1	2	3	4	5
父亲身高(米)	1.85	1.6	1.7	1.75	1.8
孩子身高(米)	1.84	1.65	1.75	1.74	1.82

要求:计算相关系数、建立回归模型,并在 95% 概率保证程度下,计算当父亲身高为 1.72 米时孩子身高的区间范围。(注:相关系数结果保留 4 位小数,标准误差计算过程保留 4 位小数)

模拟试题十参考答案

一、单选题(每题 1 分)

1. B　2. B　3. D　4. D　5. C　6. B　7. B　8. B　9. A　10. C　11. D　12. B　13. B　14. A　15. D

二、判断题(每题 1 分)

1. 错　2. 错　3. 错　4. 对　5. 错　6. 错　7. 错　8. 错　9. 对　10. 错　11. 对

12. 对   13. 错   14. 对   15. 错

三、**填空题**(每题1分)

1. 向下累计   2. 调查对象   3. 威廉配第   4. 统计学   5. 2   6. 乘积   7. 样本容量

8. 677   9. 86.96%   10. 大于

四、**简述题**

1. 相关分析与回归分析的区别表现为:

(1) 在相关分析中,涉及的变量不存在自变量和因变量的划分问题,变量之间的关系是对等的;在回归分析中,变量之间的关系是不对等的。(1分)

(2) 在相关分析中,所有的变量都必须是随机变量;而在回归分析中,自变量是给定的,因变量才是随机的。(1分)

(3) 相关分析主要是通过一个指标,即相关系数来反映变量之间相关程度的大小,由于变量之间是对等的,因此,相关系数是唯一确定的。而在回归分析中,对于互为因果的两个变量,则有可能存在多个回归方程。(1分)

相关分析与回归分析的联系表现为:相关分析是回归分析的基础和前提,回归分析则是相关分析的深入和继续。相关分析需要依靠回归分析来表现变量之间数量相关的具体形式,而回归分析则需要依靠相关分析来表现变量之间数量变化的相关程度。只有当变量之间存在高度相关时,进行回归分析寻求其相关的具体形式才有意义。在具体应用过程中,只有把相关分析和回归分析结合起来,才能达到研究和分析的目的。(2分)

2. "统计"一词,在不同场合,可以具有不同的含义。它可以是指统计数据的搜集活动,即统计工作;也可以是指统计活动的结果,即统计数据资料;还可以是指分析统计数据的方法和技术,即统计学。(2分)

二者之间关系:统计工作与统计资料是过程与结果的关系。(1分)

统计工作和统计学关系表现在:产生——统计学是在统计工作发展到一定阶段的产物;检验——统计学需要经受统计工作的检验,实践是检验真理的标准;指导——统计学是指导统计工作的方法论科学,实践需要理论指导;发展——统计学只有在实践中不断发展才能始终对统计工作具有指导作用。(2分)

五、**计算题**

1. 解:

$$产值计划完成程度 = \frac{1\,000 \times (1+10\%)^{10}}{1\,000 \times (1+8\%)^{10}} \times 100\% = \frac{2\,590}{2\,160} \times 100\% = 119.91\%$$

$$平均增长速度 = \sqrt[10]{4} - 100\% = 14.87\%$$

2. 解:

(1) 重复抽样条件下:

$$抽样平均误差 \mu_{\bar{x}} = \frac{\sigma}{\sqrt{n}} = \frac{30}{\sqrt{354}} = 1.59$$

抽样极限误差 $\Delta_{\bar{x}} = t\mu_{\bar{x}} = 2 \times 1.59 = 3.18$(元)

劳动生产率的区间范围：

下限：$\bar{x} - \Delta_{\bar{x}} = 5\,000 - 3.18 = 4\,996.82$(元)

上限：$\bar{x} + \Delta_{\bar{x}} = 5\,000 + 3.18 = 5\,003.18$(元)

总产值的区间范围：

下限：$4\,996.82 \times \dfrac{354}{50\%} = 3\,537\,748.56$(元)

上限：$5\,003.18 \times \dfrac{354}{50\%} = 3\,542\,251.44$(元)

(2) 不重复抽样条件下：

抽样平均误差 $\mu_{\bar{x}} = \sqrt{\dfrac{\sigma^2}{n}\left(1 - \dfrac{n}{N}\right)} = \sqrt{\dfrac{30^2}{354} \times (1 - 50\%)} = 1.13$(元)

抽样极限误差 $\Delta_{\bar{x}} = t\mu_{\bar{x}} = 2 \times 1.13 = 2.26$(元)

劳动生产率的区间范围：

下限：$\bar{x} - \Delta_{\bar{x}} = 5\,000 - 2.26 = 4\,997.74$(元)

上限：$\bar{x} + \Delta_{\bar{x}} = 5\,000 + 2.26 = 5\,002.26$(元)

总产值的区间范围：

下限：$4\,997.74 \times \dfrac{354}{50\%} = 3\,538\,399.92$(元)

上限：$5\,002.26 \times \dfrac{354}{50\%} = 3\,541\,600.08$(元)

3. 解：

二季度职工平均人数 $= \dfrac{\dfrac{8\,530 + 8\,480}{2} + \dfrac{8\,480 + 8\,410}{2} \times 2}{3} = 8\,465$(人)

二季度月均工资总额 $= \dfrac{3\,200 + 3\,300 + 3\,483}{3} = 3\,327.67$(万元)

二季度职工人均月工资 $= 3\,327.67 \div 8\,465 = 0.39$(万元 / 人)

4. 解：

销售量总指数：$\bar{K}_q = \dfrac{\sum k_q p_0 q_0}{\sum p_0 q_0} = \dfrac{1.05 \times 20 + 1.1 \times 30 + 1.2 \times 40}{20 + 30 + 40} \times 100\%$

$= \dfrac{102}{90} \times 100\% = 113.33\%$

销售量变动对销售额的影响额 $= 102 - 90 = 12$(万元)

A 价格个体指数 $= \dfrac{p_{1A}}{p_{0A}} = \dfrac{p_{1A}q_{1A}}{q_{1A}p_{0A}} = \dfrac{p_{1A}q_{1A}}{(1 + 5\%)p_{0A}q_{0A}} = \dfrac{25}{(1 + 5\%) \times 20} = 119.05\%$

$$B\text{ 价格个体指数} = \frac{45}{(1+10\%)\times 30} = 136.36\%$$

$$C\text{ 价格个体指数} = \frac{60}{(1+20\%)\times 40} = 125\%$$

$$\text{价格总指数}\ \bar{K}_p = \frac{\sum p_1 q_1}{\sum \frac{1}{K_p} p_1 q_1} = \frac{25+45+60}{\frac{25}{119.05\%} + \frac{45}{136.36\%} + \frac{60}{125\%}}$$

$$= \frac{130}{102} \times 100\% = 127.45\%$$

价格变动对销售额的影响额 $= 130 - 102 = 28$（万元）

5. 解：

$n=5$，$\sum X = 8.7$，$\sum Y = 8.8$，$\sum XY = 15.35$，$\sum X^2 = 15.17$，$\sum y^2 = 15.51$

$\bar{x} = 1.74$，$\bar{y} = 1.76$

相关系数：

$$r = \frac{n\sum xy - \sum x \sum y}{\sqrt{n\sum x^2 - (\sum x)^2}\sqrt{n\sum y^2 - (\sum y)^2}}$$

$$= \frac{0.19}{\sqrt{0.16}\sqrt{0.11}} = \frac{0.19}{0.4 \times 0.33} = \frac{0.19}{0.13} = 1.4615$$

回归模型：

$$b = \frac{n\sum xy - \sum x \sum y}{n\sum x^2 - (\sum x)^2} = \frac{0.19}{0.16} = 1.19$$

$$a = \bar{y} - b\bar{x} = 1.76 - 2.07 = -0.31$$

$$y = -0.31 + 1.19x$$

回归标准误差：

$$S_y = \sqrt{\frac{\sum(y-y_c)^2}{n-2}}$$

$$= \sqrt{\frac{(1.84-1.89)^2 + (1.65-1.59)^2 + (1.75-1.71)^2 + (1.74-1.77)^2 + (1.82-1.83)^2}{n-2}}$$

$$= \sqrt{\frac{0.0087}{3}} = 0.05$$

当父亲身高为 1.72 米时，孩子身高 $\hat{y}_0 = -0.31 + 1.19 \times 1.72 = 1.74$（米）

孩子身高的区间范围为：$(\hat{y}_0 - tS_y, \hat{y}_0 + tS_y) = (1.73, 1.75)$